BIOGRAPHIES D'ARCHITECTES

ÉTIENNE MARTELLANGE

1569—1641

PAR

E.-L.-G. CHARVET

Librairie Générale Française & Étrangère
H. GEORG, ÉDITEUR
LYON　　　　GENÈVE　　　　BÂLE
65, rue de Lyon. 10, Corraterie. 10, rue Franche.

MDCCCLXXIV

ÉTIENNE MARTELLANGE

1569-1641

Lyon. — Imp. Aimé Vingtrinier.

Portail du Noviciat des Jesuistes, par Martellange

BIOGRAPHIES D'ARCHITECTES

ÉTIENNE MARTELLANGE

1569—1641

PAR

E.-L.-G. CHARVET

LYON
CLAIRON-MONDET, LIBRAIRE
Place Bellecour, 8

MDCCCLXXIV

ÉTIENNE MARTELLANGE

1569-1641

A Compagnie des Jésuites à laquelle appartint celui dont nous allons donner la notice, ramène notre pensée vers ce genre particulier d'architecture que les membres de cet ordre célèbre importèrent dans la plupart de leurs établissements.

Les critiques qu'on a adressées, avec quelque raison, à certains de leurs ouvrages, ne doivent pas empêcher de reconnaître que cette manière posséda des qualités incontestables d'effet et souvent aussi d'exécution.

Les Jésuites nous ont semblé faire toujours une grande part à cette idée que le temple de l'Eternel ne saurait jamais être trop beau : tous les luxes sont, par conséquent, compatibles avec sa décoration, de même que toutes les pompes intérieures doivent contribuer aux cérémonies du culte.

Dans des périodes d'art, comme celles des XIIIe et XVIe siècles, ces principes eussent fourni toute une série de chefs-d'œuvre : on n'y eût épargné ni argent ni peines et les architectes étaient merveilleusement servis par leurs collaborateurs, ouvriers et artistes.

Il ne put en être ainsi au commencement du xvii° siècle parce que l'architecture religieuse était dans une nouvelle phase de transition et que les interprètes hésitaient dans leurs productions. Les idées classiques, inspirées de l'étude des monuments de l'antiquité, puis les nombreuses églises construites pendant le siècle précédent, en Italie, avaient fini par réagir sur l'art religieux en France.

Toutefois, il convient de rappeler ici que les types inspirés par l'architecture ogivale conservèrent une certaine influence dans notre pays, pendant tout le xvi° siècle et une partie du xvii°, dans les édifices religieux. Philibert de l'Orme fut un des premiers à s'en écarter dans les chapelles d'Anet, de Villers-Coterets et du bois de Saint-Germain-en-Laye ; ce qui n'empêcha pas à quelques-uns de ses contemporains et successeurs, d'achever le chœur de Saint-Eustache, vers le milieu du xvii° siècle, dans le genre qui avait été adopté, un siècle auparavant, fait qui se reproduisit à peu près, à Lyon, pour l'église de Saint-Nizier.

A quoi attribuer ce retard de l'art religieux qui, jusqu'à cette époque, avait marché le premier ?

Nous n'hésitons pas d'avancer que la *réforme* en fut la principale cause, parce qu'à dater de son apparition, les forces vives du clergé et des esprits religieux se concentrèrent pour la lutte, négligeant de construire de nouveaux édifices.

Il en résulta ceci que le petit nombre de ceux qui durent être complétés, le furent généralement par les soins des maîtres-maçons encore imbus des traditions du xv° siècle, transmises par les corporations, lesquels, opérant sur des édifices commencés, ne purent rompre en visière avec les anciens procédés.

Lorsque les guerres civiles, occasionnées par les divergences religieuses, se furent calmées par les succès de Henri IV et par sa conversion, il y eut un retour vers les édifices religieux pour restaurer ceux qui avaient été dégradés et surtout pour remplacer ceux qui avaient péri dans la tourmente. En 1603, les Jésuites rentraient en France et l'on établissait le collége de La Flèche.

Faut-il donc s'étonner qu'alors des architectes laïques et religieux, ayant à construire des églises, aient pris leurs inspirations dans cette Italie, où l'on venait d'élever tant de beaux édifices et qu'il se soit rencontré, en même temps, de la persistance pour les anciens types chez les uns et des tâtonnements chez les autres, hésitations plus caractérisées encore chez les Jésuites, dont les artistes n'étaient architectes que par circonstance ?

Salomon de Brosse, François Mansart, Jacques Le Mercier, les pères Derand et Martellange ont attaché leurs noms à cette nouvelle transformation de l'art religieux en France.

Les ordonnances de Michel-Ange, de Vignole et de San-Gallo, assez sobres du reste, avaient prévalu depuis longtemps, en Italie, dans les ensembles ; mais celles de Maderno et de della Porta, un peu plus riches, furent, de préférence, les modèles des édifices construits par les Jésuites.

C'est ce dernier architecte qui mit en vogue ces longues niches cintrées, enclavées elles-mêmes entre deux pilastres couronnés par un fronton, genre de décoration dont les Jésuites ont abusé même pour les ouvertures de fenêtres

Ce serait trop nous éloigner de notre cadre que de rappeler ici comment ces architectes en étaient arrivés peu à peu aux types de Saint-Pierre de Rome, du Gesù, de Saint-Andrea della Valle et de Saint-Louis des Français.

Constatons seulement que les églises de Jésuites se composaient généralement d'une seule nef accompagnée de chapelles avec transsept (et quelquefois un dôme à l'intersection), décorées de colonnes ou de pilastres dans la hauteur des arcades des chapelles. La façade était formée le plus souvent d'une ordonnance de deux ordres. Celui du bas, et le plus grand, décorait avec quatre pilastres la largeur de la nef et des chapelles ; celui du haut, moins grand, encadrait la surélévation de la nef avec deux pilastres accostés d'immenses consoles servant de contrefort ; cet ordre supportait enfin un fronton accusant ainsi le prolongement de la toiture. La porte d'entrée, plus ou moins décorée, était ordinairement surmontée d'une rosace ronde.

C'est, du reste, sur ce type, qu'en dehors des Jésuites, avec ou sans bas côtés, les architectes de l'Europe ont travaillé jusque vers la fin du xviiie siècle.

Nous ajouterons un dernier mot à ce préliminaire,

Martellange, architecte et lyonnais, devait avoir sa notice complète, *quoique* Jésuite. En conséquence, nous déclarons avoir entendu faire avec impartialité une œuvre d'historien de l'art et non une dissertation pour ou contre une opinion politique ou religieuse. Nous supplions donc nos lecteurs de ne chercher dans ce travail que ce que nous avons voulu y mettre.

CHAPITRE PREMIER.

FAMILLE DE MARTELLANGE. — ETABLISSEMENTS DES JÉSUITES. — HISTORIQUE DU COLLÉGE DU PUY.

TIENNE Martellange est né à Lyon, en 1569 ; les renseignements manquent sur le mois et le jour exacts. Les registres des baptêmes des paroisses de Lyon correspondant avec cette époque, n'existant plus, nous sommes forcé de nous tenir à cette seule date, qui se trouve fixée par une lettre écrite de Paris à Rome, au moment de sa mort, arrivée le 3 octobre 1641, dans laquelle il est dit qu'il était âgé de 72 ans; toutefois, le P. Boero, archiviste de la Compagnie de Jésus, à Rome, nous a donné la date de 1568 ; cela pourrait faire supposer que Martellange est né dans les trois derniers mois de cette année.

L'orthographe que nous donnons à son nom est celle de sa signature :

Estienne Martellange

Il ne convient donc pas de séparer, comme on l'a fait, le mot en écrivant : Martel-Ange, ou en le renversant ainsi : Ange-Martel.

Ce nom figure dans quelques actes de l'époque, porté par des citoyens qui paraissent avoir eu la même origine, s'ils n'étaient pas des parents. Claude Martellanche était capitaine des métiers (couturiers), convoqués à l'entrée du roi et de la reine, le mercredi 5 septembre 1548 (1).

Claude Martellenchi (probablement le même), tailleur d'habits, était propriétaire, rue Juiverie, en 1551 (2)

Jean Martelanche, commis au greffe, était parrain d'un enfant de Guillaume Panthot, maître chirurgien, le 6 février 1586.

André Martelenche, fils de Joachim Martelenche, maître *(la qualité manque)* et de Eleyne Pascal, eut pour parrain André Martelenche, marchand, et pour marraine Marie Martelenche, le 30 mars 1608 (3).

Notre artiste était fils d'Estienne Martellange, peintre de Lyon, maître des métiers de cette corporation, en 1573 et 1576 (4). Selon divers auteurs, Martellange, le père,

(1) Registre consulaire de la ville de Lyon. BB, 68.
(2) Nommées de Lyon ; registre CC. 42.
(3) Registres de Saint-Nizier, à Lyon,
(4) Syndicats, renseignement communiqué par M. de Valous.

fut élève de Jehan Capacin, florentin, qui suivit les leçons de Raphaël (5).

Etienne Martellange eut trois fils, lesquels entrèrent tous dans la Compagnie de Jésus, ainsi qu'il résulte d'un acte du 10 mars 1607, dont nous donnons l'extrait suivant : « P. Benoit Martelange, prêtre religieux de la Société de Jésus, étant présentement au collége de la Trinité, en présence de R. P. Barthélemy Jacquinot, religieux de la Compagnie et recteur du collége, a donné au noviciat des Jésuites la tierce partie lui appartenant d'une maison qui fut de défunt Me Etienne Martelange, son père, quand vivoit M^e peinctre du d. de Lyon, size à Lyon, place St-Pierre, en laquelle pend pour enseigne l'oiseau du paradis, indivise d'avec Me Estienne et Père Olivier Martelange, son frère ; la d. maison jouxte la place St-Pierre de vent, la rue de l'Asne tendant à la rue Luizerne de soir, les maisons qui furent de François-Mathieu Colomb de matin et bise..... (6). »

Aucun renseignement précis ne nous est encore parvenu sur le P. Olivier Martellange.

Il est question de son frère Benoit dans la vie d'une religieuse carmélite déchaussée, qui fut présentée à ce Père « dont la vertu lui avoit acquis dans la ville le titre

---

(5) Voyez Breghot du Lut, Péricaud et Ménestrier (Notes inédites).

Jean Capacin peignit le portrait de Raphaël tenant un livre où étaient écrits ces deux vers :

Quod bene discipulus depinxerit ora magistri,
Ostendit populo se didicisse bene.

Le portrait de Capacin figurait, à ce qu'il paraît, dans la bibliothèque du collége de Tournon.

(6) Protocoles de Claude Buyrin, notaire tabellion royal à Lyon, qui fut le notaire des PP. Jésuites, à la fin du xvie siècle (Archives de la cour d'appel de Lyon); communiqué par M. Brouchoud, avocat.

de saint religieux..... » Nous voyons encore cette religieuse amenant une protestante au P. B. Martellange, entre les mains duquel elle abjure, ainsi que son mari et six enfants (7).

Benoit Martellange est mort à Avignon, le 11 juillet 1619 ; il était probablement l'aîné des trois frères.

Pernetti avance que notre Martellange alla à Rome en 1576, avec François Stella (8), et l'on s'est empressé de reproduire cette date sans réfléchir que cet historien nous a montré encore ici avec quelle défiance il faut, malheusement, accueillir ses renseignements, lorsqu'ils ne sont pas justifiés par des documents. Martellange, né en 1569, serait ainsi allé à Rome, à l'âge de 7 ans, avec François Stella, âgé de 13 ans (9) !

Mais est-ce une raison pour penser que Martellange ne soit pas allé à Rome ? Cela n'est point notre sentiment, car il a pu fort bien s'y rendre vers 1586 ou 1588. A une époque où il n'existait, pour ainsi dire, pas d'école d'art en France, et encore moins à Lyon, il faut bien que notre jeune artiste ait trouvé le moyen de faire quelque part, en dehors des leçons de dessin qu'il dut recevoir de son

---

(7) *La vie de sœur Françoise de St-Joseph, carmélite déchaussée, tirée des actes tant de son état séculier, où elle a vécu à Lyon, que de celui de Religieux dans Avignon servant de modèle aux personnes religieuses, etc.*

Par le R. P. *Michel-Ange de sainte Françoise*, religieux du même ordre et prieur des RR. PP. Carmes de Chambéry (c'est-à-dire Jean Durret, né à Lyon, en 1641 et mort en 1725).

Lyon, chez Antoine Briasson. M. D. L. XXXVIII.

(8) François (1er du nom) Stella, peintre, né à Malines, vers 1563, est mort à Lyon, le 26 octobre 1605. Voyez Pernetti, tome II, pages 24 et 25 ; Registre des baptêmes de Saint-Nizier.

(9 A moins que Pernetti n'ait voulu parler du père de Martellange et de *Jean* Stella, né en 1525 et mort en 1601 (*Abecedario* de Mariette. T. V. page 255); mais cela nous intéresserait beaucoup moins.

père, l'apprentissage d'un art qui exige des études longues et sérieuses.

Nous présumons, par l'emploi qu'il a fait de la *canne* (mesure en usage dans le midi de la France), et par la physionomie générale de ses œuvres, qu'il a dû recevoir les premières notions à Avignon ou dans une autre ville du midi et qu'ensuite il alla se perfectionner à Rome ou dans une de ces cités italiennes, où des œuvres remarquables et des maîtres habiles constituent un enseignement complet.

Il est regrettable que cette partie de son existence soit ainsi restée complètement obscure : le nom de ses maîtres et le lieu de ses études nous eussent renseigné tout de suite sur les tendances futures de sa carrière artistique

Toutefois, ses nombreux ouvrages et l'estime générale dont il fut entouré à son époque, indiquent qu'il avait acquis un degré d'habileté dans l'architecture, qui le plaçait au-dessus des praticiens ordinaires.

Martellange fut admis dans la Société de Jésus, à Avignon, le 24 février 1590, selon ses désirs ; sa profonde humilité lui fit choisir ensuite le degré de *coadjuteur temporel* (10), à Chambéry, le 29 mars 1603. Il refusa ainsi l'honneur de la prêtrise auquel ses supérieurs désiraient, à ce qu'il paraît, l'élever ; et, quoique modeste frère, devint, ainsi qu'on le verra, une des célébrités de cet ordre qui a su constamment réunir dans ses rangs les intelligences les plus remarquables, aussi bien dans les arts que dans les autres connaissances humaines.

En ce moment, les Jésuites rentraient en France et se

---

(10) Il y avait à cette époque cinq degrés : 1° Les *profès* faisant quatre vœux solennels ; 2° les *profès* faisant trois vœux ; 3° les *coadjuteurs spirituels* et 4° les *coadjuteurs temporels* ; ces deux derniers degrés pouvaient, avec le temps faire certains vœux et formaient alors le 5° degré.

trouvaient appelés à la direction de nombreux établissements d'instruction publique ; le rôle de Martellange était donc tracé : de fait, il devenait l'architecte général de l'ordre dans les provinces de Lyon, de Toulouse et même de Paris et accompagnait les P. Provinciaux dans leurs visites, au moment où les traités étaient passés avec les administrations municipales, pour l'organisation des colléges.

C'est ainsi qu'il a fourni, dans un grand nombre d'établissements, des plans et mémoires dont l'exécution fut laissée aux entrepreneurs et gens compétents de la localité ; il se bornait à y revenir de temps à autre, lorsqu'il se présentait une difficulté ou lors que de nouveaux plans étaient nécessaires.

Nous ferons donc tour à tour l'historique succinct et la description de ceux de ses colléges où nous avons pu trouver son concours, qui sont ceux des villes suivantes : Le Puy, Moulins, Vienne, Carpentras, Vesoul, Dijon, La Flèche, Roanne, Lyon, Orléans, et enfin le noviciat de Paris.

Nul doute qu'il y ait nombre d'autres édifices qui puissent lui être aussi attribués ; mais nous reconnaissons que nos investigations à cet égard n'ont donné aucun résultat absolu ; il faudrait des voyages longs et coûteux, ou des correspondances interminables pour reconstituer entière l'œuvre de Martellange. Constatons toutefois que nous l'avons singulièrement augmentée et que le soi-disant « essai de son talent d'architecte à la construction du collége de Lyon, en 1617 (11) » est précédé d'une série d'ouvrages qui suffiraient, eux seuls, à une existence d'artiste.

Pour mettre nos lecteurs au courant de la division ad-

---

(11) *D'Argenville. Vie des fameux architectes et sculpteurs*, 1787.

ministrative et de l'importance des colléges des Jésuites, qui furent, tour à tour établis en France, nous fournissons, ci-après, le catalogue de ceux qui se trouvaient régis par eux, en 1710.

Nous l'avons rédigé à l'aide de l'HISTORIÆ SOCIETATIS JESU *(Romæ* MCCX. *Pars quinta)*, et des renseignements qui nous ont été fournis par les soins des maires de la plupart des villes indiquées.

Cette division de provinces remonte à 1608 environ, lorsqu'on forma la province de Toulouse. Périgueux, Agen, Limoges, Poitiers et Saintes restèrent à la province d'Aquitaine ; Billom, Le Puy, Béziers et Aubenas furent enlevés à celle de Lyon pour aller former celle de Toulouse avec Toulouse, Mauriac, Rodez, Auch et Cahors. Moulins, qui appartenait à la province de Lyon, fut donné à celle de Paris et Dole et Besançon qui étaient à celle-ci revinrent à celle de Lyon.

La date simple est celle de leur fondation antérieure, celle entre parenthèse est l'époque de leur remise entre les mains des Jésuites.

Province de Paris :

Alençon ; Amiens (1607); Arras (1599); Eu (1581); Orléans (1617); Bourges ; Blois ; Caen (1609) ; Compiègne ; Dieppe (1616); La Flèche (1603); Hesdin (1613); Moulins 1556 (1605); Nevers (1577); Paris (1609); Quimper; Rennes ; Rouen 1570 (1583); Tours ; Vannes ; ensemble 20.

Province de Lyon :

Aix 1583 (1621); Apt; Arles; Avignon (1564); Besançon; Bourg (1644); Châlons (1634); Chambéry 1564 ; Carpentras 1582 (1607); Dole (1582); Embrun (1583); Gray ;

Grenoble; Lyon 1527 (1567), 2 colléges; Mâcon; Nîmes; Roanne (1614); La Roche 1564; Vesoul, 1567, (1611); Vienne 1520 (1606); ensemble 20.

Province de Toulouse :

Aubenas (1622); Albi; Aurillac; Auch; Billom (avant 1587); Béziers 1594; Cahors (1606); Carcassonne; Castres; Clermont-Ferrand; Le Puy (1588); Mauriac 1563 (1605); Montpellier; Montauban; Pamiers (1558); Perpignan (1620); Rodez, 1562; St-Flour; Toulouse; Tournon; Uzès; ensemble 21.

Province de Champagne :

Auxerre; Autun; Bar-le-Duc; Chaumont; Charleville (1612); Chalons-sur-Marne; Dijon (1584); Ensisheim (1614); Langres (1607); Metz; Nancy; Pont-à-Mousson (av. 1583); Reims (1607); Sédan; Sens (1624); Strasbourg; Epinal (1632); Verdun 1552; ensemble 18.

Province d'Aquitaine :

Agen (1584); Angoulême; Bordeaux 1533; Fontenay; Limoges; Pau; Périgueux (1591); Poitiers; la Rochelle; Saintes (1608); Tulle; ensemble 11.

Total pour les cinq provinces de l'assistance de France: 90 colléges (12).

Il existait cinq autres assistances comprenant entre elles 33 provinces, savoir : ITALIE; *Rome, Sicile, Naples, Milan* et *Venise*.

---

(12) De l'Assistance de France dépendaient les missions d'Outre-mer : *Amérique méridionale et septentrionale, Grèce, Syrie, Arménie et Perse, Indes-orientales et Chine.*

Portugal ; *Portugal, Goa, Malabar, Japon, Brésil et Chine.*

Espagne : *Tolède, Castille, Aragon, Bétique, Sardaigne, Pérou, Chili, Carthagène, Mexique, Philippines, Paraguay et Quito.*

Allemagne : *Angleterre, Autriche, Bohème, Flandres-Belgique, Belgique française, Allemagne supérieure, Lithuanie, Pologne, Rhin supérieur et Rhin inférieur.*

Le nombre des maisons, colléges, noviciats, missions, etc., occupés dans le monde connu, en 1710, par les Jésuites, s'élevait au chiffre de 1335. On comptait 19,609 religieux, dont 9,957 étaient prêtres.

On comprendra donc facilement qu'un architecte ait été délégué, par provinces, aux constructions nécessaires pour un si grand nombre d'établissements.

Le collége du Puy paraît être le premier travail dont Martellange se soit occupé ; son mémoire descriptif est du 15 février 1605.

Comment furent employées les deux années écoulées depuis sa profession, en 1603 jusqu'à 1605 ? Notre artiste les a-t-il consacrées à d'autres ouvrages ou bien à des études générales sur le type qui devait être adopté pour les diverses maisons à élever ? Nous nous rangeons volontiers à la dernière conjecture, parce que nous nous trouvons tout de suite, au Puy, en face d'une composition bien entendue et conforme, par ses dispositions générales, avec toutes celles exécutées postérieurement ; la partie décorative seule laisse à désirer.

Il résulte des observations auxquelles nous nous sommes livré par l'étude et par la comparaison des plans-projets avec les monuments exécutés, que les colléges devaient se composer, *réglementairement*, de deux cours entourées de bâtiments sur leurs côtés. La première, servant aux classes, a presque toujours l'un de ses côtés formé par l'église à laquelle est accolée, en conséquence, une galerie couverte. Il résulte de cette combinaison que la porte d'entrée est forcément dans l'axe de cette galerie et que l'église y a un accès par le flanc latéral. Les trois autres côtés de la cour ne reçoivent pas de portique afin de laisser libres les fenêtres des classes, ainsi que leurs portes, un peu basses, surmontées aussi elles-mêmes quelquefois d'une petite ouverture.

La deuxième cour, plus ou moins grande, servait au logement des pères et quelquefois aussi au pensionnat qui accompagnait le collége d'externes principalement destiné aux enfants de la ville. Cette cour reçoit rarement un portique sur toutes ses faces; il y en a toujours un en prolongement de celui de la première cour et souvent un autre sur la façade opposée.

La construction générale est ordinairement simple et économique; les villes faisant, du reste, presque toujours, les frais de ces constructions, n'auraient pu subvenir à des ornementations dispendieuses. En conséquence, les embellissements qu'on peut constater appartiennent, pour la plupart, à la fin du XVIIe siècle ou au commencement du XVIIIe. Alors ce furent les Jésuites eux-mêmes qui opérèrent ces travaux avec leurs propres ressources ou avec des dons particuliers.

Il faut reconnaître aussi, et en dehors de toute idée préconçue, que la création des colléges, à la fin du XVIe siècle et au commencement du XVIIe, répondait à un besoin impérieux. Les villes, peu nombreuses, qui possédaient déjà des établissements, se trouvaient en face de difficultés inextricables pour leur administration et souvent dans l'impossibilité absolue de se procurer des recteurs et professeurs. Les Jésuites se firent prier et supplier pour consentir à régir les colléges existants ou à en établir de nouveaux.

Qu'on n'oublie pas surtout d'observer que ces créations ne purent s'opérer qu'avec la ratification spéciale du souverain et que les parlements, hormi celui de Paris, s'y montrèrent très-favorables.

Constatons enfin, à la honte de notre époque, que ces vieux édifices, tant et tant décriés et critiqués, nous sommes heureux de les posséder. La plupart servent encore, tels quels, de lycées, avec peu — trop peu — d'agrandissements ou de restaurations !

On parle aujourd'hui beaucoup de développer l'enseignement : comment y arriver avec le peu de considération et d'encouragements dont on entoure la position de professeur et la pénurie constatée des locaux ?

Honneur donc aux municipalités du XVIIe siècle, qui se sont imposées de lourds sacrifices pour créer d'une manière sérieuse l'enseignement public. La voie n'a pas été suivie d'une manière progressive ; les édifices, nous le répétons, le témoignent trop contre l'enseignement officiel en présence de l'accroissement de l'enseignement secondaire libre.

Les habitants du Puy, selon Arnaud (13), avaient songé, dès 1571, à former dans leur ville un établissement public, pour l'instruction des jeunes gens ; le Con-

---

(13) HISTOIRE DU VELAY, JUSQU'A LA FIN DU RÈGNE DE LOUIS XV ; par J.-A.-M. Arnaud, D. M. M. *Au Puy*, 1816, I. pages 360, 423 et 431.

seil de ville acquit une maison et ses dépendances dans le quartier de la Chêvrerie et nomma Pons Bordel, dit Irail, commissaire, pour ordonner les constructions et réparations qu'il jugerait nécessaires pour en faire un collége ; il paraît que l'édifice ayant été rendu propre à sa destination, l'on fit venir de Paris un jeune docteur qui y enseigna quelque temps.

Le collége fonctionnait en 1386, puisque André Dujeune, seigneur de Montgiraud, conseiller du roi et lieutenant particulier en la sénéchaussée du Puy, établit, par un testament du 30 juin de la même année, des prix pour « deux écoliers étudiant au collége de cette ville. »

Le collége fut remis aux Jésuites, le 9 mai 1588 ; nous trouvons dans l'*Histoire de la Compagnie de Jésus* quelques détails relatifs à cette circonstance, lesquels nous rapporterons tels que nous les avons trouvés, le latin de ce recueil pouvant être facilement compris par nos lecteurs :

« ..... *(Anno Christi 1588, Societatis 49) unicum in Lugdunensi Provincia Collegium datum Aniciensibus. Merebantur id flagrantia, et perantiqua Civium studia. Quippe ab annis viginti eam curam coquebant, et Antonius Senneterius Præsul anno seculi septuagesimo sua sponte domicilii ædificationem inchoarat, insignibus nomini IESU appositis. Est præterea Civitas Velaunorum caput, frequens, et ad omnem pietatem paratæ indolis. Urbem habent in Clivo sitam, unde vernaculum illi nomen Puy ex podio factum. Inclytum stat in summo Clivo Deiparæ templum, donariis, præsentique Virginis adjutorio late clarum per Gallias. Igitur cum multis legationibus ad Visitatorem Magium, et ad Provincialem Richeomum, tum etiam ad Generalem Clau-*

dium literis; tandem cuncta in usus necessarios suppeditatura instaret Civitas, voti compos est facta. Locus Collegio captus est opportunior, quam ubi designarat Antistes. Quoad ibi novum extrueretur domicilium, temporariæ Sedis die S. Michaelis ad extremum Septembrem inita possessio, ibidem que familia capitum quatuordecim constituta Michaele Coyssardo Rectore. Sexto idus Novembris consueto cum preludiorum honore præceptores quinque, quibus mox sextus accessit, patefecere Musarum Sacraria, quæ cum initio frequentare circiter ducenti cœpissent, ita brevi alii super alios affluxere, ut anno post facile numerare esset quingentos (14). »

Afin de pourvoir à la dotation indispensable à cet établissement, la vicomtesse de Polignac, femme de De Chaste, sénéchal du Puy (15), s'engagea par contrat, passé le 11 janvier 1588, avec les consuls de cette ville, à faire remettre les prieurés de Polignac et de Solignac pour être unis à ce collége, sous la condition qu'elle serait déclarée et regardée comme ayant doté cet établissement, qu'elle et ses successeurs auraient à perpétuité le droit de désigner un nombre convenu de jeunes gens ayant peu de bien, qui seraient instruits et nourris par les soins des consuls et autres stipulations.

(14) HISTORIÆ SOCIETATIS JESU. 1661. *pars* xv, *lib.* vii, n° 108, *p.* 393 à 394.

Antoine de SENECTÈRE, évêque du Puy, depuis 1561, est mort dans son abbaye du Monastier, le 3 novembre 1593.

Louis RICHEOME, né à Digne, en Provence, en 1538, mort à Bordeaux, le 15 septembre 1625, fut nommé vice-provincial de la province de Lyon en 1586. Nous aurons à citer de nouveau ce personnage, ainsi que le P. général Aquaviva et le P. Coyssard.

(15) *Françoise* DE MONTMORIN DE SAINT-HEREM, veuve de *Louis Armand*, vicomte de POLIGNAC, épousa, en 1587, *François* DE CLERMONT, *sieur* DE CHASTE OU CHATTES et DE LA BROSSE, dans le Velay. Ce dernier fut pourvu, par le roi, de la charge de sénéchal du Puy, le 1er mars 1587; son prédécesseur, *Pierre*, sieur DE CHATEAUNEUF DE ROCHEBONNE, s'étant démis.

Les consuls se réunirent les 9 et 10 mai pour traiter l'affaire avec les Jésuites; à cette assemblée se trouvèrent le P. Louis Richeome, provincial, Jean Bertrand, juge-mage à la cour du sénéchal, Gabriel Desarcis, Jean Bernard, Mathieu Triolenc, Jean Dasquemye (16) conseillers et Julien Bonniol, avocat du roi à la même cour, Jacques Dulac, sieur de Gratuze, Claude Morgues, sieur de Saint-Germain et Claude Guigon, second, troisième et quatrième consuls et plusieurs notables de la ville.

Le local proposé ne parut pas convenable au provincial, qui indiqua le doyenné comme plus commode en y joignant les maisons circonvoisines, ainsi que l'église de St-Agrève. Les consuls représentèrent qu'ils auraient désiré voir accepter le collége existant, pour lequel il avait été déjà fait de grandes dépenses; mais il paraît que les Jésuites persistèrent à obtenir un nouveau local.

Les négociations traînèrent jusqu'au 7 novembre, époque à laquelle fut passé, par devant Jean Chilhac, notaire, le contrat définitif, auquel intervinrent le juge-mage, le juge pour le roi en la cour commune, les consuls et plusieurs habitants et notamment Gui Deliques, sieur de Ferraignhe, bourgeois, avec le P. Richeome, provincial, le P. Michel Coyssard, destiné recteur du nouveau collége (17) et Alphonse Chabanes, procureur stipulant pour le P. général, qui avait donné son consentement.

Peu après arrivèrent au Puy une vingtaine de Jésuites qui furent logés dans la maison d'André Mage, bourgeois, située à la place du *Pla de la Monède*. La ville y fit cons-

---

(16) Nous retrouverons un peu plus loin ce personnage, lié d'une manière plus intime aux affaires du collége.

(17) Le P. Coyssard fut plus tard recteur du collége de Vienne, ainsi qu'on le verra plus loin. Né à Besse, diocèse de Clermont, le 25 septembre 1547, il est mort le 10 juin 1623.

truire six classes et une chapelle. Cet établissement ayant réussi, les bâtiments furent accrus par l'acquisition d'environ douze maisons contiguës dans l'*Ile de Chambon* ou la *Fave Frèze* ; les élèves attinrent le chiffre de six à sept cents (18).

Après le renvoi des Jésuites en suite de l'attentat de Chastel, l'établissement du Puy fut l'une des six maisons conservées par autorisation du roi en 1559 (19).

L'édit de rappel fut daté de Rouen, septembre 1603.

Au début, les frères ne devaient résider et avoir des colléges que dans douze villes du midi : Toulouse, Beziers, Agen, Auch, Rodez, Bordeaux, Périgueux, Limoges, Tournon, Aubenas, Le Puy et Lyon et dans deux villes du centre : Dijon et La Flèche. C'était réserver l'enseignement de l'Université dans Paris et dans les trois quarts de la France (20).

Nous insisterons ici un peu sur la rentrée des Jésuites en France sous Henri IV, parce que ce fait se lie d'une manière intime à notre travail.

Des sollicitations nombreuses réclamaient leur rétablissement dès 1601 ; Fouquet de la Varenne, favori du roi, natif de La Flèche (1560), y joignit la sienne et elle fut décisive ; mais dans sa pensée comme dans celle du roi, leur rappel n'était qu'en vue d'un autre projet préalable, la fondation d'un collége à La Flèche, comme on le voit par ce fragment d'une lettre, du 20 janvier 1601, au car-

(18) HISTOIRE DU VELAY, par Arnaud. I, pages 431 à 435.
(19) HISTORIÆ SOCIETATIS JESU. 1710. Pars V, *liber* XII, *pag*. 63.
(20) Voyez : LES JÉSUITES DE LA RUE SAINT-ANTOINE, L'EGLISE SAINT-PAUL-SAINT-LOUIS ET LE LYCÉE CHARLEMAGNE. NOTICE HISTORIQUE, par *E. de Menorval, chef d'institution. Paris. Aubry*, 1872, page 37.

dinal d'Ossat, ambassadeur de France à Rome. « J'ai « proposé au cardinal Aldobrandini l'essai d'un certain « prieuré, assis auprès de ma maison de La Flèche, à un « collége que je désire fonder audit lieu, auquel je fais « état de loger les Jésuites, comme les estimant plus pro- « pres et capables que les autres pour instruire la jeu- « nesse...... » Dans un voyage du roi à Verdun et à Metz, en 1603, les jésuites sollicitèrent eux-mêmes leur retour ; Henri IV leur fit bon accueil et, au mois de septembre de cette année, il rendit à Rouen l'édit qui les rappelait et qui, de plus, leur donnait à La Flèche non pas seulement un prieuré, mais son propre palais pour y établir un collége.

Le contenu de ces lettres de rappel trahit, de la part du roi, une très-grande méfiance pour la Compagnie de Jésus, méfiance que le P. Jouvency a reconnue lui-même en ces termes : « Le roi, dit-il, estima qu'il valait mieux avoir les Jésuites pour amis que pour ennemis *(consultius judicavit habere amicos quam infensos)*. L'opposition du Parlement et les remontrances d'Achille de Harlay, son président, ajournèrent quelque temps l'exécution de l'édit, qui fut enfin enregistré le 2 janvier 1604. « Ce jour là, dit Mezeray, l'ignominie du bannissement des Jésuites servit à accroître la gloire de leur rappel et à leur former un plus grand établissement. Ils se virent installés dans une maison royale dont ils ont fait le plus beau de leurs colléges. »

« Ainsi commença l'année 1604, dit aussi Favyn, par le rétablissement des pères Jésuites, en faveur desquels le roi fonda un collége royal, en sa ville de La Flèche, leur donna son château, où il avoit été conceu, y fit jeter les fondements d'un bastiment admirable, lequel étant parachevé, reviendra à plus de cent mille écus, en intention qu'après sa mort, son cœur y soit porté, comme il y avoit pris vie et mouvement, *cor primum vivens, ultimum moriens (Histoire de Navarre,* livre 18, page 1210). »

Cette disposition testamentaire se trouve en effet dans l'édit de fondation du collége de La Flèche, donné à Fontainebleau, au mois de mai 1607, par lequel Henri IV régla lui-même les matières d'enseignement (21).

Par le contrat du 7 novembre 1588, il avait été convenu que la ville du Puy paierait pour l'entretien du collége la somme de 4,000 livres de pension annuelle, à condition toutefois que ce chiffre serait réduit si le collége augmentait ses revenus par un autre moyen. En effet, quelque temps après, on réunit, comme nous l'avons déjà dit, les prieurés de Polignac (22), de Solignac et de Macheville, valant 1500 livres de rente annuelle. La ville se réserva le revenu des boutiques des maisons appartenant au collége, sur la rue de la Chaussade.

Nous croyons que les Jésuites faisaient bâtir, sauf à réclamer le remboursement par la ville, puisque, en 1634, le collége avait emprunté de fortes sommes et qu'il y eut lieu à transaction avec l'administration consulaire, le 3 novembre. Les consuls consentirent à payer 32,250 livres de diverses manières (23); mais ils ne purent faire droit à ces paiements et il en résulta une série de difficultés et de procès que nous n'avons pas à raconter ici.

(21) HENRI IV A LA FLÈCHE, par *Jules Clère. La Flèche,* juin 1857 ; pages 41 et 42.

Nous fournirons plus loin des détails intéressants sur le collége de La Flèche, à la construction duquel Martellange a aussi coopéré.

(22) La prise de possession du prieuré de Polignac est du 13 juillet 1594.

(23) Savoir : 6,250 livres en 1635, 8,000 en douze ans, à raison de 666 livres, 13 sous, 4 deniers par an, à commencer en 1626, et enfin 18,000 livres en 24 ans, pour la jouissance du prieuré de Montregard, estimée à 750 livres par an.

Nous trouvons, toutefois, dans un mémoire sans date, mais postérieur à 1659 et dressé pour les consuls, les renseignements suivants : la ville avait dépensé plus de 150,000 livres aux constructions, outre les terrains, 3,000 livres pour la bibliothèque et 3,000 livres pour le mobilier. (24).

(24) Ces renseignements et les suivants, relatifs au collége du Puy, proviennent des archives de la Haute-Loire, lesquelles ont été mises à notre disposition par le savant et dévoué archiviste, M. Aymard.

CHAPITRE II.

CONSTRUCTION ET DESCRIPTION DU COLLÉGE DU PUY.

Ur la demande de sa compagnie, Martellange dressa, le 15 février 1605, un mémoire pour la fabrique de l'église; il parait qu'il ne se trouva pas assez sûr de lui-même ou bien que les Pères voulurent s'appuyer de quelques conseils; on prit l'avis de M° Pierre d'Orléans, architecte de Mende.

Dans une minute de ce mémoire, annotée par M° Pierre, Martellange s'expliquait comme il suit, après divers détails : « Il faudra (art. 4) de chapelle en chapelle bander des arcs dans terre pour bander une pile contre l'autre qui me semble du tout nécessaire; tels arcs se feront dans terre, et ce de pierres ordinaires, principalement de plattes qui à cest effect doivent estre mises à part et conservées pour ce ; quant l'on fera les dictes piles et fondements des encoules fault laisser l'attente des dicts arcs. »

En marge on lit : « Maistre Pierre d'Orléans pense que cet article n'est point nécessaire, pourquoy Estienne dist : Mon oppinion est touttefois on a laissé les attentes des pierres des dits arcs qui se pourront toujours faire, les dites piles estant élevées. Mre Antoine, le masson, pense que cela fort superflu. »

Martellange avait sans doute projeté ces arcs par précaution ; son église se trouvant en travers d'une déclivité ; il pensait qu'en outre qu'ils assainiraient l'édifice, ils auraient l'avantage d'empêcher un glissement possible.

Le document finit par ce passage : « .... La mémoire instruira de tout, particulièrement pour la montée, à quoy ne faut rien changer des mesures, sauf d'hausser les doubleaux de la grande voulte pour faire que les diagonales des croisées se trouvent à leur demi-rond ; or, ne poulcent tant (afin de ne pousser pas tant). Ainsi les fenêtres se feront plus haultes, le toit des chapelles aussi en aura plus de pante, cela particulièrement avons résolu, Me Pierre d'Orléans, architecte, et Estienne Martellange, pour estre ce qui a besoing de changement en ce qui a esté faict jusqu'à présent (25). »

Les plans conservés sont les suivants :

1° Une coupe longitudinale de l'église conforme à peu près à l'exécution. Cette coupe devait être probablement jointe au mémoire de 1605. Elle est au trait à l'encre de

---

(25) Les Archives de la Haute-Loire ont un double de ce mémoire, sans les annotations, lequel est de la main de Martellange, comme celui-ci.

Nous devons ici remercier notre honorable collègue de la Société littéraire, M. Isidore Hedde, qui a eu l'obligeance de recueillir pour nous les mémoires que nous publions, et de nous faire lui-même les honneurs de cette magnifique ville du Puy.

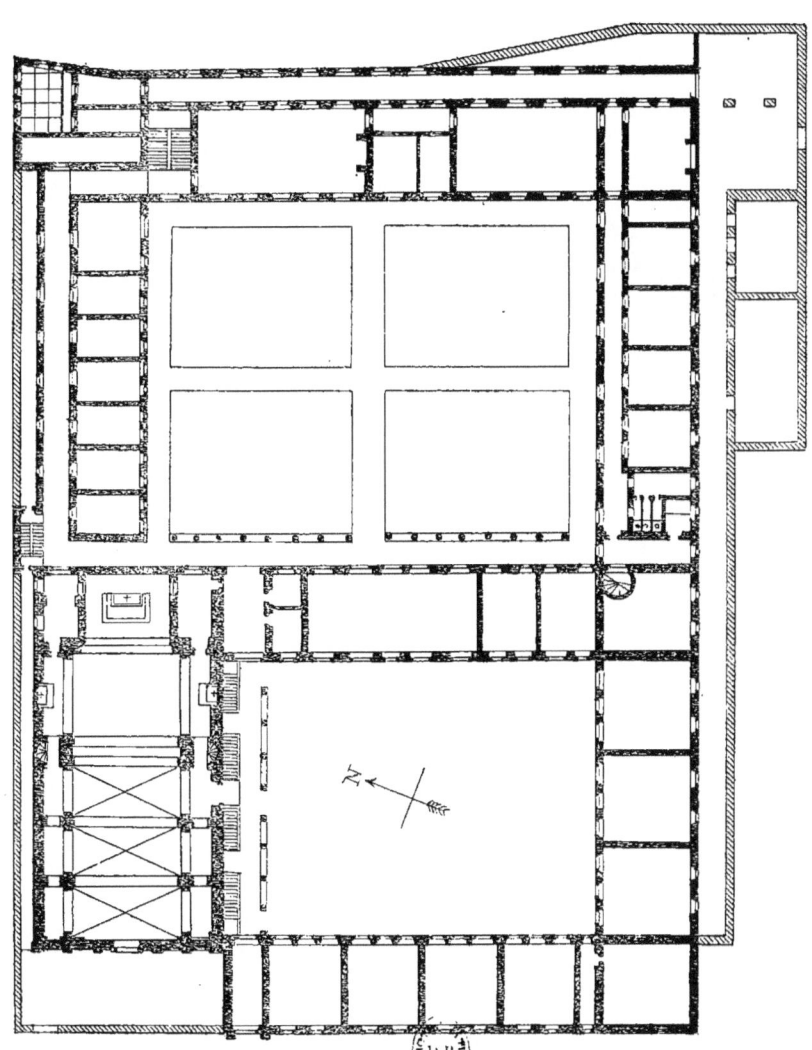

PLAN DU COLLÈGE DU PUY EN 1628.

la Chine relevé de quelques ombres bleuâtres, de même que tous les dessins de Martellange ;

2° Un « second plan de l'église et collége, de mars 1608 » de la main de Martellange ;

3° Un plan du même collége avec les légendes en latin, rez-de-chaussée et 1er étage ;

4° Un autre plan du 1er étage ;

5° Un plan du rez-de-chaussée dressé en juillet 1628 par Jean Claus « par mandement du R. P. Pierre Lacaze, provincial de la province de Tolose. »

6° Enfin quatre ou cinq plans de détails, la plupart de la main de Martellange.

En 1607, en présence du P. Provincial Antoine Suffrin, on passa les « articles et conventions faites entre les Pères Jesuistes pour les bastiments de leur église, et maistre Antoine Flouri (26), maistre masson au Puy, sur lesquels est donné le priffait. » Étienne Martellange signa au contrat, en ajoutant à son nom la qualification d'architecte (27), avec le P. Recteur Claude Poucert, le notaire Davignon et les témoins.

Estienne Martellange Architecte

Nous donnons ci-après le texte d'un mémoire reproduit par lui quelques années après, qui indique comment il en vint à choisir son entrepreneur :

« *Mémoire pour la fabrique de l'Eglise en may* 1607.

« De la façon que jay procede pour donner le prifait a maistre Anthoine Floury, du co'lége du Puy, accorde le 8 may 1607.

---

(26) *Floury* ou *Fleurit.*
(27) Archives de la Haute-Loire, 9 mai 1607.

« Premierement apres que jeus recognu la besongne qui estoit faicte jusqua present et aiant trouve satisffaction de louvrier qui lavoit faicte, je me suis enquis ouvertement de luy, des moiens quil y auroit de poursuivre, tant pour le regard des materiaux desquels je debvois prendre instruction des maistres du lieu, quausi de la façon de donner le prifait ou lui en aiant presente jusqua six façons touttes diverses, nous avons conclu quil seroit le mieux de donner a prifait le tout, a sçavoir de rendre la taille faicte et posée, et pour la façon de la massonnerie, la donner a tant la toise, et lui aiant donné du temps pour y penser et se resoudre jay prins de luy le pris de tout en particulier, jay faict le mesme avec trois ou quatre aultres maistres des plus suffisants de la ville, desquels aiant la mise, jay choisi le plus bas pris presents le R. P. Recteur et M. D'Avignon notaire. Traictant avec ledict mettre Anthoine que comme il avoit satisfais pour le passe il meritoit estre retenu pourveu quil fist la mesme condition que les aultres ; a quoy ma emeu premierement sa suffisance quil a montre en ce qui est faict qui nest pas moindre voire est plus de consequence, que ce qui reste, et quau cas qu'on le donnat a un aultre, sil advenoit faulte de la besongne il se dechargeroit, sur ce qui a este faict par cy-devant, la besongne ne peut estre que mieux estant conduicte par un mesme et la besongne que jay veu de luy et ce qui je m'en suis acquis mesme des massons, et lessay que jen ay faict par ses discours me donnent asseurance de respondre pour sa suffisance, que mont encore temoigne les nostres, joinct quil est home de bien paisible et qui a moien pour respondre de la besongne, quil nest necessiteux, voire aiant mesme commodite pour largent, quand il en est besoing, touttes lesquelles qualittes mont emeu a luy donner ma vois, et est tellement lie au prifait, que je jugerois debvoir faire, au cas quil fust necessaire par occasion de mort ou aultrement contracter avec un aultre. Quant aux aultres massons quoy quil y en hest heu qui heussent estre intelligents pour entreprendre lœuvre, ils sont ou si pauvres, quil fauldroit advancer avec danger ou comme on la ja experimente quapres avoir reçu largent ils ont quitte la besongne, ou pour estres debauches et adonnes a boire et aultres imperfections et pour nestre traictables, toutes lesquelles raisons mont faict juger quil estoit plus expedient de ne les admettre, questre contrainct par apres les congedier ou chasser, sur ce jay dresse les articles du prifait, qui ont este accorde reciproquement dune part et daultre comme sensuit.

« Faict au Puy, le 9 may 1607.

« Estienne MARTELLANGE. »

Antoine Flori mourut et l'on fit continuer le travail par un entrepreneur du nom de Charpignac, si intelligent à ce qu'il parait, qu'il éleva sans cesse des difficultés sur le mode de mener les ouvrages.

Cette circonstance causa quelques contrariétés à Martellange qui fut obligé d'écrire nombre de lettres, d'envoyer de nouvelles copies de ses anciennes conventions, et enfin de dresser des mémoires qui devaient faciliter la solution des différends.

La correspondance nécessitée par ces affaires nous révèle quelques détails relatifs à la marche des travaux et aux rapports de Martellange avec ses supérieurs ; aussi nous en fournirons des extraits.

Dans une lettre, sans date, mais que nous pouvons rattacher à l'année 1610, parce qu'une autre, qui la suit, vient la compléter, Martellange écrit au R. P. Recteur du Puy probablement :

« Et parce que le dict Charpignac peut-être voudroit remettre en doubte la façon de toiser spécifiée au contract comme il vouloit la faire à mon dernier voyage au Puy, de quoy fust fait assemblée par devant M. le conseiller N. qui étoit pour lors à (*mot illisible*) il y a deux ans préfet de la congrégation, où le dict ouvrier fut sommé ou de quitter l'œuvre ou tenir la tasche de son prédécesseur à quoi il acquiesçat; oultre le contrat, il y a un escrit encore à Paris, signé de ma main qui spécifioit le tout, or bien j'ai copié tant de contract que du dessus escript elle se recherchera ou en Avignon ou à Lion... »

Cette lettre est expliquée par la suivante, datée de Besançon, 14 février 1610, par laquelle Martellange envoie au R. P. Recteur du Puy un mémoire répondant à des interprétations douteuses sur un mode de toisé :

« Je receus la lettre la sepmaine passée à Dôle et despuis suis venu à Besançon où j'estime demeurer encore environ quinze jours et me doibs rendre à Dijon au plutost pour assister leurs fabriques. Jusques à ce que je sois adverti aultrement l'adfaire est tellement importante que je l'ai notté tellement que je ne m'espargneray point en cas qu'il y falut aler exprès pour l'éclaircir, et si votre R. le juge ainsi quand il seroit nécessaire que N. R^d P. Général le deut ordonner, bien que je crois que M. R. P. Provincial me le refuseroit. J'offre tout ce qui est de ma puissance, cependant il faut bien lire touttes (28) les mémoires que je laissay......... »

A cette lettre est un *Post-scriptum* :

« Je ne me suis pas souvenu du nom du conseiller sous lequel fut faicte l'assemblée pour le toisage de quoy il est question, sinon qu'il estoit y a deux ans prefet de la grande congrégation, et que je fis le plan pour la bastir qui lui fut mist entre les mains, il est de nos très-intimes et affectionnés. »

Suscription : « Au R. P. le P. Odo de Gissay (29), vice-recteur du collége de la Cie de Jésus, au Puy. »

La lettre est cachetée du sceau de la Cie.

(28) Martellange orthographie constamment mémoire dans le genre féminin, voyez déjà plus haut, page 24.

(29) Le *P. Odo de Gissey* est l'auteur d'un ouvrage sur le Puy : Dis-

Nous regrettons beaucoup de n'avoir pu nous rendre compte exactement du nom du personnage cité dans cette lettre, qui était peut-être le M. Dasquemie dont il sera question dans une pièce que nous donnerons plus loin ; cela nous eût mis dans la voie pour faire des recherches à l'égard du bâtiment nécessaire à la congrégation dont Martellange dut faire les projets.

On remarquera que cette circonstance nous a permis de classer la lettre précédente, puisque Martellange ayant mis un N pour le nom de ce personnage, demanda dans celle du 14 février 1610 à le connaître en ajoutant des faits qui pouvaient permettre à son correspondant de s'en rappeler.

Les mémoires qu'il fournit ne furent pas suffisants puisque Charpignac persista à interpréter le mode de toisage à sa guise tout en poursuivant les travaux. Martellange rédigea alors une nouvelle déclaration sans date, mais qui doit être fixée à l'année 1611, soit d'après son texte même, soit parce qu'il y est question de toisages des travaux, lesquels nous avons, et qui sont datés du 15 janvier 1611.

Nous la reproduisons *in extenso* parce qu'elle forme un historique complet de la marche de l'entreprise depuis 1605 jusqu'à ce moment et qu'on y rencontre certains détails relatifs à la présence de Martellange dans d'autres villes, circonstances sur lesquelles nous aurons à revenir plus loin.

<small>COURS HISTORIQUE DE LA TRÈS-ANCIENNE DÉVOTION A NOTRE-DAME DU PUY. *Lyon*, 1620. Il fournit quelques renseignements historiques au milieu d'une histoire légendaire de l'église du Puy mélangée d'une glorification assez maladroite de la famille de Polignac.</small>

« *Déclaration faite par Estienne Martellange, sur le différent qui est entre le collége et M. Pierre Charpignac, touchant la fabrique de l'église du collége de la ville du Puy.*

« Comme aussi soit que l'année 1605 Estienne Martellange, religieux de la Compagnie de Jésus, et architecte pour icelle, de présent par le R. P. général fust envoyé par son provinsial, pour recognoistre le plan de leglise du college du Puy, auquel on avoit posé la premiere pierre, suivant le dessaing qu'il en avoit donné, le 15 febvrier, il tendit les cordeaux pour proceder au reste des fondations, donnat les mesures, fist depuis un model de relief en carton, dressat les memoires necessaires, pour continuer lœuvre, et qu'on fist a la journée, pour le regard des fondations, jusqu'à lannée 1607, de may, que ledit Martellange fust encore envoié, pour revoir la besongne, et faire faire les recoupes des murailles sur les fondations faictes, et faire les moules des portes, fenestres, bazes, chapitaux, corniches, etc. Il dressat despuis et minuta les articles, pour faire le contrat du prifait, qui fust despuis donné à feu Antoine Flori, et lesdits articles furent accordés, le 9 may 1607, de quoy il y a acte reçu par Me D'Avignon, notaire, et despuis le contrat suivant, lesdits articles fust passe et reçu par le susdit notaire, le 13e jour de septembre de la mesme année ; or, parce que la façon de mesurer la taille plaine des pilastres, plintes, angleries estoit differente de la façon commune, et que les paroles des articles inserces au contrat, nestoit asses claires pour estre entendues de tous, M. Antoine Flouri demandat audit Martellange d'en avoir une plus claire intelligence, ce quil fist luy descrivant tres particulierement le tout, et le luy donnant signé de sa main, avec l'accord de quelques autres points, la memoire est dattée du 24 may de ladicte année. Il laissat aussi au college copie signée aussi de sa main. Par cette memoire est esclarty une erreur qui estoit advenue par mesgarde audict contrat au domage dudict masson. Lorsquil est dict que au lieu où le pilastre seroit de 22 pieds daulteur il vauldroit 36, et fault restituer 66, car toutes les faces des pilastres aiant 3 pieds en face, multipliant trois fois 22 qui est leur aulteur font 66. Cette memoire esclairoit le tout, car ni ledict M. Antoine, ni Martellange n'appercevut l'erreur. Tout deux procedant en bonne foy, et la dicte memoire expliquant le tout suivant l'intention des contractans, par quoy il ni eut jamais aulcune difficulte sur le contrat. Il est advenu que M. Antoine Flori est venu à mourir et que la besongne a este donnee à M. Charpignac, qui la acceptee, en mettant en son propre lieu et place, comme appert par un contrat de l'annee 1607 onziesme novembre, tesmoins M. Dasquemie (30), De Lafont et J. Arnaud. Or, comme le dict Martellange fust de rechef envoie au Puy par son Provincial pour visiter la fabrique nommement que le mestre ouvrier estoit mort, pour donner instruction de l'œuvre à son successeur, apres avoir remedie a quelques faultes arrivees au posage des bazes des coins et qui fust faict en celles qui restoient a poser, car, la dicte faulte demeure encore en une qu'il faut reposer, au coin de la grande chapelle, du costé de septentrion. M. Charpignac proposat audict Martellange comme sentendoit l'article du contrat de mesurer la taille plaine des pillastres, lequel luy expliqua qu'il falloit prendre, selon les paroles du contrat, qui porte, qu'on mesurera le pied en ligne avec son retour, valoit pour deux pieds en face, quoy quil compris le pied qui se retrecissoit au dedans des deux pieds qui pourtoit le retour d'un pied, et ledict Charpignac vouloit entendre de mesurer en ligne selon les contours du pilier, et a l'ordinaire, la superficie d'un pied, partant fist difficulté de vouloir acquiescer a cette façon de mesurer, laquelle ledict Martellange dict avoir declarer telle par les paroles du contrat, et partant, qu'il s'en rappourtait à la memoire qu'il en avoit donner escrite et signer de sa main a

(30) *Jean* Dasquemye, conseiller du roi, signe en cette qualité dans un bail du 14 août 1612 pour la construction des fourches patibulaires de Rouzon près le Puy. Un Dasquemye, sieur d'Auzac, est premier conseiller du Puy en 1690, et un J.-B. Dasquemye, aussi sieur d'Auzac, est maire du Puy en 1735 (Communiqué par M. Aymard, archiviste de la Haute-Loire).

feu M. Antoine, et fust trouvé que la veuve l'avoit, et rendit entre les mains dudict Martellange dans lesglise neufve par les mains de son fils, qui sen souvint fort bien, à loccasion que la figure de mesurer y est, et le tesmoignera, M. Charpignac fict encore difficulté de si accorder. Parquoy on fist assembler au collége ou fust present M. Dasquemie, M. Coulon, M. de Lafont, M. Davignon, le feu R. P. Poucrot, le P. Nicolas Gouz, Estienne Martellange, ledict Charpignac et son fils, et ce dans la salette de la porterie, ledict Martellange dont, comme architecte et directeur de lœuvre qui avoit minute les articles du contrat, en fist ample explication, presents tous ces Messieurs, et finalement sommat ledict M. Charpignac, de vouloir accorder cest article du contrat selon lesplication quil en avoit faict à la memoire quon avoit retiré de la vefve du défunt, comme conforme audict contract, ou bien quitter et se departir dudict contrat, car a peine avoit-il encore commencé a se mettre en œuvre, ce qu'il agreal, en estant meme somme par M. Dasquemie, de mesme fit le R. P. Poucrot, recteur, qui promit observer le contrat, suivant l'interpretation donnee par ledict Martellange qui remit audict Charpignac la memoire qu'on avoit retiré de la vefve et de laquelle il cite les paroles par cœur, quoy quil die ladicte memoire estre demeurer au college, suivant cest accord mutuel, lassemblee se despartit, et M. Charpignac a travaillé, jusque à lannee passee, 1610, sur la fin du mois de juillet, qu'on a voulu toiser, ce quaiant fais il sest trouvé que ledict Charpignac estoit redevable sur largent quil avoit reçu de plus de 400 l., ce que voiant il a voulu remuer la question susdite, voire a excogiter une façon toute nouvelle alienne d'aulcun usage ou raison, afin que au lieu qu'il debvoit il fust trouvé qu'on luy devoit, tirant par le nom les paroles du contrat et leur faisant dire tout a rebourg de leur vray sans et de lintention que je les ay minutees, qui fust cause quon m'escrivit à Dijon ou j'estois afin den respondre ce qui feroit de la verite, ce que je fis de Bezanson, car je receus les lettres à Dijon estant sur mon despart pour aler à Bezanson, don je respondis conforme a ce qui est dict cy dessus, et de la memoire que javois laissé escrite et signée de ma main du 24 may 1607. Il na ce neanlmoins voulu acquiescer parquoy on ma faict venir icy avec grand interest du Bastiment de leglise et college de Dijon, et de tous les aultres bastiments de touttes med^s provinces sur lesquels jay charge afin que en personne jaccommodasse ce different, et donnasse de vive voix lexplication du contrat que javois minute, et de fais à mon arrivee que je luy ay faict sçavoir, il me dit sen rapourter entierement a ce que je dirois, partant on a prie les susdicts nommes en la premiere assemblee, de vouloir nous ouir pour accorder de tout, et a luy de ce pourter au devoir et raison, il sest tenu opiniatrement a son invention et interpretation à sa mode, partant, Monsieur d'Asquemie luy a dict de toiser et donner le compte de la besongne, selon quil lentendoit, car javois exibe le toisage que javois faict avec luy de la maçonnerie, a de plus de la taille, comme est la vraie intelligence du contrat. Il me donnat donc copie de son compte le 21 du present 1611, ou il apprit qu'il y a de la contradiction en tous les articles, voire selon son intelligence, quil ne respond pas à soy mesme, et ce quil a toujours faict, c'est que demain il nie ce qu'il a accorde au jour present, qui a faict que jay couche cette presente declaration, conforme a mes mesmoires passees a les paroles du contrat, afin qu'elle puisse servir en temps et lieu sen que je ne peux sejourner icy pour les adfaires des bastiments de mes provinces, joint la difficulte quil y a heu pour venir en une aultre province, oultre linteret des fabriques de la nostre. Cependant, oultre la presente declaration, je laisse encore les comptes du toisage que jay faict avec toutte fidelite et diligence, selon la teneur du contrat, ne mestant voulu fier a ce quoy avoit faict creignant quil ni eut de lerreur, ceux qui lavoient faicts nestant de la profession, et encore une explication du point de la difficulte par laquelle il sera aise dentendre que ledit Charpignac interprete le contrat contre raison et mon intention, et pour assurance de verite me soumets à prester le serment, lors quon le voudra exiger pour tesmoignage de ladicte verite, en foy de quoy jay escrit et signe la presente declaration.

« Estienne Martellange »

Les explications fournies par Martellange furent-elles suffisantes ? nous ne pouvons l'affirmer. Toutefois Charpignac poursuivit son entreprise, puisqu'il est encore question de cet entrepreneur au sujet de l'établissement des voûtes ; dans une lettre datée de Lyon, 4 août 1616, Martellange expliquait qu'il valait mieux faire les voûtes de la croisée à cul-de-four au lieu de celles à arêtes qu'il avait tracées dans son projet ; en même temps, il recommandait d'élever tous les murs de l'église à leur hauteur avant de voûter. Enfin, il réclamait de Charpignac un modèle en relief, avec tous les blocs en petit.

Ces instructions ont été suivies ; ces voûtes construites en pierre n'ont pas donné lieu à des mouvements, malgré leur grande portée, et la voûte en cul-de-four de la croisée du transsept est appareillée d'une manière remarquable, quoiqu'elle présente la difficulté de s'intersecter sur un plan barlong.

Une certaine partie des matériaux du collége fut prise au rocher de Corneille, qui appartenait alors au chapitre de la cathédrale. Nous avons trouvé la trace d'autorisations demandées ou accordées dans ce but aux Jésuites, le 10 mars 1615 « pour reprendre les travaux de l'église, puis, le 4 décembre 1635 et 25 janvier 1636, également « pour « la continuation des bâtiments de leur église. »

Ces faits indiquent que cette entreprise fut longue et laborieuse ; toutefois, il ne peut rester aucun doute sur l'exécution des plans de Martellange, le monument leur étant absolument conforme, sauf en ce qui concerne la décoration de la partie inférieure de la façade, exécutée en trachyte de la Pradette (31), portion qui a été ajoutée

(31) Commune de Montusclat (mont brûlé), canton de Saint-Julien-Chapteuil.

après coup et en placage, à une date que nous ne pouvons préciser absolument.

Cependant, les documents déposés aux archives du Puy présentent de nombreux rôles de journées d'ouvriers et de fournitures dans l'année 1682 ; on pourrait donc conjecturer que ce portail ne remonte qu'à cette date.

Quelques personnes nous paraissant admettre difficilement notre opinion à l'égard de l'addition de ce portail après coup, nous nous bornons à indiquer sommairement les faits qui nous ont conduit à cette hypothèse :

1° La coupe longitudinale de 1605, ainsi que les plans de l'église de 1628, n'indiquent pas cette saillie ; le mur de face ne présente que des pilastres sans surépaisseur ;

2° Le style employé, assez lourd du reste, n'a aucun rapport avec le genre connu des œuvres de Martellange et paraît plus moderne ;

3° Les colonnes accouplées du centre ne se rapportent d'aucune manière avec l'axe du pilastre qui les surmonte ;

4° On voit parfaitement sur le côté latéral, dans la rue du collége, la jonction d'assises dont les joints horizontaux ne concordent pas entre eux ; ce qui indique au moins que la partie inférieure a été construite en reprise et en sous-œuvre.

Le collége du Puy est compris dans un grand quadrilatère formé, au nord, par la rue du collége, sur laquelle se trouve, au nord-ouest, la façade latérale de l'église. au couchant, par la rue du Bessat, à l'angle nord-ouest de laquelle est l'entrée de l'église et presque à côté celle de l'établissement, au sud, par la rue de la Chaussade, et, au levant, par la rue Sept-Epées, bordées, l'une et l'autre en partie par des maisons mitoyennes avec des corps de logis.

Le quadrilatère est sur la déclivité du vaste amphithéâtre que forme la ville, laquelle a conservé sa vieille physionomie avec ses rues étroites et escarpées pavées de débris de la brèche volcanique du rocher de Corneille.

Il se compose de deux grandes cours séparées seulement par un corps de logis et entourées de bâtiments. L'église forme le côté nord de la première cour ; une galerie couverte à deux étages lui est adossée et se trouve aussi dans l'axe de la porte principale d'entrée. Cette galerie est décorée, du côté de la cour, par une ordonnance d'arcades de style dorique au rez-de-chaussée et ionique au premier étage d'un genre qui manque un peu de pureté mais qui ne laisse pas d'avoir une certaine élégance. Il parait qu'il y avait autrefois sur la façade de ce portique un immense perron qui fut démoli il y a quelques années et qui fut remplacé par un escalier vulgaire. Ce perron conduisait au premier étage de la galerie et aux tribunes de l'église. La construction de cette galerie ne nous a pas paru aussi ancienne que celle des autres bâtiments. Cette première cour servait, comme d'habitude, pour les classes et cette disposition lui a été conservée.

La deuxième cour est beaucoup plus grande en ce sens surtout qu'elle occupe dans sa longueur l'espace que l'église enlève à la première. Le corps de logis, opposé à l'entrée, offre deux grands pavillons, dépassant en hauteur la masse des bâtiments et dans lesquels sont installés des escaliers ; sur ce même corps de logis est un fronton qui devait recevoir le cadran solaire d'usage. Toutes ces constructions paraissent anciennes, à l'exception de la façade au nord qui a été remaniée. On remarque deux portes en symétrie qui sont d'une bonne manière.

L'église occupant, comme nous l'avons dit, l'angle nord-ouest de l'établissement est, selon l'usage adopté par Martellange, un peu en arrière de l'alignement de la rue (du Bessat); elle se compose, compris dans un seul parallélipipède, d'une seule nef avec transsept accompagnée de trois chapelles de chaque côté et terminée par un chœur carré.

C'est absolument le plan type adopté par notre artiste, et, en conséquence, nous devrons insister sur sa description, afin de pouvoir y rapporter les suivants. Les bras du transsept sont un peu plus étroits que la nef. L'espace, résultant de l'intersection du transsept avec le chœur carré, sert de vestibule au nord et de dégagement au sud pour le rez-de-chaussée de l'église et forme tribune au-dessus, avec deux fenêtres donnant sur le chœur.

La décoration intérieure est formée d'un pilastre toscan couronné par une grosse architrave au-dessus de laquelle retombent les voûtes. Les arcs des chapelles sont en plein cintre et leurs impostes ne présentent qu'un simple bandeau : on voit que rien n'a été donné au luxe.

Les tribunes sont ménagées soit dans les arcades formées par les chapelles latérales à la nef, soit dans les transsepts. C'est là encore une des dispositions adoptées que nous retrouverons partout, sauf le système de construction ou de décoration. A l'église du Puy, ces tribunes, quoique prévues dans le projet, sont établies en bois sur un arc excessivement surbaissé, qui offre par dessous les nervures diagonales et perpendiculaires d'une voûte de la fin du xve siècle, retombant sur des culs-de-lampe. Ce parti pris est, comme on le voit, très-rationnel et ne manque pas d'originalité; naturellement la rampe d'appui est formée de balustres tournés. Le fond du transsept ayant été consacré à des autels, les tribunes qui les surmontent et les encadrent ont été enrichies sur toutes leurs faces de peintures décoratives qui accompagnent très-bien la dorure appliquée sur toute l'architecture du rétable.

Nous ne croyons pas qu'on ait cherché à donner à ces peintures un sens absolument allégorique.

On remarque (transsept du côté de l'Evangile formant chapelle de Saint-Ignace), sur le tympan de l'arc deux figures de femmes, dont nous n'avons pu trouver le caractère allégorique et dans les compartiments du dessous de l'arc deux psalmistes et deux prophètes, puis des chérubins en foule. Le tableau de l'autel représente saint Ignace agenouillé devant la sainte Vierge.

De l'autre côté (chapelle de la sainte Vierge), sur les tympans de l'arc, sont des anges supportant des écussons timbrés des chiffres de Jésus-Christ et de la sainte Vierge et dans les compartiments au-dessous des anges et de nombreux chérubins. Le tableau représente l'adoration des bergers.

Ces rétables, ainsi que celui du maître-autel, boursouflés d'ornements et aux colonnes torses, sont entièrement dorés ; ils appartiennent à l'art Jésuite de la fin du XVIIe siècle. Le tableau principal, représentant le Christ en croix et d'une bonne manière, est attribuée à un peintre du nom de François (32).

(32) Un FRANÇOIS, dit *Guido Francisco* serait né au Puy-en-Velay, à la fin du XVIe siècle ; il eut un fils : *Jean-Christophe*, né également au Puy, qui fut aussi peintre et mourut en 1657. Les biographes du Velay ne nous semblent pas fixés d'une manière très-sûre à l'égard de l'existence et de l'attribution des œuvres de ces artistes. Il y aurait là une étude intéressante et spéciale à faire. Un FRANÇOIS *Simon*, de Tours, a fait partie de l'Académie royale de peinture, en 1661, et est mort, le 22 mai 1671, âgé de 55 ans (*Archives de l'Art français*, t. I, pag. 364). Dans l'*Abecedario de Mariette* (tome II, page 270), il est expliqué que ce François cherchait à imiter la manière du Guide, qu'il avait connu en Italie et avec lequel il avait contracté amitié. » On a précisément raconté

Les chiffres de la Compagnie de Jésus se voient encore dans le rétable du maître-autel, supportés par des anges d'une main au-dessous du médiocre, ainsi que toute la partie statuaire. L'intérieur de l'église n'offre pas d'autres œuvres d'art ; toutefois, on peut affirmer qu'elle fut, au moins en grande partie, décorée de peintures que recouvre en ce moment un affreux badigeon. Il y aurait lieu de chercher à les faire revivre et elles rendraient tolérables, par leur coloration, ces immenses rétables dorés lesquels, isolés, affectent désagréablement le regard.

Certains *Guides* ne manquent jamais, dans leurs descriptions d'églises du xviie siècle, de critiquer : « les massifs piliers qui ont fait des *bas-côtés* deux couloirs étroits et obscurs. » Persister à confondre des chapelles avec des basses-nefs, dans une église de collége, c'est bien le sans façon qui caractérise notre époque. La structure de ces églises est le résultat d'études sérieuses et d'une entente exacte entre le programme rempli et une construction solide ou peu coûteuse. Les murs latéraux des chapelles, prolongés en consoles, au-dessus de leur toiture, servent d'arcs-boutants naturels à la poussée de la voûte de la grande nef. Si l'on avait converti ces chapelles en bas-côtés par le percement d'arcades dans leurs murs latéraux, il serait devenu indispensable de bâtir des contreforts extérieurs au parallélipipède formé par l'Eglise et, par conséquent, d'encombrer une rue latérale et de rendre impossible l'établissement de la galerie juxta-posée à l'intérieur du collége. Il y a même ceci de très-ingénieux dans cette combinaison des églises de Martellange, c'est que le transsept occupe exactement la largeur de deux chapelles.

---

le même fait pour notre *François* puisqu'on l'avait, en conséquence, surnommé *Guido*.

De sorte que l'on pouvait, à son gré, ou faire une église avec nef, accompagnée de cinq chapelles de chaque côté et sans transsept, ou de trois chapelles avec transsept ; et cela sans sortir du parallélipipède obligé, n'offrant aucune saillie ou angle rentrant. Aussi Martellange propose le plus souvent ses églises soit au nord, soit au midi de sa première cour, au gré des convenances, ainsi qu'on le verra à Vienne, à Moulins et à Vesoul. Le chœur est carré si la deuxième cour passe derrière l'église ; il est à trois pans si on y place une cour de service, comme à Lyon et comme il l'avait projeté à Vienne et à Vesoul. Il laisse presque toujours, au devant de l'église, une sorte de petite cour en retraite de la façade de l'établissement, soit pour donner plus de développement à la circulation, les colléges étant le plus souvent entourés de rues étroites, dans toutes les villes anciennes, soit pour ménager la vue de l'édifice.

On voit, par ces détails, que ces vieux colléges, si simples et si commodes à la fois, répondaient admirablement aux besoins de l'époque et que l'artiste qui en est le véritable auteur mérite bien quelques pages de mémoire.

L'extérieur de l'église du Puy offre quelque richesse, grâce à l'ordonnance dorique dont on l'a plaquée, comme nous l'avons expliqué plus haut. La partie supérieure est de la plus grande simplicité. On y voit la rosace ronde obligée, accompagnée de pilastres et de grandes consoles formant arcs-boutants; le tout est surmonté d'un grand fronton orné du chiffre de la Compagnie de Jésus. La menuiserie de la porte d'entrée, quoique mutilée, nous présente des panneaux et des sculptures d'un bon travail ; son imposte était ornée de deux anges supportant un écusson ; cette décoration, assez élégante, a été mutilée.

La porte d'entrée du collége, encadrée par des pilastres

d'ordre dorique, coupés par des refends en bossage, est à plein cintre. Le fronton aigu est interrompu par une niche ronde accompagnée de consoles et surmontée elle-même d'un petit fronton. Tout cela forme une composition sévère, d'excellente proportion et due, probablement, à un architecte habile. Nous aimerions à l'attribuer à notre artiste ; nous n'osons aller jusque là : cette porte nous semble appartenir à une époque plus récente et s'éloigner de la manière de Martellange,

Le clocher de l'église n'offre aucun intérêt et n'a pas l'importance qui lui conviendrait en raison de la grandeur de l'édifice.

CHAPITRE III.

COLLÉGES DE VIENNE ET DE MOULINS.

 es constructions du Puy étaient à peine commencées, que Martellange apportait son concours à l'édification du COLLÉGE DE VIENNE.

Cette ville importante a été pourvue de bonne heure d'un établissement d'instruction publique.

Nous avons pu trouver quelques détails qui témoignent de cette ancienneté, en parcourant un ancien inventaire de ses archives (33), dans le but de préciser une date pour cette création.

(33) *Répertoire de l'inventaire des papiers appartenant à la ville de Vienne déposés dans les archives de son Hôtel-de-Ville.*

Ce recueil a été mis à notre disposition, avec une obligeance extrême, par M. Leblanc, bibliothécaire et conservateur du musée, qui a même pris la peine de nous fournir des copies des plans originaux du collége déposés aux archives de la ville.

Déjà, le 20 juillet 1520, les recteurs du collége le voulaient quitter à cause de la peste qui en avait chassé les écoliers (34). Nous notons des pensions payées aux régents de 1530 à 1533; le 18 avril 1535, les régents Jacques Astier et Denis Long étaient aux gages de 20 livres tournois par an; mention est faite d'affaires relatives au collége, de 1537 à 1550.

Selon Mermet (35), le collége ne fut fondé que le 30 juillet 1549, avec la dotation de la ville. « Les consuls acquirent des moines de Bonnevaux une maison et un jardin vis-à-vis du couvent des Carmes, et c'est là que furent installés le principal et les professeurs d'une maison d'éducation qui, après quelques années d'existence, était renommée par le talent des régents et le nombre des écoliers. »

Le 15 juillet 1562, le collége fut transféré chez les dames de Saint-André-le-Haut (36); mais les religieuses s'étant remises, peu de temps après, en possession de leur couvent et de leurs dépendances, l'établissement fut rétabli dans son ancien local.

Nous trouvons au poste de principal, le 29 janvier 1585, Mathieu Jacquemet; le 29 janvier 1590, Fournier, auparavant principal du collége de Valence, et enfin, le 5 septembre 1601, en 1602 et 1603, Antoine Poursand (37).

Dès 1599 et 1600, la ville s'occupa de solliciter la direction du collége par les Jésuites; le 3 octobre 1599, elle

(34) Folio 3, recto. La peste était aussi à Lyon à cette époque; voyez notre notice sur *Jehan Perréal et Edouard Grand*, ch. IV.

(35) *Ancienne Chronique de Vienne*, 1845, p. 2.

(36) Inventaire déjà cité, p. 516 verso.

(37) Poursan, Porsan ou Person? Voyez *Chorier*, 1659, p. 226 et 462, et, plus loin, nos détails historiques sur le collége de la Trinité, à Lyon.

députait M. Pelisson, qui devait accompagner l'archevêque qui allait à Tournon à l'assemblée générale des Jésuites, et le 28 août 1600, les consuls saluaient, au logis de la Coupe, le cardinal de Joyeuse, qui se trouvait de passage, pour le supplier de favoriser auprès du roi la jonction au collége du prieuré de Soleyze ; ce qu'il promit de faire.

L'on tenait surtout à une direction ecclésiastique, ainsi qu'il résulte de la délibération du 5 juillet 1601 ; c'est pourquoi Antoine Poursand fut accepté le 5 septembre et prolongé en 1602 et 1603. Mais toutefois l'on n'en poursuivait pas moins les négociations pour avoir les Jésuites (38).

Il paraît cependant que Poursand se retira, puisque les consuls traitèrent encore, le 25 août 1604, avec Jean Fonton, maître-ès-arts, et Pierre Girard de Mazanno, prêtre de Saint-Maurice, pour sept classes, à raison de 2,235 livres par an (39).

(38) « *Vienna, civitas ejusdem Galliæ perantiqua, et archiepiscopi sedes in Delphinatu, duos e Sociis ad conciones et consueta ministeria Societatis acciverat. Amborum conspecta sedulitas excitavit urbis in Societatem studium, et communibus omnium ordinum suffragiis decretum est, ut ad instituendam juventutem rite vocaretur.*

« *Obstabat collegiorum Lugdunensis, necnon Turnonensis vicinia ; tum angustiæ urbani gymnasii. Hanc utramque difficultatem pervicit ardor civium, et traditis Societati scholis antiquis, donec pararentur novæ, immissum est in eas studiosæ juventutis examen, ineunte novembri anni M DC VI. Manavit e collegio in reliquam urbem fructus pietatis ; exagitati ludii et histriones ; compressa periculosi licentia theatri, quæ blandam per oculos atque aures pestem moribus, præsertim adolescentum, afflabat ; inductus frequentior sacramentorum usus ; extincta diuturna inter duos principes familias discordia, quâ prope tota civitas deflagare, et in mutuam armari perniciem cæperat* (*Historiæ Societatis Jesu*, 1710, pars v, lib. xv, n. 22). »

(39) *Ancien inventaire des archives de l'Hôtel-de-Ville de Vienne*, folio **513** verso.

Par lettres patentes du 28 février 1604, enregistrées à la Chambre des comptes les 2 et 6 avril, le roi Henri IV autorisa la remise aux Jésuites du collége de Vienne; un premier contrat fut passé le 7 juin (40) entre les consuls, lequel fut approuvé, le 25 août, par le P. général Claude Aquaviva (41).

De nouveaux accords furent signés les 11 novembre 1604 et 7 juin 1606, pour l'érection de cinq classes: rhétorique, humanités et trois de grammaire.

La ville donnait 4,000 livres de rente (42), le même chiffre qu'au Puy, et s'obligeait à faire bâtir un collége composé de quatre corps de bâtiments, savoir : l'église, les classes et la résidence des Pères, dans un terrain confiné sur quatre rues au quartier de la ville nommé Saint-Blaise-de-la-Rochette et de fournir les meubles et une bibliothè-

---

(40) Id., id., folio 534 recto.

(41) *Claude* Aquaviva, supérieur général des Jésuites, né en 1543, est mort le 8 février 1615. Il appartenait à une famille napolitaine et noble ; il entra dans l'ordre sous saint François-de-Borgia, en 1567. Le supérieur général, P. Everardo Mercuriano, venait d'appeler Aquaviva à Rome (le 8 juin 1580) pour le placer comme provincial de Rome, lorsqu'il mourut deux mois après ; les comices de l'ordre élurent alors Aquaviva supérieur général, et il entra en exercice le 11 mars 1581, quoiqu'il eût à peine 38 ans. Il a exercé ces fonctions dans les circonstances les plus difficiles pendant trente-quatre ans. Il serait trop long de donner ici les principaux faits de son existence : on peut les trouver dans l'*Historiæ Societatis Jesu* (*Romæ*, M DCC X). Il fut remplacé, le 15 novembre 1615, par le P. Mutius Vitelleschi, né à Rome en 1563.

(42) Ce revenu était composé comme il suit: Prieuré de Soleize, 1,500 livres ; revenu du commerce de vin, 1,500 livres ; 100 livres dues par l'archevêque, 150 livres par le chapitre de Saint-Maurice, 240 par la communauté de Beauvoir et 500 livres sur des pensions dues à la ville par des particuliers (Inventaire déjà cité, folio 507 verso). Plus tard, les Jésuites prirent le prieuré de N.-D.-de-l'Ile pour 1,800 livres en diminution des articles ci-dessus (Id., id., folio 508 verso).

que, outre celle donnée par Mgr de Villars, archevêque de Vienne.

« Item, lesdits consuls et communauté de Vienne seront tenus de faire bâtir à leurs propres coûts et dépens, dans ladite ville, une maison composée de trois membres, savoir : l'église, les classes avec leur cour, l'habitation commode et ordinaire pour lesdits Pères avec cour et jardin, séparé le tout suivant le plan et dessin qui en a este fait, dont chacune des parties en a gardé une copie par elle signée. »

« Et ce, au lieu et quartier de la ville appelé Saint-Blaise-de-la-Rochette (43), jouxte la rue de la Rochette, tendant à l'abbaye de Saint-André, passant par la rue de Bordel (44) du vent ; autre tendant aux Epies (45) du matin ; autre tendant des Epies à la place Saint-Blaise (46) de bize ; autre tendant de la dicte place Saint-Blaise, revenant à la dicte rue de la Rochette du soir. »

Ce local était alors couvert par plus de deux cents maisons particulières formant plusieurs rues, et la ville eut à soutenir des procès longs et dispendieux avec divers propriétaires qu'il fallut exproprier. La plupart des difficultés se terminèrent par des transactions. La convention du 7 juin 1605 fut homologuée par arrêt du Parlement du

(43) C'était une ancienne paroisse dont l'église, qui tombait en ruines, fut cédée plus tard, avec ses dépendances, aux dames de la Miséricorde, connues sous le nom de *Béates*. Alors, le service divin fut transféré dans l'église des dames de Saint-André-le-Haut et la paroisse prit le nom de ce monastère (Note de Mermet).

(44) La rue de la Rochette se nomme aujourd'hui de la *Chèvrerie*. Celle du *Bordel* a reçu le nom de rue des *Béates* (Id., id.).

(45) C'est la portion de la rue des Epies qui séparait le collége et son jardin des dépendances du couvent de Saint-André-le-Haut (Id., id.).

(46) C'est la portion de la rue des Epies qui séparait le jardin du collége de celui des Capucins (Id., id.).

24 février 1612, malgré l'opposition de quelques propriétaires récalcitrants.

On passa le 17 juillet 1607 le prix fait du collége à Jean Derua et Jean Coucherand, associés, suivant les plans et mémoires dressés par Martellange, signés de lui et du P. Michel Coyssard, moyennant la somme de cent douze mille livres, excepté ce qui concernait l'église et une arcade et muraille au pont du Rhône (47).

Les adjudicataires avaient six ans pour exécuter leurs travaux, et l'on trouve, parmi les clauses, celle-ci : que les consuls s'obligeaient à faire conduire la fontaine de la place Jouvenet dans la place du Collége, où les entrepreneurs devaient faire, à leurs frais, « le Triomphe de Bacchus. »

Ce passage signale à nos observations un fait rapporté par l'historien Chorier au sujet du collége ; il explique qu'il y avait « il n'y a naguères plus de vingt ans » (par conséquent en 1630 environ), dans le jardin des Jésuites, une statue de marbre blanc placée sur une fontaine qui lui servait de piédestal. Cette statue représentait un *Tireur d'épines,* qui fut, dit-il, trouvé dans les ruines de l'ancien palais des empereurs. Un des recteurs donna cet antique au maréchal d'Effiat, alors surintendant des finances, qui le plaça dans sa résidence de Chilly. Il a été depuis transporté au musée du Louvre.

Quel était donc le marbre antique qu'on voulait poser sur cette fontaine en 1607 ?

Celle de la place Jouvenet fut exécutée (selon Chorier) en 1622 et celle qui existe date de 1770.

Achevons enfin à grands traits l'historique du collége, pour arriver à sa description.

(47) Inventaire déjà cité, folio 513.

Le 20 juillet 1606, le traité définitif fut passé à l'archevêché par-devant Mᵉ Laurent Leusse, notaire royal (48), et neuf jours après, on procéda à la cérémonie de la pose de la première pierre, qui fut faite par l'archevêque de Vienne ; les consuls et notables allèrent le chercher à Saint-Maurice, où le clergé de toutes les églises était assemblé, et de là on se rendit processionnellement au nouvel édifice (49).

On délibéra que les Jésuites auraient l'horloge de la cité (29 juin 1613); elle dut être placée dans le pavillon qui surmonte le centre de la façade principale et qui est vu de toute la ville.

Les travaux ne marchèrent pas avec la rapidité désirable, puisque nous trouvons encore une convention passée entre le P. Millieu (50), recteur, et les consuls, le 14 février 1619 ; il se chargeait de la fabrique du collége et promettait de la faire parachever, hormis l'église ; des pourparlers avaient eu lieu déjà à cet égard en 1618, lors d'une visite que le provincial fit à Vienne à cette époque. Une difficulté s'était élevée au sujet du cours de philosophie, auquel le consulat tenait beaucoup et que les Jésuites ne voulaient pas enseigner sans une augmentation de rente. Il fut passé, le 21 juin 1618, une convention par-devant les seigneurs du Parlement du Dauphiné, par laquelle la ville augmentait la pension de 900 livres et

(48) Id., id., folio 523 recto.
(49) Id., id., folio 522 verso, 29 juillet 1606.
(50) Le P. *Antoine* Millieu ne doit pas être confondu avec Christophe Milieu, suisse d'Estavayer, qui fut professeur au collége de Lyon et est mort en 1570, après avoir embrassé la Réforme. A. Millieu, né en 1575 à Lyon, est mort le 14 février 1646 à Rouen ; il professa successivement les humanités, la rhétorique, la philosophie et la théologie, et devint recteur du collége de la Trinité, à Lyon, après l'avoir été à Vienne.

promettait de faire achever le collége et de commencer l'église. Les entrepreneurs s'étaient engagés, le 7 février 1619, à parachever le collége moyennant 27,000 livres.

Martellange obtint de la ville la permission de faire enlever six cent vingt pierres de taille des murs contigus à la tour d'Orange, pour les employer à la construction de son bâtiment.

La tour, dite d'Orange, superposée à un des angles de l'ancien *Forum*, servit de prison au moyen-âge et notamment à Guillaume VIII, prince d'Orange, qui fut arrêté par Philibert de Grolée, sénéchal de Lyon, en 1473, au moment où il se disposait à aller se joindre au duc de Bourgogne pour attaquer Louis XI. Cette tour se nommait auparavant *la maison forte des canaux*, édifice qui avait été élevé sur une partie du *Forum*. Les pierres de taille que Martellange fit enlever appartenaient probablement à cet édifice ; ce qui ne témoigne guère, de la part de notre artiste, un bien grand respect pour ces vénérables monuments. Nous n'oserions pas, du reste, lui en faire un reproche, puisque le goût pour les antiquités gallo-romaines n'était guère de mode au commencement du XVIIe siècle.

Dans le premier plan, de la main de Martellange, l'église, au lieu d'être au midi du collége, était projetée au nord dans le jardin, beaucoup plus simple, et ne comportait pas de chapelles latérales à la nef. Toutefois, le surplus de l'établissement était conçu dans des conditions à peu près analogues aux plans subséquents et à ce qui a été exécuté.

On lit en marge, au bas : « Ce desseing n'a pas esté autorisé à Romme. »

Il subsiste encore quelques feuilles du deuxième projet, dressé en juillet 1606 : 1° Le plan du premier étage à peu

près conforme à l'exécution (sauf l'église, bien entendu).
On y remarque deux cours ; savoir : la première, pour les
classes, avec deux galeries, dont une est latérale à l'église, et la deuxième cour, pour les Pères, sur la profondeur du périmètre et de même largeur. Il n'existe qu'une
galerie, celle de droite, qui est la continuation de celle
déjà indiquée comme joignant l'église.

2° Le plan de l'église à une plus grande échelle ; c'est,
à peu de chose près, celui de l'église du Puy, c'est-à-dire
qu'il se compose d'une nef accompagnée de trois chapelles
de chaque côté avec transsept et chœur carrés. Un pilier
de deux pilastres est réservé, comme au Puy, entre la nef
et le transsept, et l'escalier de la chaire s'y trouve logé.

La seule différence qu'on remarque avec celui du Puy
consiste en deux escaliers octogones qui cantonnent les
angles de la façade, qui est également en retrait de l'alignement principal du collége.

On lit au milieu du plan, de la main de Martellange :
« *Plan de l'église du collége de Vienne. L'ordre qui sera observé sera ou Tuscane ou Dorique, selon que les moulures en sont faictes à part.* »

3° L'élévation du collége et de l'église, sous ce titre :
« *Montée ou aspect du dedans du collége de Vienne, fait l'an 1606.* » C'est une coupe transversale passant par la première cour et par l'église. On représente à peu près ce qui
a été exécuté pour le collége.

Sur la même feuille, et au-dessous, est la « *montée de la façade du devant du collége de Vienne, fait l'an 1606, en juillet.* »

Ce dernier dessin offre quelques variantes avec l'exécution, attendu que cette façade a été décorée à une époque
postérieure.

L'entrée du collége y était projetée, comme elle se

trouve encore, et par exception aux types adoptés, au centre de l'édifice et dans l'axe des deux cours. Cette porte est tracée dans le genre de celle du collége de Lyon, c'est-à-dire avec une arcade surmontée d'une table, puis d'un fronton.

A droite est la façade de l'église (exécutée depuis sur d'autres données); on y voit les deux tourelles octogonales projetées dans le principe et coiffées de toits aigus. L'ordonnance se compose de deux ordres : celui du rez-de-chaussée est plus grand et paraît être d'ordre toscan ; il enclave une porte plein cintre en bossages. Celui au-dessus est moins élevé ; il est surmonté d'un fronton et encadre une rosace. A droite et à gauche sont les immenses consoles, lesquelles, comme on sait, se répètent à chaque mur séparatif de chapelle, de façon à former les arcs-boutants destinés à soutenir la poussée des voûtes de la nef. On ne voit pas dans cette façade, ainsi que dans les plans ci-dessus, le bâtiment qu'on a exhaussé en pavillon à gauche de la façade, de façon à former, en quelque sorte, l'équilibre de la masse donnée par le frontispice de l'église.

Le centre de la façade est marqué par un pavillon plus élevé, qui existe encore, dans lequel est installé une horloge.

Ces quatre dessins sont signés: *Estienne Martellange, architecte*, et contresignés *M. Coyssard*.

Un troisième projet, daté de décembre 1610, présente des modifications apportées au précédent dans les dépendances et surtout dans le chœur de l'église, tracé avec un polygone de trois côtés, au lieu d'être carré. Ce dessin, de la main de Martellange, n'est point signé.

La ressemblance à peu près complète entre ces plans et l'état actuel de l'édifice nous dispensera d'une description qui n'apprendrait rien de nouveau à nos lecteurs.

La simplicité la plus monacale règne dans toutes ces compositions; les fenêtres sont entourées de bandeaux lisses pour toute décoration.

L'église n'était pas commencée en 1659, époque à laquelle écrivait Chorier. Cet historien dit seulement « qu'une chapelle voûtée, qui sera jointe à plusieurs autres, y est cependant une arrhe de la promesse publique pour la construction du reste. »

Nous n'avons pas trouvé trace d'une construction plus ancienne dans l'église actuelle, pas plus que le mausolée de Pierre de Villars, archevêque de Vienne, élevé par son frère Jérôme, qui s'y trouvait avec une inscription qui a été rapportée par Chorier.

Un acte du 17 novembre 1681 constate qu'à cette époque les murailles ne s'élevaient encore qu'à vingt pieds au-dessus du sol.

Construit avec une grande richesse et d'après une plantation analogue à celle de Martellange, cet édifice porte, sur son frontispice, le millésime de M DCC XXV.

On y remarque le tableau du maître-autel, attribué à l'un des Pordenone, représentant une *Adoration des Mages*, qui fut, dit-on, donné par l'archevêque de Villars pour la dot de l'une de ses sœurs, religieuse au couvent de Saint-André-le-Haut. Les dots, dans ce monastère, étaient de mille écus. C'est Scheneyder qui l'acheta à la vente des effets de cette maison.

Le troisième établissement dont Martellange s'est occupé, à notre connaissance, est le COLLÉGE DE MOULINS (51).

(51) Nos renseignements sur le collége de Moulins nous ont été fournis par l'excellent travail de M. Ernest Bouchard, avocat à Moulins, sur cet

Cette ville possédait, depuis le xv° siècle, des maîtres d'école ; mais l'enseignement public était loin d'une organisation sérieuse. Le dernier jour de février 1529, elle payait 20 livres tournois pour le louage d'une maison affectée aux écoles appartenant au sieur de Cressance. Divers maîtres se succédèrent jusqu'en 1556, époque où l'organisation paraît plus complète; de même qu'à Lyon, l'administration municipale y eut la haute main. Il ne paraît pas toutefois que ce système ait donné des résultats bien satisfaisants à Moulins plus qu'à Lyon, puisque les principaux officiers de la ville et notables habitants sollicitèrent, en 1603, le roi Henri IV, au nom de la cité, pour y autoriser l'établissement d'un collége de Jésuites (52). Des lettres-patentes conformes à ce désir furent expédiées le 29 juin 1604, lues le 13 septembre à l'audience de la sénéchaussée et siége présidial du Bourbonnais, enregis-

établissement, qui a paru en 1872. Nous nous faisons un devoir de remercier ici cet érudit de l'obligeance avec laquelle il nous a accompagné dans notre visite à Moulins, à nous gratifier des premiers de son ouvrage et à nous communiquer tous les renseignements qui pouvaient nous être utiles.

(52) « *Urbs Molinencis, ducum olim Borboniorum sedes, tanto majori lætitia collegium reclusum vidit, quanto cupidius illud exp'tierat. Neque vero expectandum sibi duxerat, dum Senatus Parisiensis rescindoret edictum anno M DXC IV contra nos conditum ; ipsa Societatem, antequam Parisios revocaretur, evocabit, et anno M DC III potestatem ejus admittendæ, ab Henrico IV impetravit. Dum quæritur fundus, in quo novæ academiæ vectigalia collocari tuto possent, vir nobilis, castro morantii dominus, obtulit prædia duo luculenta, quibus rex adjunxit Xenodochium S. Juliani, a Borboniis principibus olim fundatum. Inferiorum scholarum initia cum bellissimè procederent, exoravit universa civitas, ut lyceum philosophicum illis, tanquam cumulus, accederet. Litterarum studiis ita constitutis, adhibuere curam Patres ad fovenda in populo et ornanda studia christianæ pietatis...* (*Historiæ Societatis Jesu. Pars* v, *lib.* xv, *n.* 22). »

trées, et enfin, le même jour, lues et publiées « à son de trompe et cry public par les carrefours » de la ville.

Les dons particuliers affluèrent et le roi donna, sur une nouvelle requête de la municipalité, au collége, l'hôtel Saint-Julien, autrement dit de Saint-Nicolas, dont les revenus étaient consacrés aux serviteurs estropiés et valétudinaires de la maison des ducs de Bourbon, et qui leur servait d'hospice. Une souscription fut même organisée et produisit 5,198 livres 18 sous.

« La situation matérielle étant assurée, il s'agissait de conclure un traité avec la Société de Jésus. Cette convention eut lieu le 14 septembre 1605 devant les notaires royaux héréditaires de la ville de Moulins, Jean Revangier et Claude Berthomier, entre le P. Louis Richeome, provincial de la Compagnie de Jésus en la province de Lyon, assisté des PP. Pierre Rossillé et Jehan Corlet, d'une part, et noble Antoine Dubuisson, sieur de Beauregard, conseiller du roi, lieutenant particulier au présidial; honorable Jean Harel, marchand « grossier; » maître Claude Perret, procureur, et Leonnet Guillaud, sieur de la Motte Mombeton, échevins, d'autre part, agissant pour noble Claude de la Croix, sieur de Pommay, conseiller du roi, trésorier général de France en la généralité de Moulins, maire alors en cour..... (53). »

La ville donnait et cédait l'ancien collége situé rue de Paris et promettait d'acheter le logis de l'hôtellerie du chef Saint-Jean, celui de la Tête-Noire, ainsi que quelques autres maisons et boutiques avoisinantes, afin de pouvoir réaliser le projet général d'aménagement qui avait été préparé par Martellange (54).

(53) Bouchard, p. 32.
(54) Le contrat fut passé le 14 septembre 1605 à l'hôtel Saint-Julien ;

Nous croyons devoir reproduire ci-après *in extenso* ce Mémoire, pour indiquer avec quel soin méticuleux et avec quelle simplicité notre artiste établissait ainsi un document qui permettait aux Pères de faire exécuter les travaux même en son absence. Il abonde aussi en détails techniques très intéressants au point de vue de l'art de construire à cette époque :

« *Mémoire touchant le sit proposé à dresser le plan du collége de Moulins, lequel Messieurs présentent et ont justifié le voiant mesurer à Estienne Martellange, religieux de la Compagnie de Jésus, le jour de Saint-Anthoine, 17 janvier* 1605 (55).

« Sa largeur est despuis la boutique de Gilbert Avisar, messager, jusqu'à la ruelle par de là le logis du chef de Saint-Jehan, qui termine le carré des dictes logis, le tout faict 25 toises en sa largeur ; la toise est de six pieds de roy usités au dict Moulins.

« La longueur est despuis la grand rue du chemin de Paris, jusques aux classes où l'on enseigne de présent, il y a des jardinages par derrier les dictes classes. Jusques à icelles il y a 38 toises. Il faudra sçavoir ce qu'on nous voudra donner des dicts jardins, voir aussi la subjection que nous aurons des maisons qui regardent sur iceux.

« Pour disposer bien les classes, qu'elles soient en bas ; la largeur du sit se trouve trop estroitte, tellement qu'on pourra gaigner au-dessus ce qui manquoit desoubs, prenant les classes de philosophie et la sale des déclamations, la sale sera sur la rue, les classes seront vis-à vis de l'aultre costé de l'Eglize.

« La court de notre Economie, qui sera par derrier et l'Eglize et les classes, se trouve contrainct à la tenir jusques aux classes de présent partant, nous pouvons nous avanser dans les jardins

---

mais il s'écoula encore plus d'une année avant que le P. général Claude Aquaviva fit paraître ses lettres d'acceptation, qui sont datées du 10 novembre 1606.

(55) Archives de la ville de Moulins (41) ; Bouchard, p. 237.

de trois à quatre toises, aussi le fondement des dictes classes ne peut servir pour n'estre suffisant et ne faire parallèle avec la rue.

« Ce qui est des matériaux des dictes classes, et principalement le toit sans y rien changer pourra servir à couvrir ce qu'on bastira, pour les offices du mesnage, qui est hors la largeur donnée si dessus et qui faict une petite court tendant au grant pourtail pour les chars, qui est du costé de la rue qui tend à la grande tour. Tout ce qui est de bastiment de ce costé est pourri. Il y a seulement des caves qu'on a déjà converti pour lieux communs, qui serviront fort bien.

« Les matériaux qui sont aux vieux bastimentz tant du costé devers la grand rue du chemin de Paris, à sçavoir les portes et fenestres pourront servir à bastir les dicts offices de la dicte petite court.

« Tout au coing de la dicte court, il y a un puis qui pourra servir.

« *Pour ce qu'il fault bastir tout à neuf et premièrement de l'Eglize.*

« Elle est marquée au dessain de 10 toises de large et 20 de long; auprès d'icelle sont les aultres nécessitées d'icelle comme la sacristie, etc.

« Affin qu'elle soit plus de durée et selon qu'on a costume de faire en nos bastimentz elle debvroit estre en voulte et non d'un seul lembris de bois (56), heu égard a que l'entretien est difficile, la despance, le danger d'inconvénient du feu, et que la commodité de la brique peut estre ne feroit guères la despance plus grande, et pour ce, quoyque on ne résolut la faire voulter, il seroit très bon faire les murailles suffisantes qu'an cas qu'on heut le moien par quelques aulmosnes on le peut faire.

« En nostre Eglize suffisent 3 aultels, en l'entre deux des chapelles on pourra loger les confessionnaux.

« *Pour le reste du bastiment à sçavoir, classes, etc.*

---

(56) On verra plus loin que la voûte de l'église du collége de Roanne, qui existe encore, est ainsi construite.

58

« L'usage commun de nos bastimentz, heu égard à leur haulteur et largeur, porte d'ordinaire 3 pieds de gros de mur en bas jusque au premier étage, de là 2 pieds et 1/3 au second et un pied 2/3 au troisième; il fauldra résouldre se point avec les experts du lieu qui sçavent la force des matériaux et la surté des fondements, ce qu'il fauldra encore faire pour le gros du mur de l'Eglize.

« Pour le regard des ornementz, ils doibvent estre simples; il fault avoir en ce esgard de donner à la stabilité ce qu'on metroit pour la beaulté (57).

« La commodité doibt estre surtout rechercher, afin que tous les corps de logis reviennent à plain pied les uns des aultres. L'haulteur des planchiers debvra estre dans les classes de 15 à 16 pieds (58), diminuant aux estages supérieurs d'un sixième ; le 3ᵉ pourra estre en partie prins dans le comble de la charpanterie.

« Pour commencer à bastir au plus tot, le plan estant establi et confirmé par nostre R. P. provincial.

« Il fauldroit avoir de bons maistres intéligentz pour trasser les fondements, parce que en ce cas arrivent des faultes qui puis après sont irrémédiables, et que bien souvent l'œuvre donne des subjections qu'on n'avoit jamais pansé.

« On pourroit commancer a fonder ce qui est du milieu, entre la court des classes et la nostre, et encore le retour des dictes classes jusques au vieux bastiment, duquel on se pourra servir attendant qu'on puisse habiter au nouveau, après on le démolira pour continuer.

« Quand aux fondements, les fauldra continuer aultant qu'on pourra de suitte, pour pouvoir bastir également tout aultour d'i-

---

(57) Voilà un précepte aussi juste que sage que l'on néglige trop souvent dans l'art de la construction.

(58) Environ 4 mètres 50 depuis le sol jusqu'au plafond; c'est une dimension qui assurait d'une manière complète l'aération de pièces destinées à la réunion d'un très grand nombre de personnes.

ceux pour éviter les couppes (59) qui proviennent, l'œuvre aiant esté faicte à diverses reprises.

« Avant tout le susdict il est surtout nécessaire afin d'accélérer l'œuvre de faire les provisions des matériaux nécessaires comme pierres vives, et des artificielles qui sont les briques et tuilles, et est à notter que pour les bastimentz publics les briques doibvent estre plus grandes qu'aux particuliers, il y a de l'espargne et plus de surté en l'œuvre.

« Suit la chaux et sable, puis le bois tant pour les poutres, travons et chevrons, les aix, surquoy il fault observer qu'ils aient esté couppés en bonne lune (60).

« Plus le fer, tant pour les instruments nécessaires à la fabrique que pour les liens des charpanteries comme aussi pour les trellis des fenestres du dehors des classes.

« Fauldra encor clous et croces.

« A faulte que les fournitures ne seront faictes en son temps, scouvent la besongne est retardée, ou au moins mal faicte, lorsqu'on est contrainct se servir de ce qui n'est pas bon à faulte d'aultre (61).

---

(59) Les lézardes ?

(60) Les avis sont encore partagés pour l'époque de l'abatage des bois de charpente. En France, l'usage est de n'abattre les arbres qu'après la chute des feuilles; en Espagne et en Italie, dont le climat favorise la prompte dessication de la sève, on coupe, au contraire, les arbres en été. Krafft, dans son *Traité de l'art de la charpente*, est beaucoup plus précis : Le temps le plus propre pour couper le bois est, d'après lui, depuis le mois d'octobre jusqu'au commencement de mars, dans les derniers quartiers de lune; hors ce temps-là, ajoute-t-il, le bois est sujet à être mangé par les vers. Cette coutume, dit Château, dans sa *Technologie du bâtiment*, se fonde sur cette fausse idée que les arbres abattus à cette époque contiennent moins de sucs que ceux jetés à bas dans les autres saisons. L'abatage en automne est préférable, mais il ne faudrait pas dépouiller les arbres de leur feuillage. La bonne lune de Martellange serait donc alors la lune de l'automne.

(61) Ce qui arrive beaucoup trop souvent.

« Tous les matériaux dictz si dessus pretz et voiturés en son temps sur le lieu, la besongne ne pourra retarder, principalement les moiens ne manquant, et ayant quelqu'un des Messieurs qui ait surintendance de l'œuvre, qui soit homme expérimenté aux bastimentz et que les ouvriers creignent (62).

« Il sera fort bon de tenir le bastiment un peu plus hault du plan qu'il est, et ce pour ne pourter les terres hors du lieu, cela et évitera la despance, et encor rendra le lieu plus sain, la mesure pourroit estre à la haulteur du plan de la rue où est le grand pourtail.

« Finalement aïant commencé à bastir après l'approbation du plan et le continuant, au cas que l'œuvre ne fust achevée, quand nous viendrons assigner quelque rante suffisante, jusques à sa consumation, suivant ce qu'en sera résolu par Messieurs et nos Pères.

« Le jour de Saint-Sébastien, M^{rs} le Maire et Echevins de Moulins ont accordé au sit du plan du collége deux toises environ dans la ruelle delà le logis de la Teste-Noire, qui est environné d'une ligne rouge, afin que on ne desmoulisse le logis du chef S. Jehan et l'Eglize aura 9 toises de largeur.

« Plus ont accordé avec les voisins des jardins du midi qu'ilz nous donneront jour sur iceux sans pouvoir bastir si près qu'ils nous l'empêchent, le tout le dict jour et an que dessus. On poura aisément faire la mesme du costé de septentrion.

« Du tout, Messieurs ont tenu copie signée de ma main comme est la présente à sçavoir du plan présent et du futur et de la présente mémoire.

« Estienne Martellange. »

(62) On voit par ce passage que Martellange se bornait à fournir un Mémoire et les plans nécessaires, mais ne s'occupait pas de la direction et de la surveillance des travaux ; cela lui eut été, du reste, impossible, à cause des nombreuses maisons appartenant aux Jésuites qu'on élevait ou aménageait en même temps et qu'il était obligé de voir tour à tour Il devenait donc indispensable d'avoir dans la localité une personne chargée spécialement du contrôle des ouvrages.

Ce ne fut qu'à la Saint-Luc, 19 octobre 1606, que les classes furent ouvertes pour six régents d'humanité, en présence du R. P. Richeome, provincial de la Compagnie ; de Marie-Claude Delacroix et des échevins Antoine Dubuisson, Jehan Harel, Claude Perret et Leonet Guillaud. Le 19 mai, ainsi qu'il résulte d'une note mise au bas de l'un des doubles du Mémoire de Martellange, la première pierre du nouvel établissement fut posée par Mgr Gaspard Dinet, évêque de Mâcon (63).

En novembre, le P. Jean-Antoine Chabrand, premier recteur du collége, reconnut avoir reçu les titres et papiers qui devaient être remis aux Jésuites par la municipalité (64).

Nous compléterons cette étude en expliquant, tout de suite, que les choses ont bien changé depuis le xviie siecle et qu'il devient même presque impossible de reconnaître jusqu'à quel point le projet de Martellange fut exécuté.

Toutefois, nous pouvons affirmer, d'une manière précise, qu'une certaine partie des bâtiments a été élevée de son vivant et d'après ses indications. En effet, nous trouvons dans un Mémoire dressé par lui pour le collége de Vesoul, en 1616, et que nous fournissons plus loin *in extenso*, que les poutres de la salle, dite des actions, du collége de Moulins avaient fléchi parce qu'elles avaient été exécutées en chêne au lieu de sapin, et parce qu'on leur avait donné une portée plus forte que celle qu'il avait indiquée. Nous n'avons pu retrouver cette salle sur les plans et dans le monument actuel. Il n'en reste pas moins établi que des parties importantes étaient exécutées en 1616.

Le collége, après avoir passé des mains des Jésuites en-

(63) Né à Moulins en 1619.
(64) Bouchard, p. 36.

tre celles des Doctrinaires par lettres-patentes du 2 septembre 1780, fut fermé en 1793 pour ne plus se rouvrir dans le même local.

Affectés au Palais-de-Justice, ces bâtiments ne laissent plus distinguer les traces d'une première affectation, qui semble même n'avoir jamais été absolument complétée ; l'église, restée inachevée, et dont on retrouve quelques traces, a fourni l'emplacement de la cour d'assises actuelle.

De plus, et comme pour mieux dérouter les recherches, il se trouve que l'église, qui dans le mémoire de Martellange de 1606 était indiquée comme devant être construite à gauche de la cour, fut élevée à droite, bien que tracée avec le même parti. Les recherches de M. Bouchard à cet égard ont été, comme les nôtres, tout à fait infructueuses ; l'examen des localités ne nous a fourni aucun indice particulier.

Un autre fait est venu encore donner carrière à nos réflexions.

Le célèbre et remarquable monastère de la Visitation, où est installé actuellement le lycée de Moulins, possède une chapelle charmante qui semble calquée sur le modèle de celle du noviciat des Jésuites de Paris, détruit actuellement, et dû à Martellange ; même, par une circonstance plus étrange encore, la menuiserie de la porte d'entrée de cette chapelle est exactement semblable à celle qui existait dans le même édifice, et dont Marot (65) nous a conservé le dessin. Martellange fut-il aussi l'auteur du plan de ce monastère ? Malheureusement, les faits prouvent le contraire. Bien que la Visitation de Moulins ait été fondée le 25 août 1616, ce qui permettrait encore de l'attribuer à notre Lyonnais, la chapelle n'était pas élevée en 1645,

(65) *Répertoire des artistes* par Jombert ; planches relatives à Marot.

puisque le corps de Henri II, duc de Montmorency, qui y repose sous un magnifique mausolée, ne put y être transporté que dix ans plus tard, le 19 novembre 1653, et que cette chapelle est due à un architecte du nom de Lingré. Madame de Montmorency en avait posé la première pierre le 21 juillet 1648 (66), sept ans après la mort de Martellange.

Nous nous inclinons devant des dates irrécusables ; toutefois, notre opinion est positive à l'égard de la chapelle de la Visitation de Moulins : elle est, pour nous, la copie d'un ouvrage de Martellange.

Cela démontre, d'une manière évidente, que notre Lyonnais avait acquis de son temps une réputation telle, que ses contemporains, et Madame de Montmorency elle-même, crurent faire une œuvre de valeur en reproduisant d'une manière servile une architecture qui avait obtenu les suffrages des maîtres de l'époque.

Nous ne pouvons laisser ce beau monastère de la Visitation de Moulins, sans rappeler encore le magnifique mausolée que renferme la chapelle, l'œuvre des Anguier, (67), de Thibault Poissant (68) et de Regnauldin (69).

(66) Bouchard, p. 194, 195 et 198.

(67) *François* ANGUIER fut chargé du travail et fit exécuter, dit-on, les modèles des figures d'Alexandre et d'Hercule par son frère *Michel*. *François*, né à Eu en 1604, est mort à Paris le 8 août 1669 ; Michel, né aussi à Eu en 1612, est mort le 11 juillet 1686 (V. *Mémoires inédits des académiciens*, I, 454).

On attribue à un Coustou des sculptures de ce tombeau ; cela nous paraît improbable, Nicolas étant né à Lyon le 9 janvier 1658 et Guillaume Ier aussi à Lyon en 1678.

(68) *Thibault* POISSANT, né à Estrées en Picardie en 1609, mourut en 1668 ; il a fait les anges et les armes des ducs de Montmorency (V. *Mémoires inédits des académiciens*, I, 318. 319).

(69) *Thomas* REGNAULDIN, né à Moulins en 1627, est mort à Paris le 3

Notre France artistique ne connaît pas encore assez tous les monuments remarquables que recèlent ses villes de province.

Les grandes peintures du chœur des religieuses méritent de fixer l'attention des amateurs qui pourront peut-être un jour nous dire à quel maître il convient de les attribuer. L'ancienne bibliothèque du collége, devenue salle d'audience du tribunal civil, nous offre aussi un plafond décoré par une peinture représentant l'*Assomption de la Sainte-Vierge*, dont le nom du peintre est resté ignoré.

juillet 1706 ; il n'a pu travailler au tombeau de Montmorency que comme élève, à cause de son jeune âge,

CHAPITRE IV.

COLLÉGES DE CARPENTRAS, DE VESOUL ET DE DIJON.

ANS entrer dans de trop longs détails sur l'historique du COLLÉGE DE CARPENTRAS, à la construction duquel Martellange a aussi coopéré, nous devons toutefois expliquer qu'il remontait, ainsi que celui de Vienne, à une époque assez reculée (70). On rencontre des preuves très-anciennes de la sollicitude des magistrats du pays pour l'instruction

---

(70) La plus grande partie des détails qui vont suivre proviont des recherches savantes de M. G. Barrès, conservateur du Musée et de la Bibliothèque d'Inguimbert, de Carpentras. C'est, pour nous, une véritable satisfaction que d'avoir à signaler le concours infatigable et désintéressé de cet érudit qui nous a déjà fourni de nombreux renseignements pour la description del'évêché de Carpentras, construit par F. de Royers de la Valfenière. Des entreprises dans le genre des notices que nous écrivons ne sont possibles qu'à cette condition.

5

publique. Les écoliers se réunissaient dans un local appartenant à la ville et nommé *Maison des Écoles* où se trouvaient des maîtres choisis et payés par elle. C'est ce qui a fait rapporter que Pétrarque reçut les leçons de Convenole da Prato, régent aux écoles de Carpentras, que la politique avait chassé de l'Italie et amené dans le Comtat.

En 1582, sous l'impulsion de l'évêque de Carpentras, Jacob Sacrat, la commune cherchant à donner une extension plus grande à l'instruction publique, résolut de reconstruire l'établissement sur un plus vaste développement et en posa la première pierre en 1593. C'est aussi à cette époque que l'on songea à appeler les Jésuites pour sa direction ; les démarches furent nombreuses, reprises et abandonnées tour à tour. Les Avignonnais s'opposèrent aigrement à cet établissement craignant que ce voisinage ne fît concurrence au leur ; l'événement prouva, prétendent les Pères Jésuites (71), que cette crainte était chimérique.

Enfin, en 1606, on obtint du pape et du général de la Compagnie Aquaviva, les autorisations nécessaires pour installer les Pères dans les constructions qui étaient assez avancées pour recevoir les écoliers.

Le député qui avait été envoyé en dernier lieu à Rome pour négocier cette affaire, Mᵉ Pierre Giraud de Sobirots,

---

(71) « *Dum primæ probationis domus Burdegalæ condebatur, Carpentoracte collegium diu postulatum accepit*(societas). *Oppidum est Pontificiæ ditionis in Gallia, Vindascini Comitatus caput, inter Isonem et Avenionem. Obstiterant acriter Avenionenses, veriti ne quid, ab utriusque viciniam civitatis, collegium suum detrimenti caperet. Eventus docuit nihil ipsis decessisse, nec parum adjumenti Carpentoractensibus, et finitimis locis accessisse* (HISTORIÆ SOCIETATIS JESU *Pars* V. *Lib.* xv, n. 23). »

arriva à Carpentras vers la fin de 1606 accompagné du P. Luce Benci, nommé recteur.

Après avoir vu les conseillers de la ville et la situation des travaux, le P. Benci se rendit à Lyon pour s'entendre avec le P. Richeome, provincial. Des députés, désignés par le conseil de ville, l'accompagnèrent, et l'acte d'érection fut passé le 22 mars 1607.

Au nombre des conventions, on trouve ce qui suit :

« .... Bastiront dans trois ans prochains à compter du jourd'huy l'église nécessaire suivant le dessin qui en sera faict et approuvé par le R. P. général et cependant fairont bastir et couvrir la face antérieure dudit collége qui est depuis la porte d'iceluy jusqu'à la ruelle et au long de la Grand-Rue, où se fera une grande salle aux actes publics et c'est dans trois mois prochains ou plus tost. »

Cette salle existe encore, mais entièrement envahie par l'humidité occasionnée par une fontaine adossée à cette pièce du côté de la rue pour le service du quartier ; elle a conservé sa porte à plein cintre.

Le 9 juillet, les consuls et notables accompagnés du P. recteur pour le Comtat, du P. Benci et de Martellange allèrent visiter les sources et conduits des fontaines pour examiner les réparations qu'il y avait lieu d'y exécuter (72).

Quelques jours plus tard (25 juillet), il y eut nouvelle réunion des consuls et notables pour étudier les plans et dessins du collége et de l'église dressés par notre artiste en vue de tirer parti de ce qui avait été fait antérieurement.

Martellange critiqua vivement ces travaux, trouvant les classes, les corridors, la salle et surtout la chapelle beaucoup trop exigus. Le *livre des conclusions* de 1607 ex-

---

(72) *Libvre du Çonsulat et du Thresoriat* de l'an 1607, folio 29 verso.

plique qu'il conclut en disant : « qu'il vaut mieux changer le plan d'un édifice quand on le trouve mauvais et même le démolir, plutôt que d'avoir, à toujours, une construction vicieuse. Les Pères Capucins d'Avignon, venoient de changer de fond en comble le plan de leur église qui avoit été reconnu mauvais. »

Il est difficile de déterminer exactement les modifications apportées par Martellange ; toutefois on peut les soupçonner, car après avoir signalé l'insuffisance des classes, salles, etc., il insista d'une manière spéciale sur les offices qui n'avaient pas été prévues et sur l'église. Pour cet agrandissement il fallut acheter de nouvelles maisons et des jardins.

L'administration municipale s'exécuta de bonne grâce et vota immédiatement les rectifications, ainsi que les achats de terrains indiqués.

Le collége de Carpentras, de même que ceux de toutes les autres villes, ainsi qu'on l'a déjà vu, fut doté complètement par la cité qui paya les constructions, le mobilier, la bibliothèque, l'église et le matériel des classes, et alloua une rente annuelle de mille écus, fonds qui fut plus tard augmenté encore par des donations particulières.

Aussi la municipalité fit, comme la nôtre, constater cette circonstance par une inscription qui existe encore sur la façade ; au-dessous des armes de la ville, sculptées en relief et mutilées depuis, on lit :

EX FVNDATIONE ET PVBLICIS CARPENT. CIVIT. SVMPTIBVS. 1607

L'on n'entreprit la construction de l'église que lorsque les bâtiments du Collége se trouvèrent entièrement terminés. La première pierre en fut posée le 20 mars 1628, sous le pontificat d'Urbain VIII par Mgr Cosme Bardi, évêque de Carpentras, en présence du Recteur du Comtat, des magistrats, des consuls, d'un nombreux clergé du pays et d'une grande affluence de peuple. On la dédia en l'honneur du Dieu tout-puissant, de la sainte Vierge et sous le titre des saints parents de la bienheureuse Vierge Marie, sainte Anne et saint Joachim.

Les travaux marchèrent lentement et durent même être interrompus, probablement parce que les fonds manquèrent.

Enfin, en 1660, Marie de Brancas, marquise de Castellane, etc., dame d'honneur de la reine Anne d'Autriche, fit des dons considérables qui permirent de reprendre l'œuvre ; on posa même une nouvelle pierre fondamentale. L'entreprise traîna encore puisque le dôme ne fut fini que dans les premiers jours de mai 1687, comme on le voit par une inscription placée sur la boule qui sert de clef de voûte. Selon Barjavel, l'église fut bénie le 24 septembre 1687, par M. de Ribeiret, prévôt du chapitre de la cathédrale de Carpentras.

Les plans de Martellange furent-ils suivis ? Nous le présumons, car cette église, ainsi qu'on le verra par sa description, présente exactement les dispositions de celle du noviciat de Paris.

L'ensemble du collége de Carpentras, tel qu'il existe encore, nous offre, sur des dimensions restreintes, les données générales adoptées dans tous les établissements de ce genre par notre artiste.

Il se compose de trois corps de bâtiments parallèles se dirigeant du levant au couchant, réunis par des ailes au nord et au midi, de façon à former deux cours ; l'église est au midi et forme un côté de la première cour qui est la principale, de façon à ce que sa façade se trouve au devant sur la rue Voltaire. L'entrée du collége est, suivant l'usage, tout à côté avec une galerie longeant la façade latérale de l'église. Les classes sont disposées sur les trois autres faces de cette cour ; le réfectoire, la cuisine et autres dépendances se trouvent dans la seconde cour, qui est plus petite. Il est inutile d'insister sur ces dispositions qui ne varient presque jamais.

Le jardin était au sud ; il est devenu une grande cour de récréation.

Ces bâtiments existent à peu près tels qu'ils ont été construits ; quelques portes ou fenêtres ont été modifiées ; le dortoir a été établi dans une partie des chambres des Pères.

L'église est, comme plan, semblable à celle du noviciat de Paris. Comprise dans un quadrilatère de trente mètres de longueur sur vingt mètres de largeur, elle présente la forme d'une croix latine ; la nef, le chœur et le transsept ont environ huit mètres de largeur. La nef est accompagnée de deux chapelles seulement de chaque côté ; le chœur est carré. Le centre de la croisée est surmonté d'une coupole en dôme qui s'élève majestueusement au-dessus des édifices qui l'environnent.

La façade, remarquable par une architecture de la plus grande pureté, est restée inachevée. Nous sommes disposé à y retrouver la main de Martellange qui aurait présidé aux premiers travaux.

Elle se compose, d'abord, d'une ordonnance de pilastres d'ordre dorique agencés avec une grande adresse pour encadrer, au droit de la nef, la porte d'entrée et, au droit des chapelles, des niches d'un bon dessin.

La porte d'entrée nous paraît avoir été remaniée ; elle est formée d'un frontispice de deux pilastres ioniques, avec fronton en arc de cercle, qui encadrent une arcade. Les niches, en forme de chambranles à crossettes, renfermant une niche cintrée, sont également couronnées de fronton en arc de cercle.

Sur un stylobate s'élève l'ordre supérieur dont les pilastres s'arrêtent au-dessous des chapiteaux. Cette ordonnance encadre une grande fenêtre carrée à crossettes et est accostée de consoles dont le pied est décoré de vases d'un bon style qui surmontent le pilastre extrême de l'ordre inférieur de la façade.

Les ordres, profils et détails de toute cette architecture sont d'une grande pureté et ne le cèdent en rien à ceux du noviciat de Paris ; ils ont aussi un grand air de famille avec la façade de la Visitation de Moulins dont nous venons de parler. Il est excessivement regrettable que les documents manquent pour déterminer d'une manière absolue la paternité de cette œuvre.

L'église fut dépouillée de ses ornements, autels (73), chaire à prêcher, table de communion, confessionnaux et tableaux à l'époque de la révolution de 1793 et servit de magasin ou d'entrepôt à un négociant du voisinage. Elle fut rouverte en 1826 ou 1827 pour les besoins du collége.

Le projet d'ériger un COLLÉGE A VESOUL remonte à l'année 1591, époque à laquelle l'un des principaux citoyens, gouverneur de la ville, dont nous n'avons pu retrouver le nom, employa son influence en engageant l'administration municipale à cette fondation et en y appliquant une partie de sa fortune (74).

---

(73) A l'exception de la chapelle de la deuxième travée de gauche en entrant dédiée à saint François Régis dont le tableau a même été restitué ensuite.

(74) « *Natalis idem annus MDCXI extitit collegiis Vesulanum Tifernali et Asculano. Vesulum tribuitur Burgundiæ Sequanorum quem comitatum vocant.*

De collocanda ibi Societate rationem inire cœperat jam indè ab anno

Déjà affligée par la peste de 1586, cette malheureuse cité fut assiégée, en 1595, par une armée de cinq à six mille Lorrains et Français commandés par Tremblecour et dut capituler dans des conditions désastreuses qui ne la sauvèrent pas du pillage.

On conçoit que les questions d'instruction publique restèrent en suspens. Le connétable de Castille, D. Valesco, la reprit sur Tremblecour et la citadelle fut rasée.

Toutefois, après ces désastres, les affaires étant un peu rétablies, le maire, le conseil, les échevins et les principaux habitants s'adressèrent, le 29 avril 1603, au général des Jésuites pour obtenir un collége, lui promettant de chercher les moyens nécessaires pour subvenir à son entretien ; les négociations traînèrent et le contrat de fondation ne put être passé que le 16 août 1610. Il fut stipulé : 1° paiement par la ville d'une rente annuelle de 800 livres nécessaire à la dotation du collége ; 2° paiement par les sieurs Claude Tessier et Nicolas de Montgenet de la somme de 27,500 livres dont l'intérêt, à huit pour cent, devait fournir 2,200 livres complétant la dotation annuelle de 3,000 livres ; 3° promesse par les sieurs Tessier et de Montgenet de fournir les meubles nécessaires ; 4° paiement par les mêmes de 3,000 livres pour la sacristie et la bibliothèque ; 5° engagement, pris également par les mê-

---

MDXCI primarius civis, regius in curia procurator; id que civibus suis persuadere studuerat, oblata fortunarum parte, quod exemplum ceteris et incitamentum esset. Dum res in longum ducitur, bellum a Gallis ortum est. Urbe capta, regius procurator, cum civitatis flore abductus, et grandi pretio redimere caput ac libertatem coactus, pristinum consilium si non abjecit, s.Item in meliora tempora distulit : ac postea cum Alberto Austriaco egit est collegii Vesulani negocium promoveretur. Alberti litteris excitati cives rem communibus votis composuerunt, et factum collegii felix initium est (HISTORIÆ SOCIETATIS JESU. *Pars* V, *liber* XV, *n.* 28).

mes, de fournir aux Jésuites pour leur habitation et pour l'enseignement un logis commode et convenable, d'acheter la place nécessaire pour le bâtiment et de payer en outre une somme de 17,000 livres dans l'espace de vingt ans pour être appliquée aux constructions, à la décharge de la ville qui cédait aux sieurs Tessier et de Montgenet la maison du collége avec les meubles et la collecte que les habitants payaient déjà chacun en prenant son sel ; 6° promesse par les Jésuites d'avoir quatre classes de grammaire et une d'humanités dans laquelle on ferait la rhéthorique une partie de l'année ; 7° engagement par les Jésuites d'employer fidèlement l'argent stipulé à la construction des bâtiments qu'ils promettaient d'entretenir ; 8° engagement par la ville de tenir les Pères francs et quittes de toutes charges et impositions comme ils l'étaient dans les autres villes du pays ; 9° enfin engagement pris par eux de n'avoir aucun pensionnaire, si ce n'est à la prière du magistrat.

Des lettres patentes des archiducs Albert et Isabelle, du 16 novembre 1610, approuvèrent et confirmèrent cette érection et les clauses du contrat (75).

Martellange rédigea un premier plan qui a été conservé, lequel dut être annexé au traité puisqu'il est de la même date. Il porte le titre : « *Ichnografie ou plan du collége de Vesoul*, 1610, le 5 *aoust*. » Il se compose d'une première cour avec église et galerie à gauche au sud-est ; par derrière est un autre bâtiment perpendiculaire avec galerie ; la basse-cour est derrière l'église. Ce plan n'est pas signé ; mais l'écriture est celle de Martellange ; il est du reste impossi-

---

(75) Archives du département de la Haute-Saône (série D, art. 31). M. Jules Finot, archiviste, a eu l'obligeance de nous fournir cette analyse historique.

ble de s'y tromper, les dispositions présentées rentrant d'une manière absolue dans le type qu'il s'était tracé.

Martellange laissa un autre plan, en mars 1613, qui ne nous est pas parvenu. Les deux pièces que nous donnons ci-après complètent suffisamment notre exposé historique :

« Devis servant à la déclaration du plan du collége des R. P. Jésuites fondé à Vesoul, quon veut bastir, hors la ville proche et jougnant à la tour des murailles de la dicte ville, laquelle tour se nomme communément la tour des mortz, et a son aspect à l'orient devers la ville, et pour accès une belle et grande rue (76).

« Icelui plan est prins depuis la tour laquelle entre en iceluy, puis il s'estant dans le fossé, tirant dans le jardin et verger de M. Melchior Mercier, et celuy qui est plus oultre appartient à M. Jean Flori, appoticaire, jusques vers le coing ou est la croix, despuis comprend la vigne de M. Croisier, que si l'on a besoing d'un plus grand lieu on s'eslargira aux jardins voisins, situés du costé du midi, et des vignes du costé du septentrion, ce quon pourra avoir fort commodément servant pour satturer et insuler le collége.

« Tout le contenu des bastiments du collége est comprins, et l'église qui aura une anticourt, laquelle pourra demeurer plus basse que ladicte église de 3 à 4 pieds, et le niveau de l'église qui entre en partie dans le fossé, sera ou se trouve à présent la terre contre le point de la muraille à l'endroit de la guarite de bois, qui est sur la muraille de la ville, mais comme il est nécessaire de faire écouler les eaux, qui passent à présent dans le fossé, qui pouroit estre grandes au cas que quelque mur fondit sur la coste du chasteau, fauldra avant que de rien faire, construire au long du fossé, un canal de massonnerie, large au moins de 4 piedz et hault de 5 au moins, pour l'esgout desdictes eaux, ce qu'estant faict l'on pourra égaler le fossé, des curées que l'on

---

(76) Archives du département de la Haute-Saône (Série D. liasse 31).

fera aux fondations des bastimentz, l'on pourra donc commencer à égaler la place à l'anticourt de l'églize.

« La cour des classes sera à niveau de l'église, bien que l'on monte quelques degrées, aultant qu'il en sera nécessaire, du costé de l'églize on fera une galerie qui aura deux estages, elle sera en arcades par le bas, avec pilastres de pierre, le second estage sera de murailles, avec des fenestres au lieu quelles sont marquées, au second plan dans la galerie, l'on pourra entrer dicelle galerie, aux jubés ou tribunes, on y pourra encor venir par les degrés qui seront au bout dicelle églize, comme aussi par ceux qui sont proches des sacristies.

« Le costé du corps de logis du costé du septentrion, comprendra au bas la sale des actions scolastiques, et ce qui est noté au plan pour congrégation, et en hault la biblioteque avec quelques chambres.

« Celuy de l'occident contient au bas quatre classes, et la chambre du Préfet au second estage, des chambres, ce corps de logis aura trois estages. Il fauldra faire des degrez, au bout de la galerie proche des lieux lesquels lieux ne monteront que jusques au premier estage, et seront couvert en appantis. On les pourroit reculer du coing, faisant passer une arcade par desoubz, pour les séparer du corps de logis pour éviter la puanteur.

« Le corps de logis du costé du midi contient au bas, l'escalier, la porterie ou entrée de la maisson, une chambre et sale d'un costé le lavemain et au second estage des chambres pour les supérieurs avec leur cabinet, l'on pourra faire des poiles auprès d'icelles. Il y a de plus le réfectoire et cuisine, la despence et four, qui seront en une potance qui ferme la cour de la mesnagerie, laquelle sera au plan et niveau de l'anticourt du devant l'églize. Il y a des lieux communs notés contre la muraille de la ville, qu'on fera ainsi que la commodité de la place le permettra.

« Plus oultre dans le fossé on pourra prendre le bucher et establc, et quelque lieu pour les serviteurs et estrangers, l'infirmerie et aultres chambres se treuveront sur le réfectoire, et cuisine, le grenier pourra estre tout au-dessus.

« Pour ce qui touche les mesures et alignementz, tout est

tres expressément au plan, il faudra se servir de l'eschele à cet effet, les lignes pourtées marquent l'endroit des sommiers.

« Les fondementz seront au moins de 3 pieds d'épesseur. Les murailles de l'estage d'embas de 2 pieds 1/2. Celles du second estage de 2 pieds.

« Toultes les fenestres du costé du mauvais vent, seront de 2 pieds de large et de 3 pieds dhault, et relevées sur le plainpied des classes de 5 à 6 pieds et seront treassées par le dehors. Il faudra posser les barreaux de fer, a proportion quon posera la taillie, et touttes les fenestres de l'estage bas qui seront dehors le quarré de la court des classes, fauldra faire le mesme en nos offices en tout l'estage bas. Les fenestres des classes au dedans de nostre dite court, seront de 3 piedz de large et de six piedz dhault, et seront environ 5 piedz sur le plainpied et tant les unes que les aultres porteront glasses par dedans.

« L'estage des classes en tout le bas sera hault, de 17 piedz au plus.

« Le second estage sera hault 9 piedz, et les fenestres seront haultes 5 pieds, et de largeur de celles des classes à scavoir 3 piedz.

« Les portes des classes auront 3 piedz et demi de large et 7 piedz d'haulteur, afinque le dessus de la porte serve encore de chassis et fenestre.

« Les portes de la mesnagerie, et aultres portes communes, seront faictes selon lusage commun et ordinaire, à lavis et dire des ouvriers expertz. Tous lesdictz avis et mémoires doibvent estre observéz en tant qu'il sont conformes a ce qui a esté faict au descing de l'année 1613 au mois de mars qu'ilz avait esté faict et laissez. Plus il faut garder ceux qui ont esté faictz et laissés de nouveau au descing reveu et corrigé lannée 1615 en décembre, et le 1 janvier l'an suivant 1616 ou bien de celuy qui a esté faict pour le changement de la place de l'églize, ainsi qu'il plairra au R. P. Provincial de l'appreuver.

« Faict à Vesoul le premier janvier 1616.

« Estienne MARTELLANGE »

« Mémoires et avis laissés au collége de Vesoul pour la continuation de la fabrique dudit collége, par Estienne Martellange en l'année 1615 en décembre, et en janvier de lan suivant 1616. Quil a reveu et corrigé le plan suivant ce qui avait esté escrit de Rome (77).

Premièrement après avoir recognu ce qui avoit esté fondé estre aligné suivant le plan par lui laissé l'an 1613, sauf ce qu'on a tenu les corps de logis plus larges, et principalement du costé ou est la sale des actions, ou il est à craindre, qu'on ne treuve que fort difficilement de poultres ou sommiers, lesquels doibvent estre de sapin et non de chaisne car la portée est trop longue, (de quoy il y a l'expérience en la sale du collége de Moulins ou ilz ont manqué). Il fauldra oultre ce leur donner des consoles par le desoubs d'un pied et demi environ pour les soulager. Il seroit encor fort à propos qu'au corps de logis supérieur, à l'endroit ou il y aura des tendues, faire des décharges sur iceux, pour soutenir au droit d'icelles tendues — fauldra encor étansonner les sommiers jusques qu'il soit secs. Et pour le niveau du plan des classes et de la court il est environ unze piedz sur la rue, à l'endroit de la sale intime qu'il le faut garder, et poser sur iceluy encore le seul des portes, qui l'aulsera encor de demi pied, Il est vray qu'on pourroit tenir la sale des actions plus bas des classes d'un piedz pour luy donner dadvantage d'aulteur, ce néantmoins le plan des classes sera a demi pied par dessus l'arrasement des fondations comme a esté dict cy-dessus.

Tout l'estage d'embas, aux classes et corps de logis sur les caves aura unze piedz et demy au plus douze, a compter despuis le pavé d'embas jusques sur celuy du second estage. Ledict second estage aura 9 piedz.

Et le troisième aura 7 piedz et 1/2, à compter tousjours du desus d'un plancher à l'aultre. Lon pourroit faire servir les tirans du toit au lieu de sommiers, et les revêtir d'aix par dedans les chambres. Il y a cette incommodité ce faisant que sil en fa-

(77) Archives du département de la Haute-Saône (Série D, liasse 31).

loit changer quelquun, il fauldroit déplancher la chambre ce qu'on éviteroit y mettant des sommiers.

« Il fauldra suivre la correction du plan pour la distinction des classes, et pour ce qui touche nos offices, et parce qu'on veut faire cave et cuverie au corps de logis qui regarde le midi, il fauldra observer les larmiers comme porte le plan, et faire des doubleaux à l'endroit des murs de refent, comme aussi fonder l'escalier en sorte qu'il commance dès le bas de la cave à monter. La cave aura d'aulteur environ 10 pieds, Et à l'endroit du réfectoire il y pourra avoir deux estages comme il est spécifié au plan.

« Pour lepesseur des murailles fault garder ce qui sensuit au corps de logis des classes et sur la cave le gros de mur sera au moins de deux piedz deux poulces. Et en celuy de la sale des actions il sera de deux pieds et demi. Il fauldra faire les retranchements en tous les estages également d'un costé et d'aultre, soit qu'on conduisse le dehors en talus, ou a plomb, comme il a été spécifié aux observations ausquelles les grandeurs des portes et des fenestres est nottée, le second estage sur les classes sera réduit à un pied 10 poulces et le troisième à un pied et demy du costé du corps de logis de la sale des actions. La réduction du second estage sera de deux piedz deux poulces et celle du troisième sera d'un pied 9 poulces et demy. Et pour la façon de couvrir après avoir enquis tant des ouvriers que habitans du lieu, ilz m'ont dict unanimement qu'il seroit mieux de lave que de tuille d'aultant qu'il ny a tuille qui vaille au païs. Pour l'aulteur de la ramure, il fault faire couvrir le feste des toitz ensemble, et pour ce faire, fault prendre l'aulteur de la moitié tant du corps de logis des classes que de celuy de la sale des actions et mépartir l'espace qu'il y a de plus ou de moins, entre les deux pour les médiocres ce que j'ai faict en l'élévation.

« Il fault résouldre de cest article avec le Provincial.

« Les murailles de refent en tout lestage bas pourront estre d'un pied et demy, on pourroit diminuer de quelque peu celles d'en hault.

« La galerie qui est à jour dans la court des classes sera à pilastres qui auront en teste un piedz et despesseur un pied et demy, et l'intervalle porté au desseing selon que la place donnera, on pourroit donner à la muraille de la galerie sur le dehors un pied 3 quartz. Ladicte galerie ne sera pas voultée, car les murailles seroient trop foibles, ou bien fauldroit mettre des clefs de fer dans les impostes à chaque arc, il n'est point nécessaire qu'elle le soit, fauldra haulser le plan de ladicte galerie d'un demy pied sur le plan de la court. Il fauldra envoier l'esgout des eaux au milieu de la court avec une pente doulce. Il seroit encore bien convenable qu'on donnat un degré devant la porte de chasque classe, oultre le seul de la porte ainsi on entreroit à plain pied en la sale des actions.

« Lon pourroit prendre la chambre du Prefect entre les lignes punctées au bout de la galerie encor que la classe ou Congrégation qui est au corps de la sale luy pourroit servir.

« Si l'on trouvoit quelque chose de différent aux plans ou élévations, il est libre de suivre ou l'une ou l'aultre des deux façons. Lon peut voulter la cave et cuverie avant oster la terre qui peut servir de ceintre, on lote puis quand on veut.

« Il seroit bon de monter les murailles de tout l'estage bas tout autour du quarré de la court, et ce jusque à poser les somiers avant de continuer de massonner, pour faire rassoir également les fondementz, et pour remettre les classes égales sera mieux de noster les fondations faictes que les murailles ne soit élevées environ l'aulteur d'un homme.

« Pour le retranchement des murailles dict cy-dessus, si l'on met un courdon pour retrancher à l'endroit de l'apuy des fenestres peut estre qu'il couteroit moins que de donner le talus à la taille des fenestres, on choisira.

« Lon peut laisser défaire le plaincte aux fenestres du costé du mauvais vent comme aussi du costé du septentrion dehors le collége.

« Il fauldra prendre garde de ne se servir des pierres du chasteau sinon au dedans la maison et pour les murs de refent.

« Pour la conduite de la fontaine aux offices, il la fault faire passer par le desoubs des seuls des portes, et seroit bon faire en ces endroits la les tuiaux de terre cuitte, et encore mieux de plomb. Il sera encor fort bon pour avoir l'eau bonne et bien fraiche mettre assez profond dans terre les tuiaux.

« Pour la conduicte de la perriere il fauldroit faire une bonne découver et avoir quelque bon ouvrier, et prendre garde sur tout, qu'on ne mette point la taille en délit et qu'on taille bien.

« Pour faire meiglieur massonnerie il seroit bon se servir de la pierre de Jauge du costé du mauvais vent et au midi, et faire qu'on massonne bien avec de bonnes pierres qui fassent perpin de distance en distance tant que faire ce pourra.

Lors quon fera quelques murailles pour retenir les terres faut faire les buttes en dedans de 6 en 6 pieds et mettre la terre par derrier peu à peu, laissant que'ques troux dans la muraille pour écouler les eaux.

« Il fault recouvrir au plus tôt le toit de la loge ou sont les sommiers car la pluie leur nuit grandement. Au cas qu'on laisse quelque attente du bastiment il ne la faut pas laisser en arredant droit, mais en épaulette comme de degrés.

« Fait à Vesoul le 2 janvier 1616.

« Estienne MARTELLANGE. »

Nos lecteurs voudront bien nous excuser d'avoir inséré encore ici ces documents techniques que leur nature même fait, d'habitude, reléguer à la fin du volume, comme pièces justificatives.

Le mode de publication dont nous disposons, grâce à l'indulgence des recueils et des sociétés académiques et savantes auxquelles nous nous honorons d'appartenir, ne nous permet pas d'employer ce mode de classement. En conséquence, et pour que notre histoire lyonnaise ne soit pas privée de la publication de documents inédits et émanés de l'un des artistes auxquels la cité a donné le jour, nous n'avons pas craint de les placer à leur date dans le cours du récit. Du reste, les personnes qui ne trouveront aucun intérêt à cette lecture n'auront qu'à en feuilleter rapidement les pages ; et, alors, celles, moins impatientes et auxquelles aucun détail n'est indifférent, pourront y puiser quelques renseignements utiles ou susceptibles de développements nouveaux.

On a vu que des modifications avaient été déjà apportées en 1616 au plan de 1610.

Ainsi l'église qui, dans le plan primitif, devait être au sud-est du bâtiment n'a pas été exécutée ; la chapelle actuelle est une grande pièce carrée n'accusant aucune destination religieuse. La cour centrale avec ses galeries subsiste encore ; la façade sud-est n'a pas été changée ainsi que le fronton et la petite tour construits sur les plans de Martellange.

On s'est contenté, en 1861, d'ajouter pour le lycée plusieurs bâtiments parallèles. En somme, cet édifice n'offre actuellement aucun intérêt sérieux et, si nous lui avons consacré quelques pages — peut-être trop nombreuses — c'est pour ne pas laisser un lacune dans l'œuvre de Martellange.

On a pu remarquer dans la correspondance de notre artiste au sujet du collége du Puy, en 1611, qu'il explique à deux reprises qu'on le fit revenir dans cette ville, de Dijon, où il s'occupait des bâtiments de l'église et du collége en même temps que des autres bâtiments de la province. Nous avons, en conséquence, dû nous livrer à des investigations minutieuses à l'égard des établissements des Jésuites et particulièrement sur le COLLÉGE DE DIJON.

M. Garnier, archiviste du département de la Côte-d'Or, ayant dépouillé avec soin le fonds de son dépôt relatif aux Jésuites, nous a affirmé que, malheureusement, ses recherches ont été infructueuses. Les pièces relatives aux constructions ont disparu avec d'autres pièces essentielles et nous ne pouvons être ici aussi affirmatif que pour les autres établissements.

Toutefois, l'édifice étant encore intact nous avons eu, du moins, la possibilité de nous livrer à un examen matériel qui nous permet d'émettre la conjecture qu'il a été probablement élevé aussi avec le concours de Martellange.

Sous le nom de collége *des Martins*, Dijon posséda un établissement d'instruction publique dès le commencement du xvie siècle ; il avait, en 1550, pour principal le fameux Turrel, un des grands mathématiciens de son temps à qui sa prétention de lire dans l'avenir faillit coûter la vie.

Le président Odinet Godran appela les Jésuites à Dijon en 1581, les institua ses héritiers par son testament (78) conjointement avec la ville à la condition d'ériger un collége, et il chargea le Parlement de son exécution.

---

(78) « ..... *Hoc igitur anno ineunte testamentum, quod multo ante confecerat, lethali morbo correptus Antonio Monino spectatæ virtutis famulo, post collaudatam ejus fidem dudum sibi perspectam, ac Sacramento in id quod imperaturus erat adactum, in manus tradit ; quod simul ac ipse expirasset ad Senatum resignandum continuo, atque vulgandum deferret. Hæc quanquam arcanò gesta non tamen potuere suspicionem sororis et propinquorum moribundi prorsus effugere. Et Odinetus quidem, ut Dei providentiam agnoscas, vix uno post horæ quadrante moritur. Qui simul animam efflavit, soror et propinqui Antonium aggrediuntur : partim minis, partim pollicitationibus versant omnes in partes, sed frustra : Certus ille potius mori, quam obligatam domino fidem fallere, commissas sibi tabulas deligentissimè conservavit, posteraque die, ubi primum effugium nactus est detulit ad Senatum* .... (HISTORIÆ SOCIETATI JESU MDCLXI. *Pars*, lib. I, p. 29, n. 182-184). »

Le premier recteur fut le P. Louis Richeome (79) et l'établissement occupa l'hôtel de la Trémouille, situé entre les rues actuelles de l'École-de-Droit, Chabot-Charny et du Petit-Potet. Quelques difficultés intérieures furent réglées, en 1588 (80), par les soins du gouverneur de Bourgogne.

Les Jésuites durent, comme à Lyon, quitter la ville en 1594, lors de leur renvoi de France, et il paraît que, depuis 1581 jusqu'à cette date, ils ne se livrèrent pas à des constructions importantes. On ne pourrait guère rattacher à cette période que la cour des classes. Les Jésuites rentrèrent à Dijon au moment où ils furent installés à La Flèche (81).

L'église et le surplus des bâtiments appartiennent donc aux travaux exécutés en 1611. L'église surtout est exactement sur le modèle type que nous avons décrit. Compo-

---

(79) Il fut mis à la tête, en 1588, de la province de Lyon (id. id. lib. VIII, p. 392) dont il avait la vice-gérance depuis 1586 (id., lib. VI, p. 298); voyez la note 14.

(80) Id. Id., lib. VIII, p. 394.

(81) « *Collegium Divionense, ante annos octo dissolutum, nobis ex edicto regio redditum est eo fere tempore quo Flexiense surgebat. Quandiu hac illustrissima urbe caruimus, singulis propè annis missi fuere, communi totius Burgundiæ consensu, legati ad regem, qui societatem repeterent. Edictum vero de illa revocata senatus Divionensis tanta benevolentiæ in Ordinem nostrum significatione confirmavit, ut ab ejus promulgatione solemnem sit auspicatus diem, quo, post exactas forenses serias, ad discendum jus pro more se referebat. Illud etiam observatum fuit, absentia nostra mitigatos, qui alieniore à nobis erant animo; et palam esse professos, pristini temporis acerbitatem se omni officiorum genere deleturos. Neque intra voces benignitas illa stetit; æs alienum, quo diuturno et gravi premebamur, publica pecunia persolutum, aucta collegii vectigalia, ornatæ scholæ. Pœnæ dixerim profuisse collegio cadere, ut sic resurgeret* (Historiæ societatis jesu, Pars V, *liber* XII, n° 67). »

sée d'une nef qui est accompagnée de chapelles, surmontées elles-mêmes de tribunes, elle n'a pas de transsept. Cette disposition eût présenté un aspect désagréable par suite de la situation de l'édifice qui se trouve placé de flanc entre une cour et la rue actuelle de l'École-de-Droit. En conséquence, la porte d'entrée sur la voie publique se trouve latéralement du côté de l'Évangile.

La partie du collége qui sert actuellement à la Bibliothèque publique et à l'École de droit est située à l'opposite du sanctuaire, de façon à ce que la porte principale donne dans un vestibule fournissant accès à l'église et à une cour autour de laquelle on voit encore, au rez-de-chaussée, les classes avec leurs portes basses surmontées d'écussons et accompagnées de fenêtres plus hautes, disposition passée aussi comme type dans tous les colléges des Jésuites. La façade sur la rue de l'École-de-Droit nous paraît plus moderne ; mais l'église est certainement contemporaine de Martellange.

Un autre corps de bâtiment avec grande cour longe la rue du Petit-Potet et fait retour sur la rue Chabot-Charny par laquelle il devait compléter un quadrilatère se reliant avec l'église. Cette construction n'a pas été achevée dans l'angle nord-est; on remarque dans l'angle sud-est une amorce intéressante de galerie qui devait sans doute entourer la cour. Les corps de bâtiments, au sud, qui ont englobé l'ancien hôtel de la Trémouille, dont on retrouve encore quelques fragments, ainsi qu'une partie de l'aile perpendiculaire à l'entrée de l'École de droit et de l'église, augmentés des constructions récentes élevées dans la grande cour, sont affectés en ce moment à l'École normale.

L'église, après avoir servi d'école des beaux-arts, est disposée, telle quelle, pour des cours d'instruction primaire ; quelques toiles anciennes y sont restées appendues. Toute cette architecture est aussi simple que possible. La porte de l'église est formée d'une ordonnance de pi'astres accouplés d'ordre toscan, couronnée par un fronton brisé et interrompu par une niche.

CHAPITRE V

COLLÉGE DE LA FLÈCHE. — NOVICIAT DE PARIS. — COLLÉGE
DE ROANNE. — ÉGLISE SAINT-MACLOU, A ORLÉANS.

EN parcourant l'ordre chronologique, nous constatons que les provinces de Lyon et de Toulouse ne furent pas les seules où Martellange ait été envoyé ; nous le trouvons encore appelé pour l'importante construction du COLLÉGE DE LA FLÈCHE (Sarthe).

Quelques explications sommaires sur cet établissement célèbre deviennent indispensables.

Antoine de Bourbon, fils de Charles de Bourbon, duc de Vendôme, et de Françoise d'Alençon, épousa, comme l'on sait, Jeanne d'Albret, héritière du royaume de Navarre, en 1548, à Moulins. Le jeune prince et la jeune princesse vinrent habiter La Flèche vers la fin de février 1552 et y séjournèrent quinze mois dans une habitation nommée le Château-Neuf, qu'y avait fait construire, en 1530, Françoise d'Alençon, la mère d'Antoine de Bourbon (82).

Une tradition locale, qui se trouve confirmée par des rapprochements de dates, des faits et des témoignages d'historiens contemporains, veut que Henri IV, leur fils, ait été conçu dans un pavillon écarté de cette résidence. Le jeune prince, devenu roi, n'oublia pas cette circonstance et non plus qu'il était seigneur de La Flèche : il combla de fondations et de priviléges cet ancien patrimoine de famille et consacra le château, où sa grand'mère était morte, à l'établissement d'un collége (1603) dont la prospérité, aux siècles précédents, et même à notre époque, avec la transformation qu'il a reçue, a contribué à la richesse du pays.

Aussi La Flèche a élevé, en 1857, sur sa place principale, une statue en bronze de ce roi, due au talent de notre statuaire lyonnais Bonnassieux, membre de l'Institut.

Qui connaît, à Lyon, que des œuvres de nos compatriotes décorent une petite ville perdue au milieu de ce doux pays d'Anjou, où « chacun sçait que les blés y croissent « bien, que les bons vins blancs s'y cueillent, que les « fruits de diverses sortes s'y mangent, que les bonnes

---

(82) Cet édifice fut nommé Château-Neuf par opposition à la vieille forteresse, demeure délabrée qui formait le séjour ordinaire des anciens seigneurs et dont le Loir baigne encore aujourd'hui, en passant, les dernières pierres. Le nouveau château a été construit d'après les plans de *Jacques-Mathieu* ESTOURNEAU. Cet artiste est né à La Flèche, en 1486 ; il fut aussi l'architecte du tombeau que Françoise d'Alençon fit élever, à Vendôme, à la mémoire de Charles d'Alençon, mort en 1537. M. Lance (*Dictionnaire des architectes français*) a négligé de dire que le château était à La Flèche, croyant qu'il avait été élevé à Châteauneuf-sur-Cher.

« herbes y viennent et qu'une infinité de simples beaux
« et bons s'y trouvent... (83) ? »

Un ancien manuscrit et Marchand de Burbure (84) racontent que les Jésuites arrivèrent à la Flèche le 2 janvier 1604 et aussitôt on prit les mesures nécessaires pour leur installation. Il fallut acquérir diverses maisons et dépendances, en outre du château de Françoise d'Alençon, pour augmenter l'établissement.

On procéda ensuite au devis du bâtiment et, le 27 mars 1606, on adjugea la maçonnerie à un sieur Bideau, au prix de 30 livres la toise, la charpenterie à un nommé Plessis et la couverture à un nommé Estourneau, à raison de 18 livres la toise.

Il paraît, plus tard, un entrepreneur général nommé Féron, sieur de Longue-Mazière, qui se chargea de bâtir l'église, la sacristie, le clocher, la salle des actes, celle de la bibliothèque, le corps de logis entre la cour royale et la cour des classes, ainsi que le carré du bâtiment du pensionnat ; le tout pour la somme de 240,000 livres.

En 1608, un nouveau marché fut passé avec le même entrepreneur pour donner plus d'épaisseur aux murs, piliers, pilastres, arcs-boutants de l'église ainsi que pour

---

(83) Jean Hiret, *Dédicace au Fléchois Fouquet de la Varenne.*

(84) *Essai historique sur la ville et le collège de La Flèche*, par M. Marchand de Burbure, ex-membre de l'Académie des sciences de Châlons-sur-Marne et membre correspondant de la Société libre des Arts du Mans. Angers, veuve Pavie, 1803. Cet écrivain a eu probablement entre les mains, pour ce travail, le *manuscrit* dit *du Père Jésuite*, dont l'auteur est resté inconnu. La bibliothèque du prytanée militaire en possède une copie achetée au Mans dans une vente, et qui faisait partie des archives du collège ; l'original est perdu. Marchand de Burbure estropie souvent les noms propres et il y a lieu d'y prendre garde (Note communiquée par M. Semery, bibliothécaire du Prytanée).

fournir les fonds indispensables aux bâtiments, moyennant la somme de 24,000 livres.

Un troisième traité intervint entre le même entrepreneur et les Jésuites, en 1610, par lequel il s'obligea, pour la somme de 18,000 livres, à faire construire les deux jubés du transsept, quatre niches et une lanterne (un campanile) sur la salle des actes, propre à y mettre l'horloge.

Enfin, en 1611, le même entrepreneur fut déchargé de ce qui lui restait à faire à l'église, à condition que les Jésuites ne lui payeraient pas les 18,000 livres consenties en 1610. C'est à cause des difficultés qui résultèrent de cet arrêt dans les travaux que Louis XIII envoya, en 1612, Martellange (85) à La Flèche, afin de faire achever l'église et ce qui restait à exécuter des bâtiments du collége.

Nous savons que l'église fut commencée en 1607, la première pierre ayant été posée, le 7 juin, par le maréchal de Lavardin et qu'elle ne fut achevée qu'en 1621 ; il y avait donc cinq ans qu'on y travaillait quand Martellange fut envoyé.

En 1613, le roi ordonna à M. de Fourcy, intendant de ses bâtiments, de tout faire parachever et d'acquitter les dépenses sur le trésor royal et même il ajouta, en 1619, 12,000 livres aux sommes déjà allouées.

Le corps de logis, depuis la sacristie jusqu'à la bibliothèque, fut exécuté en 1621 ; en 1627 on s'occupa du

---

(85) Marchand de Burbure dit : « Les choses étoient en cet estat lorsque, en 1612, Louis XIII envoya à La Flèche les frères Métellange pour achever l'église, etc... » Il y a évidemment là une erreur de transcription fautive quant au nom. Relativement aux frères Martellange, il se pourrait bien qu'Etienne fût aidé de son frère Olivier, qui aurait été comme lui architecte et coadjuteur au temporel.

INTÉRIEUR DE L'ÉGLISE DU COLLÈGE DE LA FLÈCHE.

réfectoire et, en 1630, on acheva de clore le parc, dont les murs avaient été commencés en 1619. Enfin, en 1651, on éleva le corps de logis depuis le réfectoire jusqu'à la rue du collége et on travailla à la galerie de tableaux et à la porte royale.

L'autel de l'église est l'œuvre de Pierre Corbueau, architecte de Laval, qui s'engagea, en 1633, à l'exécuter moyennant la somme de sept mille livres, trois septiers de blé et trois pipes de vin.

Nous nous sommes étendu sur ces détails historiques parce qu'il nous semble que Martellange a dû avoir une grande influence sur ces travaux. Nous n'entendons pas avancer pour cela qu'il en soit l'auteur unique ; mais si, comme l'a fort bien fait remarquer Marchand de Burbure, « en général, l'église du collége de La Flèche est en petit « ce que l'église du noviciat des Jésuites de Paris est en « grand (86) ; » rien ne prouve non plus qu'il n'y ait pas eu la plus grande part.

En effet, nous trouvons encore la même nef unique accompagnée de chapelles surmontées elles-mêmes de tribunes, avec un transsept et une abside carrée. Seulement, à La Flèche, grâce aux libéralités des rois de France, la décoration est beaucoup plus prodiguée, sans toutefois atteindre l'exagération.

Il existe à la bibliothèque nationale (87) un dessin d'une vue à vol d'oiseau de La Flèche, où est encore représenté le Château-Neuf, construit en 1540 ou 1541, lequel a été remplacé depuis par le corps de bâtiment formant le fond de la cour d'honneur. Deux gravures de la même époque,

(86) Page 264.
(87) *Topographie de la France* (Sarthe) V. a. 195. Ce dessin paraît faire partie d'une série sur les principaux édifices du Maine et de l'Anjou, dessinée en 1695.

l'une gravée par F. Cotinger et l'autre par Aveline, reproduisent le même édifice.

Il se composait d'un grand corps de bâtiment, percé de neuf ouvertures par étage, groupées par trois, dont celles du centre formaient une sorte de pavillon couronné d'une toiture spéciale et où le deuxième étage n'était pas en lucarne comme dans le surplus du logis. A gauche, en regardant le dessin, une petite tourelle lui est accolée ; la décoration de ce bâtiment semble être formée de petits pilastres avec entablement encadrant chaque fenêtre.

En se reportant aux légendes qui accompagnent ces diverses vues, l'on remarque que les Pères occupaient pour leurs chambres les deux ailes en retour et que l'aile de l'entrée formait une galerie ornée, est-il dit, de peintures. Les classes étaient installées dans la cour, en face de l'église, et les pensionnaires dans celle dite à présent du 2ᵉ bataillon. Les classes avaient une entrée spéciale à côté de l'église.

Un campanile décorait le milieu de la toiture du corps de bâtiment de la cour des classes en prolongement du château de Françoise d'Alençon, et en face de l'église ; ce corps de bâtiment contenait déjà la salle dite des actes et la bibliothèque.

Quant au corps à la suite, il n'avait pas, au rez-de-chaussée, le portique en arcade qui sert à présent de préau couvert.

Le fossé de la ville passe immédiatement au delà de ces bâtiments, et l'on ne peut parvenir aux jardins qu'à l'aide de trois ponts-levis ; toutefois l'établissement entier est clos de murs. Enfin à droite et au fond du jardin est figurée encore l'*éminence où Henri IV, avec un petit fort, apprenoit à attaquer les villes.*

En ce moment, la cour placée à droite, vers l'entrée,

VUE GÉNÉRALE DU COLLÈGE DE LA FLÈCHE

est la cour d'honneur : un corps de logis avec fronton a remplacé le château de Françoise d'Alençon. La cour en face de l'église est celle dite du 1er bataillon et la troisième à gauche est celle dite du 2e bataillon.

Quoique la Compagnie eût préféré que son nom restât obscur à Paris, elle dut cependant s'incliner devant la bonne volonté de la population et les libéralités de quelques personnes. Madeleine Luillier, veuve de Claude le Roux, seigneur de Sainte-Beuve (conseiller au parlement de Paris), résolut d'y fonder un noviciat et, dans ce but, acheta, en 1610, de nombreuses maisons dans le faubourg Saint-Germain, non loin de l'église Saint-Sulpice (l'hôtel de Mézières, à l'angle de la rue de ce nom et de celle du Pot-de-Fer) et l'on put mettre la main à l'œuvre en avril 1612.

Jacques du Tillet eut une large part dans cette fondation ; mais il ne consentit pas à partager le titre de fondateur avec Madeleine Luillier (88).

C'est à ces personnages qu'est due, en conséquence, la création de l'œuvre la plus estimée de Martellange, le NOVICIAT DES JÉSUITES DE PARIS.

On commença d'abord à élever quelques bâtiments et une petite chapelle; peu de temps après, on entreprit la construction d'une maison convenable (89).

---

(88) HISTORIÆ SOCIETATIS JESU, pars V, lib. XV, n° 29.
Jacques du Tillet, conseiller au parlement de Paris, étant entré dans l'ordre des chartreux, transféra au collége de Rouen le prieuré de Grandmont, avec l'approbation du pape Clément VIII, en 1592 (Même recueil, partie et livre, n° 5.)

(89) *Description de Paris*, etc. par Piganiol de la Force, t. VII, p. 355.

94

François Sublet de Noyers, qui avait une affection toute particulière pour les Pères de la Compagnie de Jésus (90), fit les frais de l'église. Ses armoiries figuraient sur la voûte et sur les piédestaux de la balustrade en marbre blanc, devant le maître autel : *d'azur, à un pal brétessé d'or, maçonné de sable, chargé d'une vergette de même.*

Il ne faut pas les confondre avec les lettres SF ou FS entrelacées qui faisaient un équivoque à saint François, un des patrons des Pères, et à François Sublet, leur bienfaiteur. On peut voir ce chiffre dans le dessin de la porte du Noviciat, qui a été conservée par Jean Marot (91).

Le 20 janvier 1611, il y eut transaction passée entre les PP. Jésuites, les religieux de l'abbaye de Saint-Germain-des-Prés, qui avaient droit épiscopal sur ce faubourg, et le curé de Saint-Sulpice, au sujet des fonctions, exercices et prédications de la maison (92).

Les travaux entrepris avaient atteint un certain degré d'avancement en 1617, car Martellange écrivait, le 29 novembre 1622, dans une déclaration nécessitée par un procès que les Pères avaient au sujet de la construction du collége de Lyon, qu'il avait été convenu de vive voix,

---

(90) François Sublet, seigneur de Noyers, baron de Dangu, secrétaire d'État ayant le département de la guerre, fut aussi intendant des bâtiments du roi et capitaine du château de Fontainebleau. Les carmélites de Gisors furent fondées, en 1621, par lui, à la sollicitation d'un gentilhomme de cette ville, du nom de Saint-Crépin (Millin, *Antiquités nationales*, tome IV, chap. XLV). Il est né vers 1588 et mourut le 20 octobre 1645, à Paris; il fut inhumé dans l'église du Noviciat et sans épitaphe, ainsi qu'il l'avait demandé.

(91) *Répertoire des artistes de Jombert*, planches relatives à J. Marot. Voyez aussi page 62 et note 65.

(92) *Sauval.*

en 1617, « qu'elles seroient mesurées par le mitan d'i-
« celles, comme il l'avoit faict au noviciat dont il leur fit
« la figure. »

Nous insistons de nouveau sur cette circonstance parce que d'Argenville et autres ont dit que le premier essai du talent de Martellange fut l'église de Lyon, et ils n'ont cité le Noviciat de Paris qu'à la fin de sa carrière, en 1630, parce que la pose de la première pierre de l'église n'eut lieu qu'à cette époque.

On a vu cependant que Martellange, à dater de sa réception comme coadjuteur au temporel, en 1603, a fourni toute une série de projets pour les édifices de la Compagnie.

La plupart de ces ouvrages ont été menés de front et, si Martellange parle, en 1617, des voûtes du Noviciat, il faut admettre au moins que les plans du bâtiment d'habitation en étaient tracés et les travaux en cours d'exécution.

D'un autre côté, il ne faut pas oublier que ce qu'on nomme la première pierre d'un édifice est fréquemment la dernière et, souvent même, dans les églises, celle qui est enfouie sous l'autel. La convenance de la faire poser par un personnage influent, auquel on tient à réserver cet honneur, a souvent motivé des retards qui, en définitive, n'ont aucune importance sérieuse pour une cérémonie entièrement facultative.

Enfin Martellange, comme on le verra plus loin (chapitre VIII), aida le P. Derand dans les travaux de l'église de la rue Saint-Antoine, dont la première pierre fut posée par le roi Louis XIII, en 1627.

Il devient donc assez difficile de déterminer lequel de tous ces édifices a eu la priorité dans les travaux de Martellange.

La première pierre de l'église du Noviciat fut posée le

10 avril 1630, par Henry de Bourbon, fils naturel de Henry IV, évêque de Metz et abbé de Saint-Germain-des-Prés, connu depuis sous le nom de duc de Verneuil.

D. O. M.
S. FRANCISCO XAVERIO
INDIARUM APOSTOLO
ANNO CHRISTI M. DC. XXX
PONTIFICATVS VRBANI OCTAVI
ANNO SEPTIMO
REGNI LVDOVICI DECIMI TERTII
ANNO VIGESIMO
GENERALATUS R. P. MVTII VITELESCHI
ANNO DECIMO QUARTO
ÆDIS FACIENDÆ PRIMVM LAPIDEM POSVIT
S. P. HENRICVS DE BOURBON
EPISCOPVS METENSIS S. R. I. PRINCEPS, ABBAS S. GERMANI,
DECIMO APRILIS.

Germain Brice (93) explique que Martellange ne voulut rien commencer avant que le Général ne lui eût donné l'autorisation formelle de faire tout ce qu'il jugerait à propos sans être obligé de suivre les ordres d'aucun Père de la Compagnie.

Ce fut à ces conditions qu'il entreprit le bâtiment et l'église. Martellange avait raison ; car il n'est pas d'art où il soit aussi difficile que dans l'architecture de se mettre plusieurs pour ordonner. Dans ce cas, l'entente complète devient impossible, car elle serait la négation de la responsabilité.

Ces constructions étaient peu importantes : l'église ne

---

(93) Germain Brice. *Description nouvelle de la ville de Paris*, 1706, tome II. page 303.

se composait que d'une nef dans les dimensions de celle du collége de Lyon, mais beaucoup plus riche d'architecture.

Les planches que J. F. Blondel a fait graver dans son *Architecture françoise ou Recueil des plans, élévations, coupes et profils des églises, maisons royales, etc.* (94), en donnent une idée exacte ; il existe aussi une élévation de la façade à la planche XI du *Recueil des plus beaux portails de plusieurs églises de Paris*, 1660 (95).

La description de cette église, faite par Blondel, va nous fournir quelques détails d'autant plus intéressants que le noviciat des Jésuites de Paris n'existe plus.

La réputation dont il jouissait est caractérisée par le passage suivant que Blondel met en tête de sa description : « Ce monument est regardé comme un des morceaux d'architecture le plus régulier qui soit à Paris dans ce genre, et cette considération a plus d'une fois fait sentir aux RR. PP. Jésuites du dernier siècle le reproche qu'ils ont eu à se faire d'avoir refusé le projet de ce même architecte, lorsqu'ils voulurent faire bâtir leur grande église de la Maison professe, rue Saint-Antoine, et de lui avoir préféré celui du Père Derand. »

L'église avait seize toises de longueur sur sept toises

---

(94) Paris, Jombert, 1752. Tome II, livre III, chap. VII. — Voir le Plan de Paris, par Bretez (1739) et celui de Deharme (1766), qui donnent une vue cavalière et le plan de l'établissement.

(95) Nous devons faire remarquer que ce portail figure par erreur avec le nom de Le Mercier. Le frontispice du recueil porte la mention : *P. Cottard fecit. Van Merle, rue Saint-Jacques, à la ville d'Anvers, avec privilége du Roy ;* 12 planches, y compris le frontispice. Pierre Cottard est un architecte français du xviie siècle, qui a fourni les dessins de l'hôtel de Bizeuil, rue vieille du Temple, à Paris, devenu plus tard l'Hôtel de Hollande ; et le premier ordre du portail des PP. de la Merci, à Paris.

deux pieds de largeur dans œuvre et sept toises quatre pieds de hauteur sous clef. Deux murs parallèles déterminent la largeur d'une nef continue de vingt-sept pieds de largeur et laissent, à droite et à gauche, deux espaces pour chapelles de cinq pieds de largeur surmontés chacun comme d'habitude de tribunes. La nef proprement dite n'avait que deux arcades, puisqu'ensuite une croisée en bras de croix reprenait toute la largeur entre les deux mûrs parallèles. Venaient enfin une arcade semblable à celle de la nef et une abside demi-circulaire. Deux escaliers à tour ronde étaient placés derrière l'abside dans le prolongement des petits bas-côtés.

La façade était composée d'un ordre de pilastres doriques surmonté d'un autre d'ordre ionique.

Ainsi que dans les églises de Martellange, la basse nef fournit à l'ordre inférieur un entre-colonnement de plus, lequel est racheté dans l'ordre supérieur par une console. Le fronton surmontant l'ordre supérieur est triangulaire ; il renferme un écusson aux armes des Jésuites accompagné de guirlandes, décoration qui présente une ressemblance caractérisée avec celle de l'église Saint-Antoine et avec les cartouches des planches de l'œuvre du P. Derand.

Les planches fournies par Blondel consistent en : 1° un plan de l'église, gravé par Marot; 2° une coupe transversale et une élévation du portail faits par mi-partie et gravées par J. Marot ; 3° une élévation du portail à une plus grande échelle ; 4° une planche de détails du portail.

Il existe une coupe en long, par J. Marot également (96),

(96) Cette coupe figure dans le *Recueil des plans, profils et élévations de plusieurs palais, châteaux, églises, sépultures, grotes, et hostels bastis dans Paris et aux environs avec beaucoup de magnificence par les meilleurs architectes du royaume desceignez, mesurez et gravez par Jean*

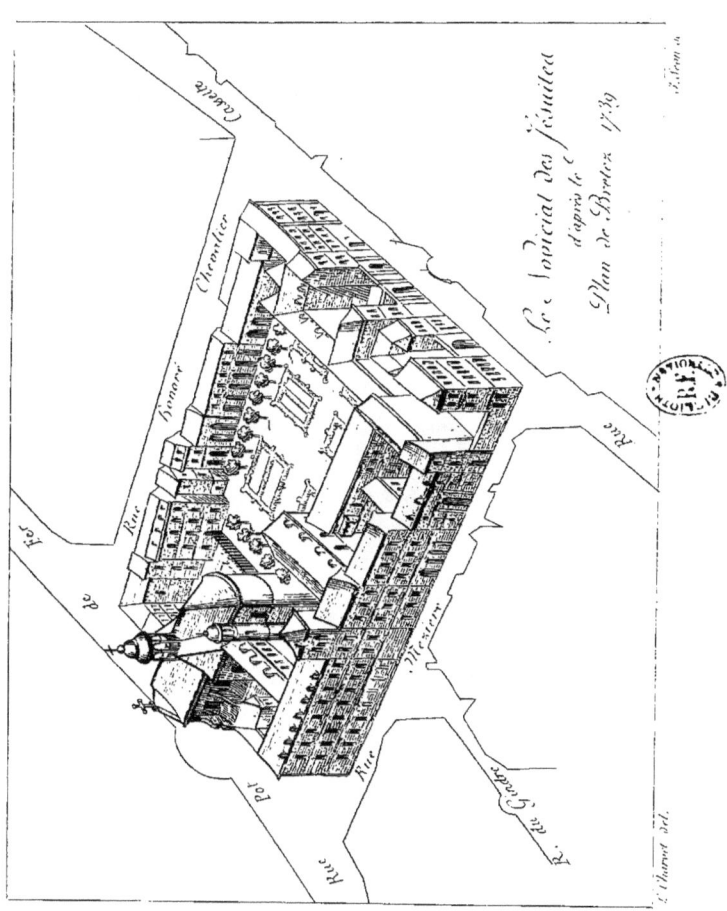

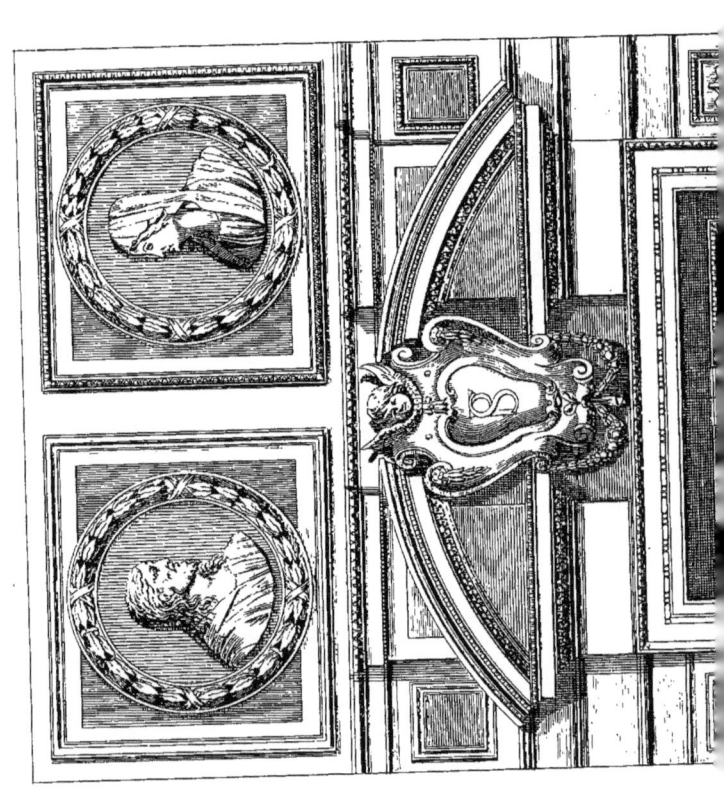

Porte du Nouveau des Augustes de Paris

que Blondel n'a pas jugé à propos d'intercaler dans son recueil.

La boiserie de la porte du Noviciat a été aussi gravée, toujours par J. Marot, ainsi que nous l'avons signalé déjà; elle témoigne du mérite de Martellange et de la haute estime que ses contemporains eurent pour lui. Cette porte était formée d'un chambranle couronné d'un fronton brisé, dans lequel était placé un de ces gracieux cartouches dont est rempli l'ouvrage du P. Derand, que nous aurons à examiner à la fin de cette étude. Les panneaux latéraux sont décorés d'une chute de feuilles et la porte est surmontée elle-même de deux médaillons à bordure de lauriers dans lesquels figurent les bustes de profil du Christ et de la sainte Vierge. Mais c'est dans les vantaux que Martellange s'est montré dessinateur; les panneaux, fort simples, sont enrichis de gracieux rinceaux et de feuillages en forme d'arabesques.

Il règne dans toute cette composition une grande finesse de détails alliée aux plus élégantes proportions.

Si l'on considère la vue cavalière des bâtiments dans le plan de Bretez (1739) et dans celui de Jouvin de Rochefort, on voit que les bâtiments du Noviciat faisaient l'angle des rues du Pot-de-fer et de Mézières. L'église est sur la rue du Pot-de-fer avec une rotonde en face ménagée au détriment des bâtiments joignant le séminaire Saint-Sulpice. Du côté de l'épitre est la salle de congrégation se reliant avec les bâtiments d'habitation situés le long de la rue Mézières. La toiture de l'église est aigue; à l'intersection

Marot, architecte parisien. Demeurant au faubourg Saint-Germain à la rue Guizarde, à l'enseigne de la ville d'Amsterdam. 110 pl.

On y remarque, pour le Noviciat des Jésuites, 1° le plan, 2° la planche avec mi-partie de la façade et mi-partie de la coupe transversale, cuivres qui ont été utilisés par Blondel, et 3° la coupe longitudinale.

des bras de croix est un clocheton octogone couronné par un petit dôme. Les tourelles accompagnant l'abside et renfermant des escaliers s'élèvent au-dessus de la toiture de l'église et sont également surmontées d'un petit dôme.

Nous complétons la description de l'église en puisant à pleines mains dans celles données par les auteurs des XVIIᵉ et XVIIIᵉ siècles.

Le premier autel, dessiné probablement par Martellange, était en menuiserie très-simple, orné seulement de colonnes corinthiennes. Mais le goût des Pères tendant à la richesse, on le remplaça par un autre, en 1709, entièrement en marbre, et d'un dessin compliqué, dont les défauts soulevèrent la désapprobation de quelques amateurs de l'époque. Ce dernier, de la composition de Jules-Hardoin Mansart, fut exécuté sous la direction de Robert de Cotte. Les colonnes étaient de marbre vert-campan avec chapiteaux et bases de marbre blanc ; le reste des revêtements était en marbres variés d'une grande richesse. La pointe du fronton était couronnée par un crucifix de Sarrazin. Le devant de l'autel était décoré par un bas relief de bronze doré fait par Villiers orfévre des Gobelins, qui avait aussi exécuté les ornements du tabernacle.

Le plus bel ornement du premier autel consistait en un tableau de Poussin représentant saint François-Xavier faisant un miracle en présence d'un grand nombre de personnes. Il est probable que ce fut pour donner à cette œuvre importante un cadre plus riche que l'autel fut modifié en 1709.

La correspondance de Poussin (97) nous indique que ce

(97) Piganiol de la Force (tome VI, page 359) a donné la description de ce tableau. Nicolas Poussin, né en 1594, est mort à Rome, le 19 novembre 1665. Il arriva à Paris dans les premiers jours de janvier 1641. Il écrivait au commandeur del Pozzo, à Rome, en 1641, le 6 septembre :

maître travaillait à ce tableau en novembre 1641 ; Martellange, quoique étant mort la même année, n'a sans doute pas été étranger à cette commande qui fut faite par Sublet de Noyers, qui était le protecteur des deux artistes.

« ..... Il m'a fallu aussi, par nécessité, outre mes autres ouvrages, ter-
« miner, pour le mois de novembre prochain, un grand tableau de seize
« pieds de haut, dont M. de Noyers a fait présent au Noviciat des Jésuites.
« Les figures y sont en assez grand nombre et plus grandes que nature..; »
le 20 septembre : «..... Je travaille à celui du Noviciat des Jésuites; c'est un
« grand ouvrage ; il contient quatorze figures plus grandes que nature ; et
« c'est celui qu'on veut que je finisse en deux mois... ; » le 21 novembre :
«..... Je finis à présent un grand tableau pour le maître-autel du Noviciat
« des Jésuites, mais je le fais trop à la hâte; autrement il pourrait réussir
« quant à la disposition. Il sera fini pour les fêtes de Noël..... » Parlant
enfin de certaines critiques qui avaient été faites sur cet ouvrage, il écrivit
à de Noyers : « .... Que ceux qui prétendent que le Christ ressemble plus
« à un Jupiter tonnant qu'à un Dieu de miséricorde, devraient être persua-
» dés qu'il ne lui manquera jamais d'industrie pour donner à ses figures
« des expressions conformes à ce qu'elles doivent représenter ; mais qu'il
« ne peut et ne doit jamais s'imaginer un Christ, en quelque action que ce
« soit, avec un visage de torticolis, ou d'un père douillet, vu qu'étant sur
« la terre parmi les hommes, il était même difficile de le considérer en
« face ; on doit me pardonner de m'énoncer ainsi, parce que j'ai vécu
« avec des personnages qui ont su m'entendre par mes ouvrages, mon
« métier n'étant pas de savoir bien écrire.... » En ce moment, Poussin
était singulièrement aigri par les contrariétés que la jalousie des autres
artistes lui avait suscitées (Voyez biogr. Didot, *Poussin*, par H. Bouchitté,
et le *Recueil de lettres* de L. J. Jay, 1817). Nous reviendrons sur ce sujet
dans notre biographie de Le Mercier. Poussin a aussi fait un dessin des
armoiries de M. de Noyers pour le Noviciat.

Ce tableau est au Louvre (n° 434), sous ce titre : *Saint François Xavier
rappelant à la vie la fille d'un habitant de Cangorima (Japon)*. H. 4,44.
L. 2,34. Figures de grandeur naturelle. M. F. Villot nous explique qu'il
fut acheté, en 1763, par la caisse des bâtiments du roi, moyennant 3,800
livres. Ce fut probablement le renvoi des Jésuites de France, vers cette
époque, qui motiva l'aliénation de cette toile, qui a pu ainsi être sauvée.

Les deux chapelles des côtés étaient décorées de tableaux : *La sainte Vierge qui prend la Compagnie de Jésus sous sa protection*, par Vouet, et *Jésus-Christ prêchant et enseignant*, par Stella.

La grande chapelle latérale à l'église, qui servait pour la réunion des Pères, était ornée d'une menuiserie dorée, avec des tableaux disposés d'espace en espace, lesquels représentaient les portraits des papes qui ont donné des bulles en faveur de la Compagnie.

Le plafond de cette chapelle avait *une Assomption*, ouvrage médiocre d'un peintre de l'école italienne, Gerardini.

Le tableau placé sur l'autel, représentant *la Salutation angélique*, était de Philippe de Champagne.

Il paraît que les jours de fêtes on ornait cet autel d'une riche argenterie.

Il y avait aussi dans cette maison deux tableaux de Mignard d'une grande beauté : un *saint Jérôme* et *l'Apparition de la sainte Vierge à saint Ignace* (98).

Il existe un petit in-folio de 40 pages sous le titre de :

BASILICA IN HONOREM S. FRANCISCI XAVERII A FUNDAMENTIS EXTRUCTA, MUNIFICENTIA ILLUSTRISSIMI VIRI DOMINI D. FRANCISCI SUBLET DE NOYERS, BARONIS DE DANGU, REGI AB INTIMIS CONSILIIS ET SECRETIS, ETC., A COLLEGII CLAROMONTANI ALUMNIS SOCIETATIS JESU LAUDATA ET DESCRIPTA. M. DC. XLIII.

C'est un plat éloge de Sublet ; la pièce VIII est sur le tableau du grand autel par Poussin, la IX⁰ sur celui du petit autel par Vouet et la X⁰ sur celui du petit autel par Stella.

---

(98) Ces deux tableaux furent commandés à Mignard par le P. de Valois, son ami intime, qui en fit don à la maison (Piganiol t. VI, p. 363).

La création du COLLÉGE DE ROANNE ne remonte qu'à l'année 1611; il ne semble pas qu'il y ait eu auparavant dans cette ville un établissement d'instruction publique.

C'est au célèbre P. Coton, originaire de cette localité, qu'est due cette fondation, et le Père Jésuite fit mieux encore ; il réussit à y faire contribuer considérablement sa famille (99).

(99) *Pierre* Coton, né à Néronde, le 7 mars 1564, est mort à Paris le 19 mars 1626. Il se fit Jésuite malgré ses parents, réussit à s'attirer la confiance de Henri IV, dont il devint le confesseur, et il profita de sa situation pour s'occuper des intérêts de son ordre. Il conserva la même prépondérance sous le règne de Louis XIII, dont il fut aussi le confesseur. M. Vachez, notre honorable collègue de la Société littéraire, nous communique quelques détails sur la famille Coton, que nous insérerons ici Les Coton commencent avec *Guichard*, secrétaire de la reine Catherine de Médicis, député, en 1560, avec Jean Papon aux états-généraux du tiers état pour le pays de Forez, *seigneur de Chenevoux*. Sa tombe est dans la chapelle du cimetière de Néronde. De sa femme *Philiberte de Champrond* il eut : 1° *Jacques Coton*, seigneur de Chenevoux; 2° *Pierre Coton*, dont il est question plus haut ; 3° *Jeanne-Marie Coton*, épouse de Guillaume de la Chaize ; 4° *Philiberte*, épouse de Pierre Gayardon. Jacques Coton se rallia au parti de Henri IV pendant les guerres de la Ligue, fournit une somme considérable pour le rachat de Montbrison (1595) et reçut en récompense, de Henri IV, la noblesse par lettres-patentes d'avril 1610 (archives du Rhône, c. 424). Les enfants de Jacques Coton furent : 1° *François*, qui continua la paternité; 2° *Ignace*, Jésuite ; 3° *Marie*, religieuse de la rue Saint-Jacques, à Paris ; 4° N. religieuse. François n'eut que deux filles, dont l'une, *Marthe*, épousa François-Antoine Dulieu.

On peut consulter, sur les Coton et le collége de Roanne : *Recherches historiques sur Roanne et le Roannais*, faisant partie des œuvres de M. Jacques Guillien, etc., publiées par M. Alph. Coste. 1863 ; *Notes et documents* de Péricaud, années 1603, septembre, et 1626 ; *Revue du Lyonnais*, tome XIV, 2° série, page 411 ; *Histoire du Forez*, par Lamure, pp. 395 et 445 ; *Historiæ Societatis Jesu, pars V, liber XII, n. 54 à 56, 66 et 70*; XIV n. 22, XVII n. 7 et 9, et enfin l'extrait suivant :

In ea parte Lugdunensis agri, quæ Foresium dicitur et quam olim Segu

A l'endroit où existe encore le collége il y avait, au xvie siècle, un petit château qui passa, en 1569, dans la famille Coton par le mariage de Philiberte Champrond avec Guichard Coton, seigneur de Chenevoux, châtelain de Néronde.

Jacques Coton, sur les instances et les conseils de son frère Pierre, donna cet immeuble aux Jésuites pour y fonder un collége. Du reste ceux-ci n'avaient pas attendu pour agir l'acte de fondation qui est du 2 août 1614; en janvier 1607, Henri IV avait signé des lettres patentes adressées au bailliage de Forez, pour permettre l'établissement des Jésuites à Roanne; ces lettres furent enregistrées le 5 décembre 1609 et, par délibération du 12 octobre 1608, les habitants de la ville s'engageaient à employer 7,500 livres pour acheter une maison et un emplacement pour bâtir le collége. Enfin le P. Coton avait aussi, dès les 9 janvier 1608 et 23 août 1609, obtenu du pape Paul V des bulles pour la réunion au nouveau collége des prieurés de Riorges en Forez et d'Aigonnay en Poitou.

siani tenuere, oppidum haud ignobile est Rhodumna, ducatus caput. Suas ad collegium in hac urbe ponendum ædes donavit Jacobus Cotonus, Patris Petri Cotoni frater, ab ipso identidem admonitus, ut auctori bonorum omnium Deo, a quo se fortunis auctum haud modicis intelligeret, gratiam referre conaretur, et earum partem aliquam religioni, ac bonis artibus in patria fovendis impenderet : nihil acceptius Numini ab ipso fieri posse, nihil in quo publicis commodis serviret illustrius, vel etiam suis. Simulque plurima sacrificiorum millia commemorabat, quæ, fundato collegio, esset consecuturus. Hortatore Jacobus Cotonus non egebat, qui jam filium suum, Ignatium Cotonum, Deo ac Societate nostræ, in qua vitam paucis post annis piè clausit, obtulerat. Itaque non tantum ædes, quas dixi, sociis concessit; verum etiam iisdem vectigal necessarium prolixè attribuit, ac templum a fundamentis erexit. (Historiæ Societatis Jesu, *lib. XV, pars V, n. 28, p. 313.*)

Les Jésuites prirent possession de ce prieuré le 15° décembre 1610, quoique n'ayant encore aucune existence officielle et ne paraissent avoir commencé à enseigner qu'en 1611.

Voici les passages les plus importants de l'acte de 1614, dans lequel nous trouvons le nom de l'artiste auquel cette notice est consacrée :

« *Au nom de Dieu, amen*, comme ainsi soit que, par concession du Roi très-chrétien Henry le grand, d'heureuse mémoire, accordée par ses lettres patentes signées de sa main et scellées du grand sceau en cire verte, au mois de janvier mil six cent sept, ait été permis d'établir un collége de religieux de la compagnie de Jésus en la ville de Roanne, et, sur la supplication faite par noble Jacques Coton, sieur de Chenevoux, aux Révérends Pères Général et Provinciaux de la dite compagnie, il ait été dressé, dès l'année mil six cent onze, une résidence pour faire essai des études avant que effectuer ce sien désir...... les révérends pères supérieurs de ladite compagnie... Antoine Suffrin, provincial... de Lyon, assisté des RR. PP. René Ayrault son compagnon, Joseph de la Réaulte, supérieur, Adrien de Montby, procureur en ladite résidence de Roanne, et le dit noble Jacques Coton,.... ont accordé sur le fait de la dite fondation... savoir : que le dit P. provincial... promet et s'oblige de dresser et entretenir perpétuellement un collége de la dite compagnie... que le dit sieur de Chenevoux a promis et promet d'ajouter à sa maison paternelle, qu'il a déjà dédiée au dit usage, une église grande et capable et la sacristie, et où il conviendrait, pour la construction de la dite église, abattre les deux petites classes qui ont été de nouveau construites, promet le dit fondateur celles deux classes seulement faire réédifier ailleurs, le tout selon le plan et dessin qui en sera dressé par Etienne Martellange, religieux de la dite compagnie, ou autre...

« De tous lesquels bâtiment, maison, église, jardin et verger, leurs appartenance et dépendances le dit sieur de Chenevoux fait don à la dite compagnie pour en jouir perpétuellement.....

leur fait don semblablement de tous les meubles qui sont de présent au dit collége, église, sacristie, et toute sorte de meubles et ustensiles, des livres qui sont en la bibliothèque, pour l'accomplissement de laquelle il fournira encore la somme de deux cents livres et pour l'entretenement des dits Pères.... donne le dit sieur de Chenevoux....... outre le revenu des priorés des Riorges en Roannais et de Saint-Pierre d'Aigonnay en Poitou qui montent à mille quatre cents livres... encore mille six cents livres.... qui se prendront sur ses deux granges et métairies situées en ce dit lieu de Roanne... plus... pour le service du dit collége une horloge de moyenne grandeur...... Fait et passé à Roanne dans le dit collége le samedi second jour du mois d'août, avant midi, l'an mil six cent quatorze. . (100) »

Les travaux de l'église que le sieur de Chenevoux s'était obligé à construire furent commencés, à ce qu'il paraît, en 1617, et ne furent achevés qu'en 1626 ; ils coûtèrent 11,700 livres qui furent payées en partie par le sieur de Chenevoux et en partie par le Roi, lequel le Père Coton avait su intéresser à cette fondation.

Les Jésuites continuèrent à recueillir dons et fondations pour leur établissement qui paraît avoir prospéré et même acquis une certaine célébrité (101); et enfin Jacques Coton de Chenevoux lui-même continua ses libéralités envers sa création à laquelle il légua la plus grande partie de ses biens. Pour mieux consacrer la qualité réelle du fondateur l'on fit poser, sur la principale entrée l'inscription suivante qui existe encore :

RELIGIONI ET BONIS ARTIBVS
POSVIT JACOBVS COTON DE CHENEVOVX
AN. MDCXIV.

(100) *Recherches historiques*, etc., pages 264 à 267.
(101) On cite parmi les élèves du collége de Roanne , Jean-Marie de la Mure, l'historien du Forez, André Falconnet, médecin du roi, et le Père François de La Chaize d'Aix, confesseur de Louis XIV.

On voit aussi en diverses parties des bâtiments les armoiries des Coton, qui sont : *d'azur, à la croix d'argent, cantonnée de quatre étoiles d'or.*

L'ancienne maison étant devenue insuffisante, on put procéder, en 1679, à la reconstruction des bâtiments, grâce aux libéralités du P. de La Chaize ; ces travaux, qui constituent l'ensemble des bâtiments actuels, ne furent terminés qu'en 1687 et coûtèrent plus de 90,000 livres.

Au renvoi des Jésuites de France le collége fut dirigé d'abord par des laïques qui ne fonctionnèrent pour ainsi dire pas, puis, en 1763, par les prêtres de la congrégation de Saint-Joseph dit Joséphistes, qui y restèrent jusqu'en 1792 ; on sait qu'un lycée national est actuellement installé dans ces bâtiments.

Le collége de Roanne se compose d'un seul et vaste quadrilatère dont l'église forme un des côtés. On peut y signaler le portique, adjacent à celle-ci, qui est exactement composé du même motif architectural que celui de Lyon, c'est-à-dire de piliers carrés accouplés à petite distance par une imposte en pierre supportant des retombées d'arcs plein-cintre. L'entrée de l'établissement est sur l'axe de ce portique, ainsi qu'au Puy, à Carpentras et à Lyon ; le grand escalier est à son extrémité, c'est-à-dire contre le chevet de l'église. On remarque dans la cour un cadran solaire qui date de 1683, accompagné encore des inscriptions suivantes ; d'autres ont dû disparaître.

ORIETVR VOBIS TIMENTIBVS NOMEN
MALACH. 4. II.

HORÆ ASTRONOMICÆ
CVM FASTIS SOCIETATIS IESV.

SPLENDENTI RADIO FASTI
SIGNANTVR ET HORÆ
1683

On lit encore sur l'une des portes des classes :

B. V. PVRIFICATÆ
PHILOSOPHIA

L'église forme un parallélipipède enfermant une nef avec transsept, flanquée aux quatre coins de petites tours quarrées pouvant servir de clocher, et cela comme à l'église de Lyon ; la nef principale est de quatre travées donnant autant de chapelles ; l'abside est composée de cinq côtés. Toute l'église est voûtée par des lambris en bois formant des pans qui se rapprochent de très-près avec la courbure d'un arc plein-cintre.

On peut signaler une chaire en bois, qui a pu être construite à la même époque que l'église. Elle est supportée par un piédouche en forme de gros balustre, au-dessus duquel viennent se réunir des consoles ornées de mascarons. Le coffre est cantonné de pilastres composites ; l'abat-voix est moderne. Le buffet d'orgue nous a paru appartenir à la même main.

L'autel, dont le tabernacle est assez remarquable, se compose de marbres de diverses couleurs.

Martellange laissa à Orléans un ouvrage de sa main, LA FAÇADE DE L'ÉGLISE DE SAINT-MACLOU, édifice qui fut démoli en 1848, ainsi qu'on le verra plus loin ; ce travail doit remonter à 1622 ou 1623. En effet, nous ferons remarquer au chap. VII qu'une lettre qu'il écrivait à Gabriel Solignac, architecte, au sujet de difficultés élevées pour le toisage de l'église du collége de Lyon, est datée d'Orléans, 14 février 1623. De plus, cette église fut consacrée la même année ; ainsi on ne saurait s'écarter de beaucoup.

Peut-être notre artiste fut appelé dans cette ville pour

quelques aménagements à exécuter au collége ; toutefois il n'a pas eu ici occasion d'ordonner quelque chose d'important puisque le collége d'Orléans fut établi dans les anciens bâtiments d'une abbaye de chanoines réguliers de Saint Augustin, du nom de Saint-Symphorien et Saint-Samson, cédés aux Jésuites, en 1619, autorisés depuis deux ans (par lettres patentes de mars 1617) à fonder cet établissement. L'église de Saint-Maclou, contiguë au cloître de l'abbaye, était l'église du collége.

M. de la Buzonnière, heureusement pour nous, a donné une description de l'église de Saint-Maclou que nous reproduisons ci-après (102) :

« L'église Saint-Maclou fut consacrée en 1623 ; elle subsiste encore ; mais elle va être démolie, en 1848, pour faire place aux bâtiments du collége qui formeront façade sur la rue Jeanne-d'Arc. Elle se compose d'une grande nef et de deux bas-côtés parfaitement réguliers. Les arcades plein-cintre de la nef reposent sur des piliers carrés ; les gros murs sont en moellons. Les voûtes, construites en bois, sont peintes de grandes arabesques dans lesquelles le ton brun domine. Il y avait primitivement, au-dessus de la porte ouvrant sur le cloître Saint-Samson, des fresques attribuées à Coypel ; quelques tableaux de Vouet et de Vignon ornaient l'autel.

« La façade, qui est en pierre de taille, ne fait pas honneur au Père Martel-Ange, jésuite, qui en a conçu le dessin ; c'est un mélange inconcevable d'ornements de style grec et de forme moderne plaqués sans goût sur un pignon qu'ils écrasent. Le portail se compose d'une ouverture plein-cintre, de deux colonnes adjacentes détachées, posées sur piédestaux et d'un fronton à rampants

---

(102) *Histoire architecturale de la ville d'Orléans.*

cintrés, interrompus et contre-profilés en retrait à l'aplomb des corniches des colonnes ; au-dessus, deux larges fenêtres plein-cintre accolées sont coiffées d'une seule corniche un peu convexe. L'œuvre se couronne par un fronton écrasé, dont les extrémités s'appuient sur deux étages de pilastres superposés aux angles du pignon. Des sculptures lourdes et de mauvais goût brochent sur le tout. Une petite porte latérale, ouverte dans la nef méridionale, est ornée de deux pilastres corinthiens cannelés et surmontés d'une frise et d'un fronton d'un style un peu meilleur. »

N'ayant pas été à même de voir cet édifice, il nous devient impossible de contrôler le jugement de M. de la Buzonnière, qui nous paraît empreint de quelque exagération ou plutôt de mépris pour le genre d'architecture en honneur au commencement du XVIIe siècle.

D'un autre côté, nous ne savons sur quelle preuve M. de la Buzonnière s'est appuyé pour attribuer ce portail à Martellange. Quoi qu'il en soit, sa présence à Orléans, en 1623, vient corroborer cette attribution, et en définitive, il y a lieu d'ajouter cette construction à toutes celles dont cet actif architecte s'est occupé.

Le portail latéral de Saint-Maclou, dont il a été question, existe encore. M. Clouet, architecte de la ville d'Orléans, en fit recueillir les débris qui gisaient dans une cour du collége, et les employa à former la porte principale du cimetière Saint-Vincent qui est sur la belle promenade du Mail.

CHAPITRE VI.

COLLÉGE DE LA TRINITÉ, A LYON; SON HISTOIRE SOMMAIRE
ET SA TOPOGRAPHIE.

E COLLÉGE DE LA TRINITÉ DE LYON, dont une partie des bâtiments actuels ainsi que l'église sont dus à Martellange, tient son nom d'une confrérie établie à Lyon en 1306 sous ce vocable. Quelques citoyens formèrent, par dévotion pour ce mystère, une congrégation spéciale, firent élever à leur frais une chapelle au coin du cimetière de Saint-Nizier dans laquelle ils s'assemblèrent pendant longtemps. Des biens, provenant de donations particulières, constituèrent à cette association un patrimoine suffisant; aussi l'on trouve dans les nommées de la ville, du côté de l'Empire, en 1493 :

« Les confrères de la Trinité possèdent *un grand téne-*

ment de maisons, granges et jardins, en la dite rue (rue Neuve) traversant en partie à la ruelle de Montribloud (actuellement rue Mulet laquelle, à cette époque, allait jusqu'au quai) joignant à la maison des hoirs Janin, tioulier (tuilier), devers le soir, et la grange Estienne Chappon, devers la bize, lesquelles font le coing de la dite rue, devant le grand portail de rue Nove, devers le matin ; et se loue le tout 80 livres tournois par an (103). »

Les membres de cette confrérie établirent, dès 1519, pour leurs enfants, une sorte de petit collége qui devait, plus tard, acquérir un accroissement sérieux. Ce fait avait paru douteux jusqu'à ce jour ; il est cependant affirmé d'une manière positive dans l'acte du 14 septembre 1567, passé entre le consulat et les Jésuites :

« . . . . plusieurs bons personnages et seigneurs de cette ville de Lyon. . . . . . . auroient dressé et mis sur un petit collége sous le nom et titre de la sainte Trinité. . . . . . l'an mil cinq cent dix-neuf pour illec être façonné et instruit leur postérité (104). . . . . . . »

On a dit que par des lettres patentes de 1529, renouvelées par ses successeurs, François Ier supprima les confréries, qui servaient de prétexte aux agitateurs pour trou-

---

(103) Voyez aux archives de la ville, le registre CC 7, la série GG (non inventoriée), puis l'ancien inventaire général de Chappe, volume 20, pages 189 et 190 et enfin, collection Coste, à la bibliothèque du Lycée, n° 3056, *Etablissement de la confrérie de la Sainte-Trinité*, etc. Manuscrit in-folio.

La chapelle primitive de cette confrérie se voit dans le plan scénographique de Lyon au xvie siècle ; elle fut détruite par les protestants.

(104) Archives de la ville, série GG non inventoriée. Copie de cet acte, sur lequel nous aurons de nouveaux extraits à faire, existe dans un recueil factice du fonds Adamoli à la bibliothèque de l'Académie, au Palais des Beaux-Arts : Arm. 2, Tab. 2, N° 79.

bler la paix publique, en réservant toutefois que leurs biens seraient appliqués à l'entretien ou à la fondation de colléges ou d'hôpitaux.

On expliquait ainsi la cession que les confrères de la Trinité firent de leur petit collége à l'administration municipale.

Cela n'est pas absolument exact ; cette création est antérieure de deux années, ainsi qu'on le verra plus loin. Jusque là, notre ville n'avait que des maîtres d'école (105) et pas de collége : les jeunes gens, qui voulaient se former dans l'étude des lettres, de la philosophie ou des langues, étaient obligés d'aller à Paris, à Montpellier, à Toulouse, à Bourges, ou même à Pavie ou à Padoue où des universités, déjà fameuses, attiraient la jeunesse.

Il paraît que François de Rohan, Claude de Bellièvre et Symphorien Champier (106) furent les principaux promoteurs de cette organisation. Honneur donc à ces citoyens qui comprirent la nécessité d'assurer, désormais, le bienfait de l'éducation et de l'instruction dans notre cité (107).

(105) On trouve dans les rôles de taxes perçues au commencement du xvie siècle : *Pierre André* maître d'école, rue Confort (CC 12) 1493 ; *Henri Baluffin* maître d'école (CC 107) 1499 ; *Jehan de l'Orme*, maître d'école, rue Saint-Barthélemy, de 1503 à 1516 (CC 114, 120, 126 et 131) ; *Guillaume Rameze* dirigeait, en 1509, une école dans la rue de la Bombarde (Péricaud), etc.

(106) « Ce fut luy qui invita et conseilla, pour le profit du peuple, l'érection de ce beau collége de la Trinité, regrettant de voir mourir l'exercice des bonnes lettres en cette ville, et s'efforçant de l'y ramener (*Histoire de l'Université de Lyon et du collége de médecine, par Lazare Meyssonnier, Masconnois, docteur agrégé. A Lyon, Claude Cayne, rue Noire, au Lyon d'or, 1644,*) . . . . . »

(107) Voyez *Pernetti*. Tome I, page 374 ; P. Allut (*Recherches sur la vie et les ouvrages du P. Claude-François Menestrier*), page ij ; *Lyon ancien et moderne*, tome I, pages 308 et 409 ; Péricaud, *Notes et Documents*, année 1527.

8

C'est en vain qu'on se reporte aux registres consulaires pour trouver l'acte de la fondation du collége ; celui de 1527 manque dans la collection (108) ; mais, heureusement, les archives de la ville ont, d'autre part, une copie de ce document que l'on trouve aussi dans un recueil, appartenant à l'Académie de Lyon, en même temps que la plupart des pièces relatives au collége :

« MM. les conseillers de la ville et communauté de Lyon, à scavoir Me Pierre Chauvet, docteur, Mes André Peyron, Esmé de la Porte, Claude Paquelet, Claude Trie, Simon Court, André Dupeirat et Guillaume Juge, d'une part, et honorables hommes Guyot Henri, Nicolas Devaut, Pierre Regnault, Antoine Esmonet, Michel Bertaud, André Delerben, Girardin Catheleu et Jean Roche courriers vieux et nouveaux de la présente année d'autre (part), ont fait et font par ces présentes le traité qui s'ensuit à scavoir en ensuivant les consentement, délibérations et ordonnances sur ce faites par messieurs les notables et gardes des métiers de la dite ville représentant le corps commun d'icelle aussy grand nombre et grande partie des confraires de la d. confrairie de la Sainte-Trinité qui puis un mois en çà ont été mandés et assemblés en l'hostel commun lesquels pour bonnes causes contenues esd assemblées et consentement ont voulu, consenti et ordonné ériger un collège ès granges appartenant à la d. confrairie de la Trinité assises en cette ville de Lyon sur le Rhone, en la rue Neuve, lesquelles ont été longtemps et sont encore occupées par l'artillerie du Roy, à cette cause iceux courriers scachant ont voulu et déclaré, veulent et déclarent et con-

(108) C'est pour nous l'occasion d'émettre le vœu que l'on fasse une analyse et une table de ces registres qui forment, en définitive, l'histoire officielle de notre cité depuis son affranchissement jusqu'en 1790. Un incendie, l'humidité, ou toute autre circonstance pourraient entraîner la perte d'un ou de plusieurs registres, ainsi qu'il est arrivé récemment, et ce malheur serait sans remède. Quelques registres sont en double ; pourquoi ne pas les déposer dans un autre édifice municipal ?

sentent par ces présentes que le d. collége soit mis et érigé esd. granges et icelles appliquées pour le logis des maitres, régens, bacheliers et écoliers ainsy et pour la forme et manière que par le Consulat de la ditte ville et lesd. courriers qu'ils seront pour le tems sera avisé et ordonné pour le mieux au proffit des d. collége et chose publique de la d. ville et parmi ce que le d. collége sera intitulé et nommé le collège de lad. confrairie de la Trinité et parmi ce que toutefois et quantes il adviendroit que le d. collège cesseroit ou seroit ailleurs transporté ou transmué lesd. granges seront dès lors réduites et remises à la main des courriers qui seront pour lors et à la d. confrairie avec toutes réparations et batiments qui pour lors se trouveront faits et construits esd. granges sans que lesd. courriers ou confraires soient tenus rembourser aucuns deniers pour lesd. réparations et sans que l'on puisse jamais alleguer aucune prescription pour quelque laps de temps que ce soit ; aussy s'il y a quelque partie desd. granges, dont le collège se puisse passer et qui n'en soit occupé, lad. confrairie et les courriers d'icelle en jouiront comme il font de présent et faisoient auparavant lad. erection. Pareillement s'il avenoit que le tout desd. granges fut nécessaire pour la multitude des clercs et écoliers le tout y sera employé le cas advenant ; item les enfants et clercs dud. collège seront tenus chacuns soirs chanter avec les maîtres régens un Salve Regina perpétuellement et De profondis à l'intention desd. courriers et confraires de lad. confrairie vivants et trépassés ; Item s'il avenoit que aucuns par donnation ou autrement fissent fondation aud. collège pour faire nourrir et apprendre quelques pauvres enfants pris au grand hôpital du Pont du Rhône ou ailleurs, en ce cas l'élection desd. enfants qui ne sera autrement réservée par les fondateurs appartiendra esd. conseillers et courriers, lesquels et chacuns d'eux à chacune élection feront serment solennel d'élire les plus pauvres orphelins ou autres enfants esquels ils connôitront avoir plus grosse pitié sans aucune affection, parenté ou affinité et des articles dessusdit seront faits épitaphes en pierre ou cuivre ainsy et quand bon semblera esd. courriers qui seront mises et affichées ès lieux des d. collèges plus apparents et nécessaires; Item s'il convenoit que aucuns des confraires par malveillance ou autrement viennent à susciter aucuns procès à l'encontre desd. courriers pour avoir consenti à ce que dessus, en ce cas lesd. Conseillers et Consulat en ce nom seront tenus et obligés prendre les procès en main et relever de tous domages et intérêsts les susd. courriers et en signe de vérité ont voulu lesd. parties ces présentes être faites et signées par le notaire royal secrétaire de la ville présent (109), auquel en ont requis acte être faict tant au proffict de la d. communauté desd. collège que confrairie, faites, conclues et passées et arrestées en l'hostel Dieu du Pont du Rhône le dimanche vingt unième de juillet l'an mil cinq cent et vingt-sept et presences d'honorables hommes, Jaques Fenoil, Imbert Gimbre (110), Pierre Manissier et confrère Pierre Chapelain, maître chirurgien cytoyen dud. Lyon, témoins appellés et requis.

Ainsy que dessus est contenu a été consenti, conclu et arrêté par lesd. parties et expédié au profit de la dite confrairie de la Sainte-Trinité (111). »

Le collége fut remis à des professeurs séculiers et la ville accorda aux principal et régens des honoraires de quatre cents livres (112). Les registres consulaires de 1528 et 1529 mentionnent un différend qui exista, entre le consulat et le chapitre, au sujet de la nomination du principal et des régents de ce collége qui est dit « nouvellement installé dans les granges de la Trinité ; » ce différend eut une solution amiable (113).

(109) Claude Gravier.
(110) *Imbert* ou *Humbert Gimbre*, échevin dès 1523, fut plus tard voyer de la ville ; nous préparons une notice sur ce personnage, ainsi que sur son fils, Jacques Gimbre.
(111) Série GG, non inventoriée et inventaire général de Chappe aux archives de la ville ; volume 20, page 190.
(112) Acte passé avec B. Aneau déjà cité note 104.
(113) Registres consulaires BB 45 et BB 46 ; archives de la ville.

Nos registres consulaires témoignent combien la première installation fut précaire ; on en jugera par le passage suivant d'une délibération du 4 août 1528 : « Sur la requête de M. le régent en l'escolle de la Trinité contenant qu'il pleust en plusieurs lieux en la dicte grange et ny a assez couverts pour les enfants qui sont au soleil requerant y estre pourveu, a esté ordonné que le lieu sera visité par les dicts Paquelet et Saneton qui en feront leur rapport........ »

Cet état de choses fut peu à peu amélioré malgré les énormes charges de la ville à cette époque.

Le voyer Humbert Gimbre, notamment et quelques années plus tard, fut préposé à des travaux d'installation ; ses comptes, pour cet objet furent arrêtés le 1er février 1537 (114). Cela nous entrainerait trop loin que d'entrer dans les détails d'ouvrages qui n'existent plus.

Le premier principal fut, à ce qu'il paraît, Guillaume Durand ; après lui on trouve Jehan Canape, jusques en 1530 (115), Heloy ou Loys du Vergier jusques en 1531,

(114) Série GG non inventoriée et inventaire général de Chappe aux archives de la ville ; volume 20, page 191.

(115) Jehan Canape se plaignit le 9 novembre 1529 de l'exiguité du local, du bruit des ateliers adjacents de l'artillerie du roi et du découragement des bacheliers en voyant l'école désertée par les écoliers à la suite de ces inconvénients ; quelques jours après, le Consulat prit à cette occasion une délibération dont nous fournissons un passage digne du plus grand intérêt et sur la proposition de Jehan Sala et Symphorien Champier : « Aussy qu'il y a plusieurs pauvres gens qui n'ont de quoy envoyer dehors leurs enfans ne aucuns pour paier tous les moys leur escollaige pour l'entretenement et peine des régens et bachelliers, considérant que la liberté et exemption de ne riens paier à tous le moins des habitans de la ville sera cause que plusieurs continueront lestude et se fairont gens de bien que sera plus le prouffit des pauvres que du riche, à ceste cause, etc. » Le Consulat prit en louage pour le collége les granges de Varey (13 no-

puis les régents Jehan Renyer, Jacques Vassuel et Jacques Bobynet. Le collége était entièrement désorganisé et désert par suite de la peste et de la famine. On trouve aussi, vers cette époque, un Claude de Cublize que sa mauvaise administration fit destituer et remplacer, en 1540, par le célèbre Barthelemy Aneau. Celui-ci avait été quelque temps régent au même collége lorsqu'il fut chargé de remplacer Cublize, en 1540, et de nouveau en 1542.

Après dix années d'exercice, il désira se démettre de sa charge; on y établit, en 1551, Jacques Freschet (Frachet ou Franchet), Lyonnais aussi, qui dirigeait une école rue de la Lanterne (116),

Mais en 1555, Freschet disparut en emportant des meubles; on le remplaça, en juin, par Charles Fontaine, puis le 9 juillet, par Jacques Dupuy, maître-ès-arts. Cet homme tint une conduite répréhensible et mérita d'être révoqué.

L'établissement débutait, on le voit, d'une manière déplorable ; aussi on renvoya Dupuy, le 21 juillet 1558, et

vembre 1529, registre BB 49, folios 78 et 79, présents Jehan Sala, Benoit Rochefort, Claude Renaud, Edouard Montaignat, Guyot Henry, André Delerben, Rolin Faure, Jehan Mornay, conseillers, Mathieu de Vauzelles, Symphorien Champier, docteur, le grenetier Jehan Dolhon, Estienne Bertholon, Georges Lorideau et Me Francois Fournier notables).

(116) Aneau se plaignit plusieurs fois pendant son exercice de l'insuffisance de son traitement (Reg. BB 61, 1542-1543). Le collége de Moulins, régi aussi par des laïques, éprouva les mêmes difficultés à se procurer des régens ; le dernier avril 1531, on délibérait au conseil de ville d'écrire au régent de Lyon pour le mander et qu'il lui serait « donné logis commode pour tenir les écoles et pension honneste au despens de la ville pour une année ou deux sans tourner en conséquence (*Histoire du collége de Moulins*, par Bouchard, pages 9 et 10). »

l'on fit redemander Aneau qui accepta et avec lequel on passa un traité le 29 septembre (117).

Le collége, dit ce traité, était presque sans enfants et devenait inutile si on ne mettait à sa tête un homme intelligent, actif et honorable.

On imposa à Aneau les conditions suivantes : 1° d'avoir trois régents et au besoin quatre, sur lesquels, le premier et le second devaient enseigner le grec et le latin jusqu'en rhétorique, le troisième bon grammairien, de telle façon que les enfants puissent monter de classe le jour de la saint Rémy selon la coutume parisienne, et le quatrième bachelier; il exercerait les élèves à une bonne prononciation. C'est surtout à ce dernier que devait incomber le soin de commencer les plus jeunes enfants ;

2° On ne devait parler dans le collége que le grec ou le latin, excepté toutefois dans les basses classes où « les petits enfants lesquels vault mieux qu'ils parlent bon françois que s'accoustumer au mauvais et barbare latin. »

3° Le principal n'était affecté à aucune classe particulière mais devait faire une leçon tous les jours à sa volonté dans l'une d'elles ou en commun ;

4° Les élèves pensionnaires devaient être nourris suffisamment sans superfluité et habillés « honnestement. »

5° Le local ne pouvait être loué ni affecté d'aucune manière indirecte à des particuliers; le principal devait le meubler convenablement.

6° Il devait entretenir « un portier à garder une seule porte (la porte moyenne de l'allée vers rue Neufve), lequel

---

(117) Dupuy mourut peu après. On trouve aussi un principal du nom de Claude Platet qui reçut 46 livres, pour avoir fourni une horloge nécessaire aux exercices et un lavoir pour les mains.

Pendant l'administration d'Aneau on planchéia les salles avec du bois qui restait des fortifications ; ce principal recevait 400 livres pour l'entretien du collége (Registre consulaire BB 61).

portier se tiendra en la loge qui pour ce a esté faicte... »

7° Les régents à admettre devaient être préalablement présentés au Consulat « pour être ouys et interrogés s'ils seront capables, suffisants et ydoynes, de bonnes mœurs et conversations pour avec eux accorder leurs gages et sallaires ainsy que par le Consulat et dont ils seront payés par les mains du receveur des deniers communs de la ville et par ordonnance du Consulat sur les gages ci-après ordonnés et constituez au d. M. Barthelemy Aneau.... »

Cet article nous semble avoir dû présenter des difficultés inextricables dans l'exécution.

8° Le principal devait faire dire, chaque semaine, les lundi, mercredi et vendredi, une messe basse.

9° Aneau recevait 400 livres tournois de gages par an et le prêtre qui disait les messes quinze livres tournois.

10° Le principal pouvait exiger deux sous et six deniers par mois pour les enfants dont les familles en avaient le moyen ; ceux pauvres, dont le nombre et la réception étaient attribués au Consulat, devaient être enseignés gratuitement.

La pratique de la gratuité dans les écoles pour les enfants moins favorisés de la fortune, remonte donc (118) jusqu'au XVIe siècle et, peut-être qu'en cherchant bien, on la trouverait à une époque plus ancienne.

Les anciens magistrats municipaux de nos cités, élus et changés ordinairement tous les deux ans par un suffrage à deux degrés, ont généralement peu parlé, encore moins écrit et, surtout, ne se sont guère préoccupés de se préparer des piédestaux dans l'opinion publique ou dans la postérité. Qui sait les noms des conseillers, des prévôts des marchands et des échevins aux siècles passés? Quelques érudits dont les livres ne sont lus que par d'autres

(118) Voyez ci-dessus aussi la note 115.

érudits, et la mémoire de ces magistrats, qui devrait être vouée à la reconnaissance publique, reste enfouie dans les registres poudreux ! Cependant ces hommes, avec une persévérance infatigable, au milieu des embarras de toutes sortes : absence de professeurs, la guerre, la famine, la peste, des impôts d'une rentrée difficile, ont pu, sans se décourager, élever des édifices, constituer l'enseignement public et aller jusqu'à la gratuité !

11° « Tous les gens de lettres passants, allants et venants tant deçà que delà les monts ou à Tholoze venant aud. collége seront reçus par honneur et aux pauvres sera aydé de la passade... »

Voilà certainement une clause qui fait honneur à l'esprit littéraire du XVIe siècle plus qu'on ne saurait le démontrer. La difficulté des voyages rendait cette charge moins onéreuse qu'elle le serait à notre époque ; néanmoins c'est pour nous un exemple à imiter en réservant l'accueil le plus hospitalier aux littérateurs, aux savants et aux artistes qui passent dans notre ville.

Aneau n'acheva point la période pour laquelle il s'était engagé à régir le collége (119); il fut massacré, le 5 juin 1561, dans une sédition populaire occasionnée par l'acte de démence d'un ouvrier de la religion réformée qui, à la procession de la paroisse de Saint-Nizier, pour la Fête-Dieu, foula le Saint-Sacrement à ses pieds.

Il paraît que le collége fut indiqué à la populace comme étant un foyer de réforme ; on s'y porta en tumulte, l'infortuné Aneau se présenta, cherchant à calmer cette foule exaspérée, sa voix fut méconnue et il fut massacré impitoyablement (120).

Cet événement a été raconté de diverses manières et

---

(119) Jusqu'au 1er octobre 1562.
(120) Registre consulaire, BB 82, 1561. fol. 45 et 46.

fixé à d'autres dates par plusieurs historiens anciens de la ville ; l'on a surtout avancé que la foule se rua sur le collége parce que, au moment où la procession tournait à l'extrémité de la rue Neuve sur la place du Collége, une pierre fut lancée du collége sur le prêtre portant le Saint-Sacrement.

S'il peut rester quelque doute sur les détails qui amenèrent l'assassinat d'Aneau, il ne doit en subsister aucun sur la date.

Les registres consulaires déjà cités, un acte de reconnaissance consenti, le 2 août 1561, en faveur de l'abbaye de Saint-Pierre par « honnête femme Claudine Dumas, veuve de M. Barthélemy l'Agneau en son vivant principal du collége de Lyon, » et les délibérations capitulaires des 15 et 24 juillet et 4 novembre 1561, énonçant que le 5 juin de cette année, les hérétiques portèrent la main sur le Saint-Sacrement, fixent irrévocablement la date au 5 juin 1561 (121).

André Martin succéda, en novembre 1561, à Aneau et remplit cette place jusqu'en 1565 époque de sa mort.

Nous devons noter ici trois littérateurs qui furent professeurs au collége avant que celui-ci passat entre les mains de la compagnie de Jésus : Christophe Milieu ou Millet, Gilbert Ducher (122) et Claude Bigotier (123).

(121) *Barptolomy* ou *Barthelemy* ANEAU naquit à Bourges dans les premières années du xvi⁰ siècle ; il vint à Lyon en 1528. Son premier cours, comme régent, eut lieu en 1529. Il prononça en 1531 et 1540 l'oraison doctorale d'usage pour l'installation du corps municipal à Saint-Nizier. Les ouvrages de cet écrivain, en nombre fort considérable, sans véritable mérite littéraire, atteignent dans les ventes modernes un prix fort élevé, cela probablement en raison de leur rareté.

(122) *Gilbert* DUCHER, dit VULTON, né à Aigueperse en Auvergne, vers la fin du xv⁰ siècle (*Catalogue des Lyonnais dignes de mémoire*), fut professeur d'humanités; il est mort en 1538 (Notice sur Ducher, par Breghot du Lut).

(123) Claude Bigotier a fait paraître ses ouvrages en 1540; il était bressan.

Cependant les protestants s'étant rendus maîtres de la ville dans la nuit du 30 avril au 1er mai 1562, le collége se trouva de nouveau désorganisé ; la nouvelle administration municipale donna ordre au secrétaire de la ville de réviser le bail de cette institution et d'y stipuler expressément que « les prières seront faites «... selon la coustume et ordonnance de l'Eglise réformée, sans que par cy après soit dict ne célébré aucune messe ny cérémonies papalles (124). » Il avait même été fait une requête, au Consulat, pour obtenir qu'il ne fût toléré dans la ville de Lyon ou les faubourgs aucun autre établissement de cette nature (125). On voit, à toutes les époques, l'esprit de parti se glisser même dans les questions d'instruction publique.

Lyon resta au pouvoir des protestants pendant treize mois; enfin, par suite de la pacification du 18 mars 1563, un corps de troupes catholiques, sous les ordres du maréchal de Vieilleville, y entra le 15 juin.

Une réaction fut la suite inévitable de l'exclusivisme qu'avaient malheureusement montré les protestants et une des premières préoccupations des consuls fut de rétablir l'instruction publique dans un sens absolument catholique.

Il y avait alors à Lyon, un père Jésuite dont les prédications très-suivies faisaient sensation, le père Edmond Auger (126) ; c'est à lui qu'on s'adressa. Il faut penser que les pères, dont l'influence se répandait alors dans le monde entier, ne furent pas étrangers à cette proposition et surent habilement se la faire adresser, ceci soit dit sans aucune intention désobligeante. Les termes mêmes de la

(124) Registre BB 83, 1562-1563.
(125) Id. id.
(126) *Edmond*, dit *Emond*, Auger, né en 1530, à Alleman, près Sezane en Brie (diocèse de Troyes), est mort à Côme, le 19 janvier 1591.

délibération municipale, du 1er mai 1565 (127) remplie aux trois quarts de considérations sur la nécessité d'un enseignement catholique, notamment que ce collége serait « remis et dressé pour servir de séminaire à la jeunesse sous la charge, direction et conduite de docteurs et régents de l'ordre du nom de Jésus, » l'indiquent assez.

Quoi qu'il en soit, Auger sans refuser, sut se faire prier; il déclara ne pouvoir prendre un engagement définitif qu'après l'autorisation du Pape et du Général.

Un bref du pape Pie V, du 13 août 1565, leva toutes les difficultés et il ne s'agit plus que de régler le contrat à intervenir. On fonctionna dans ce but à titre d'essai et dans le provisoire, jusqu'au 14 septembre 1567, époque où intervint l'acte important qui confiait, d'une manière définitive, l'établissement au pères Jésuites.

Le motif probable qui guida les pères dans ces négociations fut d'obtenir une augmentation de l'indemnité de 400 livres tournois, chiffre antérieur et, tout à fait insuffisant qui fut doublé, et enfin d'avoir une concession à perpétuité, laquelle seule pouvait permettre à la congrégation de faire de ses propres deniers, les dépenses indispensables pour des constructions et pour le mobilier.

L'acte dressé par le notaire royal, secrétaire du Consulat, et fort long et diffus ; on y sent, de même que dans la délibération du 1er mai 1565, la dictée des pères.

Après un préambule très-long, devenu précieux cependant pour nous en ce qu'il relate l'historique de l'éta-

---

(127) Registre consulaire BB 87. Voir le procès-verbal de la remise des clefs du collége, lesquelles étaient encore entre les mains de la veuve d'André Martin, par Néry de Tourvéon, conseiller du roi, lieutenant et magistrat civil en la sénéchaussée et siége présidial, du 1er mai 1565 (Recueil factice déjà cité note 104).

blissement, viennent les clauses essentielles. Le Consulat remettait à perpétuité :

« Le lieu, place, bâtiments ja faits dud. collège, ensemble toutes les granges et clos y ajoutés dernièrement par sentence de monsieur M. Nicolas de Langes, lieutenant particulier en la sanéchaussée en date du dixième jour de ce présent mois de septembre (128) avec leurs entrées, aux appartenances etc....... aux charges toutefois ...... établir et entretenir en iceluy collége un recteur et principal accompagné de personnes doctes et idoynes de leur profession en nombre suffisant pour régents, enseigner et endoctriner la jeunesse en tous arts libéraux...... accroitre le nombre des régents .... selon que la capacité et la bonne espérance des conseillers et auditeurs le requerront .... endoctriner en toute piété et en la foi catholique tous les d. écoliers soit de la ville ou étrangers portionistes et autres qui viendront au d. collège pour être enseignés aux lectures, le tout gratuitement et selon leurs saintes constitutions et ordonnances, et la d. sentence donnée par le sieur de Langes...

Les dits échevins donnent et transportent ...... la d. pension et provision annuelle de huit cents livres tournois ..... pour les principal, recteur et régents ..... elle leur sera payée annuellement ...... en deux termes ...... et si longuement que le d. exercice et collège sera régi et gouverné par eux en la orme sus écrite, défaillant laquelle et que les s. d. sieurs de la d. congrégation vinssent à délaisser, que Dieu ne veuille, l'exercice du séminaire d'iceluy collège les lectures et enseignements, il sera loisible aux dits sieurs conseillers de retenir et dénier le paiement de la d. somme de huit cent livres tournois ensemble permis de rentrer en la possession et jouissance du d. collège...

Et les d. sieurs contractants .... ont convenu et arresté que

(128) L'ordonnance d'application des granges de la Trinité au collège figure aussi dans le recueil précité. On y rappelle la fondation de la confrérie en 1306, l'acte de cession de 1527 et ses conditions, dont la principale est d'instruire les enfants pauvres et adoptifs de l'Aumône générale.

chacun an à perpétuité au jour et feste de la Sainte-Trinité, que le d. recteur presente le d. cierge (de cire blanche) avec les armoiries de la ville durant le service divin auquel assisteront si bon leur semble les seigneurs conseillers et échevins .... et le même jour sera lu en leur présence le présent contrat de fondation ..... »

Quelques difficultés s'étant élevées sur l'exécution de ce contrat, elle furent réglées par-devant M. de Mandelot, gouverneur, le 6 août 1571 (129),

A Auger succéda le P. Bernardin Castor (130), puis le P. Codret (131), sans que nous puissions préciser l'ordre de leur rectorat.

On trouve aussi le père Guillaume Creyton (132), écossais, qui exerça pendant plusieurs années bien que le P. Possevino (133), paraisse avoir alterné avec lui. C'est sous le

(129) Recueil déjà cité note 104.

(130) *Bernardin* CASTOR professa pendant onze ans la rhétorique au collége de la Trinité. Il est né à Sienne, en 1544, et est mort à Rome le 15 mars 1634 (*Notes et documents* par Péricaud, 9 novembre 1589, 4 mai 1592 et 15 mars 1634). Voyez plus loin le passage relatif au collége de Sisteron.

(131) *Annibal* CODRET, né à Sallanches (Savoie), en 1525, est mort à Avignon, le 19 novembre 1599. Il était regardé comme un des plus savants professeurs de son temps. Voyez Jules Philippe : *Les gloires de la Savoie*, page 137.

(132) On trouve dans un catalogue d'autographes de la vente Desforges, par Charavay, une lettre d'un *Guillaume* Creyton, qui paraît être le même, datée de Lyon, 26 mars 1580, laquelle indique les tentatives qu'il faisait pour arriver à la destruction de livres calvinistes qu'on introduisait à Lyon ; il aurait été enfermé à la Tour de Londres, en en 1585, pour le même motif.

(133) *Antonio* POSSEVINO, né en 1534, à Mantoue, est mort le 26 février 1611 à Ferrare. Il a marqué d'une manière considérable dans les affaires religieuses de son époque et a composé un grand nombre d'ouvrages. Voyez *Notes et documents* de Péricaud, 1594, 1595 et 1611. Il avait un frère du prénom de Jean-Baptiste.

P. Creyton, le 12 mars 1579, que fut passé entre le Consulat, les recteurs de l'Aumône générale et les Jésuites pour la cession par l'Aumône générale au collége de deux granges neuves, ayant appartenu à René Laurencin, sises entre les rues Montribloud et Pas-Étroit joignant cette dernière au nord et celle de Montribloud au sud, les granges et maisons Henry du côté du levant et le jardin du nommé Marchand du côté du couchant ; dans le traité, Creyton prend le titre de « Monsieur maître Creyton. »

Voici quelques renseignements sur la nature de l'enseignement qui était donné à cette époque.

Acte du 6 août 1571 : Les Pères feront entretenir :

« une classe et regent des abecedaires, et une dans laquelle es écoliers seront instruits ez premiers rudiments de grammaire, conjugaisons et déclinaisons, syntaxe avec une lecture et leçon de quelques bons auteurs latins et les accoutumées compositions ou traductions et disputes qui y sont nécessaires et requises. Et après cette classe y en aura une autre en laquelle puissent monter les écoliers et apprendre les choses de la grammaire plus parfaitement, quelques meilleurs livres de Cicéron ou de quelques bons auteurs, vaquer au précepte *de conscribendis epistoles*, de l'art métrique ou poésie, le tout selon les règles de la d. Société desquelles règles ils leront copie aux archives de la d. ville signée par le Général ou Provincial de l'ordre. Outre lesd. classes entretiendront regent pour faire leçon d'humanités des auteurs en matières plus graves avec une autre leçon ou historiens de la grammaire grecque et de quelques auteurs grecs tels que ceux dud. collège et société aviseront selon leurs règles être convenables à la capacité des écoliers ; outre lesquelles leçons il y aura lecture et instruction de l'art oratoire ou rhétorique avec une vraie méthode de dialectique quelque partie de l'année ; s'il y avoit nombre suffisant d'auditeurs qui désirassent d'acheminer aux plus hautes études et université entendant le Consulat qui a vu ce que dessus y ait au d. collège exercices et composition de déclamation et autres semblables compositions et disputes entre les écoliers .... »

Acte du 3 juillet 1604, le père Barthélemy Jacquinot étant recteur :

« Au d. collège se feront lectures publiques tant des lettres humaines que de la philosophie et théologie afin qu'il soit profitable à toutes sortes de personnes qui y voudront venir pour prendre leur instruction et pour le regard des lettres humaines qu'elles s'enseigneront en six classes scavoir la rhétorique, humanité et quatre de grammaire ainsy que se fait et pratique en plus grands et célèbres colléges de la compagnie ; que le cours de philosophie se fera en trois ans et en trois classes scavoir de logique, physique et métaphysique. chaque année un professeur commençant le cours et un autre le finissant, durant lequel temps aussi s'enseigneront les morales et mathématiques par une leçon particulière et spécialement l'astronomie, géométrie et géographie de même que sainte et sacrée théologie tant utile pour la manutention de la religion catholique, s'enseignera avec une leçon ord^{re} des cas de conscience, et une autre en langue hébraïque en la façon et forme ord^{re} des grands colléges de la compagnie ; les autres exercices tant de piété que de lettres comme déclamation, disputes, répétitions et semblables se feront en ce collége ainsi qu'il se fait en autres plus célèbres de la compagnie...... »

Le 16 juillet 1577, le Consulat se préoccupa des emplacements propres à la réédification de l'établissement (134), et même, en 1580, une commission fut chargée de faire une quête dans ce but (135). La même année il fut constitué sur les fonds municipaux une rente

(134) Registre consulaire BB 98.
(135) Une quête ou souscription faite en 1567 produisit 853 écus d'or. Le registre, contenant les engagements des souscripteurs avec leur signature, est encore conservé aux archives de la ville; série GG, non inventoriée.

perpétuelle de cent livres pour une classe supplémentaire de grammaire. Les pères ne se découragèrent pas, ils acquirent, du côté des rues Montribloud et du Garet, des immeubles qu'ils firent réparer pour l'usage du pensionnat (136) et obtinrent, le 29 décembre 1583, du Consulat une augmentation de rente annuelle de 140 écus d'or.

Cette année, l'on institua un économe chargé des soins matériels à donner aux pensionnaires (137).

En 1591, nouvelle demande et octroi, de la part du Consulat d'un augmentation de 200 écus d'or au soleil pour la création et pour l'entretien d'un cours de philosophie et d'un cours de théologie; mais le renvoi de France des Jésuites, en 1594, suspendit tout Ils quittèrent Lyon le 31 janvier 1595.

Le Consulat confia, le 10 juillet 1597, la direction du collége à Antoine Pourcent, Poursan ou Person ci-devant Jésuite; mais la cour de Paris, qui avait défendu, par arrêt du 20 août, à toutes personnes et communautés de recevoir aucuns des prêtres de cette société malgré qu'ils auraient renoncé à leurs vœux de profession, ordonna que Poursan serait amené prisonnier à la Conciergerie (138). Un sieur

(136) Voyez plus loin, note 160.
(137) Registre consulaire BB. 111.
(138) « *Itaque cum Lugdunenses, post amissam anno MDXCV societatem, gymnasii sui curam Antonio Porsano, olim nostro, demandessent, cum dimittere coacti sunt, instante præsertim Simone Mariono, regio in curia Parisiensi advocato, Antonii Arnaldi socero, cujus odium in nos æmulatus, satyram scripsit, P. Ludovico Richeomo, sub nomine Renati à Fonte confutatam* (HISTORIÆ SOCIETATIS JESU, Pars. V. lib. XII, n. 42, pag. 60). »

Antoine Poursan s'étant rendu à Vienne en 1601, y fut établi principal du collège, où il resta jusqu'en 1603 ; il fut aussi nommé chanoine et théologal de Saint-Maurice, par l'archevêque Pierre de Villars (Chorier pages 226 et 462).

Voyez *Notes et documents* de Péricaud, 1597, Juillet et octobre et l'inventaire général de Chappe, volume 20, folio 205.

Dalenson, auquel dans un séjour à Lyon, le Consulat avait offert la place de principal, s'occupa de trouver des régents à Paris en 1596.

Toutefois Jacques Severt (139) et Benoît Minière remplirent, tour à tour, les fonctions de principal; mais l'établissement périclitait malgré la surveillance du corps consulaire.

Les Jésuites furent réintégrés en 1604 (140); un nouveau contrat fut passé avec eux, le 3 juillet, dans lequel on visa la plupart des clauses consenties dans celui de 1567.

L'administration municipale y promit de pourvoir à un agrandissement dont le besoin était devenu incontestable.

On plaça sur la façade de l'édifice qui existait à cette époque, en mémoire de ce fait, l'inscription suivante :

HOC SS. TRINITATIS COLLEGIVM,

HENRICO IV. CHRISTIANISSIMO REGE

PHILIBERTO DE LA GVICHE

GVBERNATORE

MERCAT. PRÆPOSITVS COSS. Q. LVGD

PIETATIS DOCTRINÆQVE CAVSA

SOCIETATI IESV ADDIXERVNT

M.DC.IV.

(139) C'est l'historien ecclésiastique du diocèse de Lyon ; voyez *Notes et documents* de Péricaud, années 1595 et 1597.

(140) Registre consulaire BB. 141.

« *Lugdunum revecta Societas est humeris, ut ita dicam, nobilissimorum civium, eoque profecit discessus noster, ut et ampliorem ornatioremque domum et perspectiorem civitatis clarissimæ benevolentiam haberemus. Gratias oratione publica rhetor egit, ac scholis recludendis initium fecit VIII idus Martii* (HISTORIÆ SOCIETATIS JESU. ROMÆ, MDCCX ; *pars quinqua.* Lib. XV. pag. 298). » Série GG non inventoriée et inventaire Chappe aux archives de la ville, Volume 20, page 208.

Il fut même question d'un transfèrement dans une autre partie de la ville, vers la place des Terreaux, dans le terrain où les protestants avaient établi leur temple et où plus tard, l'on construisit l'Hôtel-de-Ville.

L'année 1607 vit réaliser un commencement d'exécution :

Sur l'invitation du P. Richeome, Provincial, et du P. Jacquinot (141), Recteur, le Consulat se rendit, le dimanche 18 juin, au collége pour faire une visite d'inspection.

Après une messe célébrée par l'évêque d'Embrun et à laquelle on réitéra la présentation du cierge de cire blanche aux armes de la ville, on se rendit dans la grande cour où les régents et les élèves témoignèrent de leur savoir par divers exercices littéraires, qui furent suivis d'un dîner.

Le 29 novembre, le P. Jacquinot exposa de nouveau en séance du Consulat, la nécessité d'une reconstruction motivée par l'exiguité du local et l'affluence des écoliers, et y présenta, en même temps, les plans qui avaient été préparés. Le corps consulaire fit bon accueil à ces demandes, approuva les plans, tout en faisant observer que l'on pouvait pour le moment se passer de l'église, et enfin consentit à donner 6,000 livres aux PP. Jésuites leur laissant le soin de fournir au surplus (142),

(141) Le P. Barthelemy Jacquinot est celui qui reçut des mains du prince de Conti, à Paris, le cœur de Henri IV pour être transporté à La Flèche par les PP. Ignace Armand et Pierre Coton. Le P. Jacquinot était alors supérieur de la maison professe de Paris.

(142) Il serait fort long d'énumérer ici toutes les demandes des Jésuites et les sommes qu'ils obtinrent du Consulat ; cela appartient moins à la notice que nous avons entreprise, laquelle doit être, avant tout, topographique et artistique, qu'à l'histoire du collége de la Trinité, ouvrage important, qui présenterait un grand intérêt.

Avant d'entrer dans les détails relatifs à la construction de l'édifice tel qu'il nous est parvenu, il nous reste à fournir quelques éclaicissements sur la topographie ancienne de ce quartier pour lequel l'érection définitive du collége fut une cause de prospérité. C'est à M. B. Vermorel, ancien voyer en chef de la ville de Lyon, que nous devons la plus grande partie des documents qui peuvent l'établir.

1° Nous avons vu (143) que la confrérie de la Trinité possédait depuis le xiv° et le xv° siècle divers emplacements, granges et jardins qui étaient à peu près confinés par les voies actuelles savoir : la rue Neuve, au sud ; le Rhône au levant ; le prolongement de la rue Mulet vers le Rhône, au nord ; et le prolongement vers le sud de la ruelle Commarmot, au couchant.

Il importe aussi de rappeler ici ; 1° que la partie de la rue Neuve actuellement confinée des deux côtés par les bâtiments du collége, fut ouverte sur ces terrains.

2° La rue de la Bourse actuelle depuis la rue Gentil (anciennement de l'Archidiacre) jusqu'à la rue Bât-d'Argent (ou du Pas-Etroit, Pet-Etroit quelquefois) ne fut ouverte qu'au xvi° siècle (144), sous les noms de rues Ménié et de rue Henry.

(143) Page 111 et note 103.

(144) La partie entre la rue Gentil (de l'archidiacre) et la rue Neuve fut ouverte en 1526, sur le fonds de Jérôme Ménié, dont elle prit le nom. A la même époque, la partie entre la rue Neuve et la rue de l'Arbre-Sec fut créée sur des terrains fournis par les propriétaires riverains dont le principal était un *Henry* Guillermet, prêtre habitué de Saint-Paul. En 1528 la rue était ouverte sur toute sa longueur, sauf la partie entre les rue Mulet (Montribloud) et Bât-d'Argent (Pas-Etroit); où le passage était interrompu par un jardin et une maison appartenant aux héritiers Henry Guillermet. Cependant on réussit plus tard à achever l'ouverture de la rue, conformément au plan souscrit par son auteur (Communiqué par M. Vermorel).

3° La rue Mulet actuelle (anciennement de Montribloud) aboutissait au rempart vers le Rhône sur l'emplacement occupé actuellement par le collége.

4° La partie de la rue Henry, entre la rue Neuve et la rue Bât-d'Argent (Pas-Etroit) fut élargie de 1646 à 1670 pour former ce qu'on nomma place des Jésuites, puis place du Collége et qui est devenue une partie de la rue de la Bourse (145) ; le surplus, resté étroit, jusqu'à la rue de l'Arbre-Sec conservant le nom de rue Henry en souvenir de son principal auteur.

5° La rue du Garet, qui était la continuation de la rue Henry, fut percée, en 1570, sur des terrains qui appartenaient en grande partie à Guillaume du Garet (146).

6° Le quai de Retz fut établi sur les courtines (147) des fortifications qui bordaient le fleuve ; c'est pour cela

(145) Le terrain cédé appartenait à un nommé Raton. Il vendit au Consulat la partie entre la rue Neuve et la rue Mulet (Montribloud), le 7 juin 1646, pour 30,000 livres et sur la façade de la maison construite en reculement, fut posée une inscription qui vient d'être démolie et dont il a été impossible de conserver tous les débris. On travaille en ce moment à rétrécir devant le collége une voie qui avait été élargie en 1646. O bizarrerie des temps !

La partie entre la rue Mulet (Montribloud) et Bât-d'Argent (Pas-Etroit) ne fut reculée qu'en 1670 (8 décembre) ; c'est la maison actuelle du *Grand Tambour*. Raton devait mettre sur sa maison une inscription dans le genre de la précédente (Communiqué par M. Vermorel).

(146) M. Vermorel pense que la petite rue Pizay date des premières années du collége et fut ouverte pour communiquer de la rue de l'Arbre-Sec avec les fossés de la Lanterne en contournant l'enclos de l'abbaye de Saint-Pierre (voir notre travail [et le plan n° IV] sur les *de la Valfenière*), avant l'ouverture de la rue Clermont et en traversant le massif de maisons vers la rue de Lyon actuelle.

La rue du Garet ne fut donc que le redressement de la petite rue Pizay.

(147) On nommait alors *courtine* l'ouvrage de fortification placé entre deux tours ; ce mot s'appliquait ainsi autant au terre-plein placé derrière la muraille du côté de la ville qu'à la muraille elle-même.

qu'il est nommé anciennement : chemin des Courtines. On nomma aussi cette voie : rue de la Fusterie (148).

7° Le portail Siguet était vers le Rhône au bout de la rue Pas-Etroit et le portail de la rue Neuve (beaucoup plus important) au bout de la rue de ce nom, toujours sur le rempart.

Dès que le Consulat fut entré en possession des immeubles de la confrérie de la Trinité, il utilisa les bâtiments existants aussi bien que ceux qu'il possédait dans le voisinage (149) sans y faire de modifications importantes.

L'arsenal et la fonderie de canons (ce qu'on nommait alors l'artillerie du roi) restèrent encore quelque temps dans des bâtiments loués au gouvernement pour le prix de 2,020 livres tournois (150); même le jardin dit de la Vieille-Trinité fut cédé à un nommé Jérôme Flandre et à ses associés pour y installer une fabrique de futaines qu'ils avaient introduite à Lyon (151).

Tant que le collége resta entre des mains laïques, le Consulat ne paraît pas s'être bien fort occupé de l'agran-

---

(148) Le quai de Rez fut adjugé le 16 décembre 1738 pour aller de la rue Blancherie jusqu'à la place Tolozan (Communiqué par M. Vermorel).

(149) 30 mai 1460, acquisition par le Consulat d'une grange vers le portail Siguet qui donne lieu à des difficultés avec Arthaud de Varey, le 31 août 1478, réglées par transaction du 5 octobre 1486. En 1493 (registre CC 11) « la ville possède une grange haulte et basse faisant le coin du Port Figuet et de la rue de l'Arbre-Sec. »

On a vu plus haut, note 115, que le Consulat loua provisoirement pour le service du collége, en 1529, une grange voisine appartenant aux Varey.

(150) Registre consulaire BB, 56 ; 1536-1539 ; Voyez aussi note 115.

La fonte des dix canons, entreprise en 1513, par M⁰ Patris, en vue de la défense de Lyon contre l'armée des Francs-Comtois et des Suisses qui assiégea Dijon, fut exécutée dans ces granges. Voyez Registre consulaire BB 30, 22 Mars.

(151) Registre consulaire BB 71 ; 1549-1551.

dir, malgré les plaintes des recteurs et les besoins pressants : et même, au contraire, nous avons constaté qu'on n'utilisait pas tout ce dont on pouvait disposer. Mais à peine l'acte de 1567, qui cède définitivement le collége aux Jésuites, est-il passé que les questions d'agrandissement se succèdent rapidement.

Il convient, en conséquence, de nous rendre compte de l'état dans lequel étaient les bâtiments lorsque ceux-ci en prirent possession. Le P. Perpinien écrivait (152) au P. Barthélemy à Rome en décembre 1565 :

« Pour commencer ma description par le plus essentiel, l'office, la cuisine et le réfectoire sont contigus et disposés dans l'ordre que je viens d'indiquer, c'est-à-dire qu'entre l'office et la salle à manger se trouve la cuisine. C'est on ne peut plus commode, comme vous le voyez, ou plutôt, comme vous ne voyez pas, mais comme vous imaginez; et vous l'imagineriez mieux encore si vous l'aviez vu. Ces trois pièces sont très-vastes fort belles et bien combinées, telles, en un mot, que je vous en souhaiterais à Rome. Le vin se garde dans une cave placée sous la salle à manger qu'elle égale en grandeur. Les chambres à coucher sont assez grandes et trop nombreuses pour nous : car nous ne sommes que douze avec un nombre à peu près égal de pensionnaires, dont plusieurs appartiennent aux premières familles de la ville. Dans l'espace de chaque chambre à coucher est placée, selon l'usage de France, une bibliothèque avec boiseries fermées et couvertes, longue de 9 à 10 palmes, large de 7 à 8 et un peu plus haute que large. On dirait une petite chambre enfermée dans une grande. Dans l'intérieur se trouve une table et les parois sont garnies d'étagères bien disposées. En sorte que dans un espace étroit, vous pouvez avoir un assez bon nombre de livres bien écrits, lire, écrire, méditer à votre aise. C'est là que

---

(152) *P. J. Perpiniani Soc. Jesu aliquot epistolæ. Paris* 1683.

Pierre-Jean PERPINIEN, Jésuite espagnol, né à Elche, dans le royaume de Valence, vers 1530, mort à Paris, le 28 octobre 1560.

nous allons nous enfermer et nous nous y appliquons avec plus de chaleur à l'étude, non-seulement pour nos esprits, mais aussi pour notre corps. Car ici, mon cher Barthélemy, il n'y a rien de plus essentiel que de se tenir non pas tant l'esprit que le corps bien chaud : vous pouvez m'en croire sur parole. Aussi, dans la chambre la plus vaste et la mieux décorée qu'habitait probablement le principal et qu'occupe aujourd'hui le P. Edmond, quand on fit peindre les parois, on plaça cette inscription : INTVS VINVM, FORIS IGNIS (153). Mais l'auteur de cette devise était probablement un homme plongé dans la chair : nous, dont toutes les pensées doivent se diriger vers l'éternité, nous aurions ordonné de mettre ces mots : INTVS PRECES, FORIS LABOR (154). Ce sont là deux excellents préservatifs contre la rigueur du froid. Les classes destinées à l'enseignement sont au nombre de cinq. Celle des rhétoriciens et des théologiens me paraît mieux décorée que les autres. Il y a deux cours ; dans l'une d'elle se trouve un puits d'excellente eau, alimenté sans doute par les infiltrations souterraines du fleuve voisin. Car une partie de la ville, s'allongeant entre deux grands courants d'eaux, le Rhône et la Saône, le collège de la Trinité se trouve placé au milieu de la ligne qui en mesure la longueur et à l'extrémité de celle qui en détermine la largeur sur la rive du Rhône. Aussi, de la cour, et à plus forte raison des chambres, jouit-on de la vue admirable du fleuve qui coule avec tant de rapidité que, malgré l'aplanissement de son lit, on entend d'ici le bruit de ses flots. On aperçoit des barques qui descendent et, au delà, une immense étendue de plaine terminée par la chaîne des Alpes. Du sommet de notre tour, qui s'élève à une grande hauteur, on découvre outre ces objets, toutes les maisons et les rues de la ville : de sorte que, si vous venez un jour nous rendre visite vous manquerez plutôt de manger que de voir . . . . .

Que de fois en me promenant sur la terrasse les regards fixés sur la chaîne des Alpes, je m'imaginais que l'Italie, nourrice du

(153) Au dedans, du vin ; au dehors, du feu.
(154) Au dedans, la prière ; au dehors, le travail.

talent et des arts, que Rome, mère du christianisme, que la maison de nos Pères, que notre collège, qu'enfin vous étiez là sous mes yeux ! Que de fois je fus tenté de répéter ces vers du *Mœlibée de Virgile* :

> *En unquam* non pas *patrios*, mais *latios longo post tem-*
> [*pore fines*
> Non pas : *Pauperis et luguri congestum cespite testum,*
> Mais : *Et Veteris Romœ surgentia marmore tecta,*
> *Post aliquot mea regna videns mirabor aristas* (155)?

Cependant ce n'est pas le souvenir seulement des monuments de Rome que j'évoque, c'est vous surtout que j'y ai laissé et parmi nos religieux le P. Fulvius qui est toute bonté .... »

Cette description cadre exactement avec le plan scénographique de Lyon au milieu du XVIe siècle, déposé aux archives municipales (156), qu'il faut toujours consulter de préférence à sa reproduction assez inexacte faite par les soins du P. Ménestrier.

En effet, on y remarque très-clairement les diverses cours et bâtiments qui prennent leur entrée par la rue Neuve ainsi qu'on l'a vu dans le traité entre la Ville et Aneau, et dans la cour du côté du Rhône, sont inscrits les mots : LE COLLIEGE (qui ne figurent pas dans la reproduction).

La tour dont parle le P. Perpinien, y est également représentée en tête d'un grand bâtiment avec des croisées

---

(155) Ne reverrai-je jamais, après un long exil, les champs, je ne dis pas de mes pères, mais de l'Italie ; ne reverrai-je plus, non pas le toit de chaume de ma pauvre cabane, mais les colonnes de marbre de l'ancienne Rome ?

(156) Nous avons été des premiers à signaler l'importance de ce plan qui est un des documents les plus précieux de la topographie lyonnaise (Voir les *de Royers de la Valfenière*), et qu'une société spéciale s'occupe de faire reproduire par la gravure.

à meneaux ; c'était probablement l'escalier de la maison (157).

Il était difficile, selon-nous, que, de la cour au levant, on pût jouir de la vue du fleuve, à cause des granges et du rempart qui se trouvaient de ce côté, à moins toutefois qu'elle ne fût élevée en terrasse, ce qui semblerait résulter de la lettre que nous venons de citer.

Dans ce plan, la rue Henry est ouverte et la rue Mulet (Montribloud) vient encore aboutir au rempart.

Il est donc certain que, vers le milieu du XVIe siècle, le collége était installé en grande partie dans l'ancien tènement de la Trinité.

Cela n'empêchait pas que des annexes fussent également établies dans les terrains appartenant à la ville (angle nord de la rue du Bât-d'Argent et du quai) ou dans ceux à l'angle sud-est de la ruelle Commarmot et de la rue du Bât-d'Argent (Pas-Etroit). Ce dernier terrain appartenait aussi à la confrérie de la Trinité : il est fort difficile de préciser à quelle date il put servir au pensionnat, puisqu'il parait avoir eu cette destination bien avant 1646 (5 mai), époque à laquelle il fut définitivement utilisé pour la construction d'une salle de déclamation. Il était relié par une voûte avec les autres bâtiments du collège (158).

(157) Par une erreur de l'artiste auquel fut confiée la reproduction du plan du XVIe siècle, par Ménestrier, cette tour est couronnée par une croix et le bâtiment adjacent a toute la tournure d'une chapelle.

(158) Le Consulat alloua 12,000 livres aux Jésuites pour cette construction ; mais, en 1672, le plancher de la salle s'effondra peu après une séance de répétition d'une pièce qu'on devait jouer le lendemain en présence du corps consulaire. Celui-ci accorda au P. de la Chaize, recteur, une somme de 9,000 livres pour la reconstruire conformément à un plan déterminé ; cependant l'alignement nécessaire pour les murs extérieurs ne date que du 26 août 1687. Mariége, peintre, reçut 500 livres en 1728, pour avoir fourni au théâtre qui était organisé dans cette salle de nou-

Le premier soin des Jésuites fut de faire rentrer au collége les granges et terrains que la confrérie de la Trinité s'était réservés. Les recteurs de l'Aumône présentèrent bien quelques observations, toutefois une sentence de la sénéchaussée du 10 septembre 1567 (159) ordonna cette application.

Ils s'occupèrent ensuite d'acquérir toutes les maisons, granges et jardins lesquels, excessivement nombreux, occupaient le périmètre au nord du collége jusque vers la rue Bât-d'Argent (Pas-Etroit), en supprimant le prolongement de la rue Mulet (Montribloud) et d'autres ruelles (160).

velles décorations, en remplacement des anciennes qui étaient hors d'usage, pour servir aux représentations des pièces que les élèves exécutaient chaque année. Il y avait sur la porte d'entrée cette inscription : EXERCITATIONIB. LITTER. CIVIT. LUGD.

Ce local fut retiré aux Pères de l'Oratoire lorsqu'ils remplacèrent les Jésuites au collége de la Trinité, en 1763 ; il servit à l'école de dessin, en 1768 (Voyez notre étude sur *l'Enseignement des beaux arts au point de vue de l'Industrie lyonnaise*, page 43 et note 50); fut aliéné à la charge de démolir la voûte, et enfin, servit de local pour le club central des Jacobins.

(159) Par la même sentence, on réunit au collége deux granges appartenant à Laurent de Laurencin.

(160) Voici quelques acquisitions faites pour le collége avant le premier départ des Jésuites, lesquelles nous ont été communiquées par MM. Vermorel et Brouchoud.

1579. Deux granges et emplacement, appartenant à l'Aumône générale, dont nous avons parlé plus haut, page 127. Les Jésuites installèrent le pensionnat qui devait se trouver avoir en perspective, au nord, une ruelle (nommée à présent de la Verrerie) que le Consulat autorisa à boucher à cause des « sales et vilains actes » qui s'y commettaient ordinairement au grand scandale des écoliers.

22 juillet 1587. Achat d'une grange des héritiers Bertholat, rue de Montribloud.

19 Mai 1590. Acquisition de grange, rue Neuve, de Claude-André (Voyez Inventaire Chappe, vol. 20, page 199, et le protocole du notaire Buyrin aux archives de la Cour).

3 juillet, 1590. Acquisition devant le notaire précédent de maison,

Leur renvoi en 1594 arrêta toute entreprise ; nous ne trouvons de nouvelles acquisitions qu'en 1607. Depuis, elles se suivent jusqu'à la possession complète du périmètre circonscrit par la grande cour actuelle des classes ainsi que par l'église (161).

cour, sises rue Neuve, appartenant à Jehan de la Rochette, maître charpentier, joignant à l'emplacement précédent.

En 1592, les Jésuites et le Consulat réglèrent avec l'abbesse de Saint-Pierre, les laods dus sur les acquisitions précédentes.

(161) 16 juin 1607. Acquisition de la maison Dumoulin et Sève, rue Neuve (Voyez Inventaire Chappe, vol. 20, p. 213; 13 novembre 1607). Acquisition de la maison Abraham Gromonet, rue Neuve et rue Montribloud. Il est dit dans l'acte que la ruelle venant de la grande rue Montribloud « était à présent close (V. Inventaire Chappe, vol. 20, p. 215). «

15 novembre 1607. Acquisition de la maison de Georges Cornuty, médecin. (V. Inventaire Chappe, vol. 20, page 217.)

Cette maison, qui devait avoir précédemment appartenu aux Henry Guillermet, était située dans l'emplacement de l'angle nord-ouest du collége. C'est dans ce point que fut posée la première pierre, le 19 décembre de la même année.

4 mars 1608. Acquisition d'une maison, rue Neuve, sur l'emplacement actuel de l'église.

CHAPITRE VII

CONSTRUCTION DU COLLÉGE DE LA TRINITÉ. — SA DESCRIPTION. — SON AFFECTATION EN LYCÉE.

urs désormais de leurs dotations et des terrains nécessaires, les Jésuites se mirent immédiatement à l'œuvre, et nous croyons qu'ils combinèrent leurs travaux de telle façon qu'une certaine partie des constructions anciennes, et notamment le corps de logis, avec tour, dont nous avons parlé, restèrent debout, au centre, pendant qu'on construisait, sur le sol des terrains achetés, les ailes en retour de la grande cour sur la rue Pas-Étroit et de l'entrée le long de la rue de la Bourse actuelle.

La première pierre fut posée par le corps consulaire,

avec le cérémonial d'usage, le 19 décembre 1607, à deux heures du soir (162), précisément dans l'angle des deux bâtiments dont nous venons de parler : « où existoit auparavant une maison acquise par le consulat du sieur George Cornuty, sise rue Henry, aboutissant à la rue du Pas-Étroit de bise, la dite rue de soir, la rue de Montribloud (le prolongement de la rue Mulet actuelle, vers le Rhône), de vent, le grand corps de logis des pensionnaires du collége, appartenant à la ville, du côté du matin (163). »

(162) Registre BB 143.
(163) Cette description indique que les pensionnaires logeaient en ce moment dans des bâtiments acquis ou construits sur l'emplacement de granges et terrains de l'Aumône générale dont nous avons parlé, note 160
La pompe, qui existe actuellement à l'angle de la rue de la Bourse et de la rue Bât-d'Argent contre le bâtiment du collége, y a été établie en 1772, car voici l'inscription qui y fut posée :

CONSTRUITE EN LANNEE
MDCCLXXII SOVS LE
CONSVLAT DE MESSIRE CLAVDE
ESPERANCE MARQVIS
DE REGNAVLD SEIG[R] DE
BELLESCIZES PREVOST DES
MARCH[DS] NOBLES FRANCOIS
BERTIN DE VILLARS ECVYER
AVOCAT EN PARLEMENT
LAVRENT AVDRA. JEAN
JACOB ET LAVRENT FELIX
SPONTON CONSVL DE LA SS[ME]
REPVBLIQVE DE GENES
ECHEVINS.

Voici le texte de l'instription commémorative .

AN. CHRIST CIƆ ICƆVII EXEVNTE
HENRICI CHRISTIANISS. REGIS XVIII
AUSPICANTE HOC SAXVM VETERI ATHENEO
SOCIET. IESU OMNIB. ARTIB. RENOVANDO
M. ANT. DV PERRON MERC. PRÆF. DIGNISS.
LEO DE STROSSY. AMABILIS THIERRY. PETRUS BERNICO
HVIVS ÆTERNÆ VRBIS LUGD. OPT. COSS.
POSVERVNT
QVOD VTI SEMPITERNVM SVI PVBLICIQVE ERGA
IVVENTVTEM STVDII MONVMENTVM FIET ;
CVI DEVS E CŒLO VOLENS LVBENS ANNVE

En 1619, les travaux étaient assez avancés pour qu'on pût mettre sur la nouvelle façade l'inscription suivante :

CLARISSIM. NOBILISSIMISQVE
VIRIS FRANCISCO DE MERLE. MERCAT.
PRÆPOS. ALEX. CHOLIER. OCTAVIO VANELLE
PHILIPPO SEVE. BENED. BEZIN
COSS. LVGD
OB LAXATVM PVBLICIS SVMPTIBVS HARVM ÆDIVM
PROPYLÆVM
PP. SOC. IESV HANC GRATI ANIMI TABVLAM FIXERVNT
ANNO M DC XIX
QVOD NOVVM IN HOC ATRIVM SCHOLÆ SVNT ADDVCTÆ.

Martellange fournit, en mai 1617, les modèles, plans et mémoires nécessaires pour la construction de l'église, et assista, en personne, à la signature du marché de maçonnerie. Le *mémoire descriptif* nous a été conservé (164);

(164) Archives du département du Rhône, Portefeuille D 9, liasse 1, pièce 1.

il était accompagné des plans nécessaires. Le plan et la coupe de l'église annexés à cette pièce dans le dossier qui est conservé aux archives du département du Rhône, ne sont pas ceux qui furent dressés avec le mémoire. Ils ont été exécutés à propos d'une difficulté qui s'éleva avec l'entrepreneur sur les toisages, difficulté dont nous aurons à parler plus loin. Ils étaient, du reste, insuffisants pour la construction d'un édifice de cette importance ; ce sont des croquis faits à main levée et sans valeur architecturale. La coupe n'en est pas moins très-précieuse en ce sens qu'elle nous indique la décoration que Martellange avait donnée à l'intérieur de l'église, décoration excessivement simple ; car les placages en marbre et les petites colonnes en style Palladio de l'entrée des chapelles, qu'on y voit encore, ont été ajoutés après coup, en 1703 et en 1737.

Les travaux furent confiés, le 19 mai 1617, à Claude Daurolles, dit Monard, maître maçon, de Lyon, et à Pierre et Benoît Daurolles (165) ses fils ; la convention fut passée entre le P. Louis Michaelis (166), recteur du collége et les preneurs par les soins du notaire Gorrel. Entre autres stipulations, nous trouvons celles-ci :

« Item feront le bastiment de la dicte esglise sellon et suivant le desseing que leur sera monstré et ordonné par le dict R. P. Recteur et aultrement comme le dict R. P. advisera à mesure que la construction se fera... »

---

(165) Les Daurolles furent une famille, excessivement nombreuse, de maçons établis à Lyon. Benoît fut plus tard entrepreneur de l'Hôtel-de-Ville. Les registres de la paroisse de Saint-Nizier, qu'ils habitaient, sont remplis par les actes de l'état civil de ces entrepreneurs, sur le compte desquels nous aurons à revenir.

(166) Un *Antoine* Michaelis, qui fut aussi jésuite, né à Avignon en 1595, y est mort le 24 juillet 1671 (Barjavel, tome II, page 183).

La toise de maçonnerie était payée 9 livres ; les murailles étaient réduites à un pied et demi. La pierre de taille était fournie par les Pères.

Une convention rectificative de certains détails du prix-fait fut passée le 17 août 1617.

Voici la relation de la pose de la première pierre de l'église relevée sur les registres consulaires (167) :

« Du dimanche, vingt-unième may, avant midy, l'an mil six cens dix-sept, au collége de la Trinité.

Nobles Aimé Barailhon, prevost des marchans, Jean-Baptiste de Murard, docteur ez droits, seigneur d'Expaignier, Jean Goujon, aussi docteur ez droits, advocat ez cour de Lyon et Henry Caboud, eschevins de la d. ville et communaulté.

Les dicts sieurs, préalablement advertis et priés par le P. Recteur du collége de la Trinité de cette ville, se seroient assemblés cejourd'hui, sur les neuf heures du matin, en l'hostel commun de la ville, et illec vestus de leurs robbes violettes, assistés de la pluspart des ex-consuls de la sd ville, vestus de leurs robbes consulaires noires, accompaignés suivis des officiers de la sd ville, se seroient transportés au sd collége, où le père Antoine Michiel, recteur du sd collége, les auroit receus et conduict en la place pour eux préparée, à main senestre du grand autel de l'église (168) du dict collége, au dessoubs des siéges où estoient Monseigneur d'Halincourt, gouverneur et lieutenant général pour le Roy, en la ville de Lyon, pays de Lyonnois, Forest et Beaujollois et plusieurs autres seigneurs de mérite assistans au service. Et pendant la célébration de la saincte messe le sd père

(167) Registre BB 153.
(168) Voyez dans le plan scénographique de Maupin (1635) une ancienne église qui pourrait être celle dont parle la délibération ; elle est parallèle à la rue Ménestrier et sert actuellement de réfectoire au lycée. Nous ne connaissons pas l'époque à laquelle on l'éleva et si, par conséquent, elle existait déjà en 1617. On sait qu'elle devint aux xviie et xviiie siècles la chapelle de la congrégation dite des affaneurs.

se seroit présenté aux sd sieurs Prévost des marchans et eschevins portant un cierge blanc en sa main, sur lequel estoient painctes les armoiries de la sd ville et en leur offrant le sd cierge leur auroit tenu ce discours : Messieurs, si onés jectez l'oeil de ce sd. que je vous présente en recognoissance de vos bienfaits, vous pourrez estimer que c'est peu ; mais si vous plaist d'en considérer le simbole et hiérogliphe, vous cognoistrez que je ne vous peux offrir davantage. Voyez ce cierge sous le nom de Jésus, sous les armoiries du Roy et de votre ville ; il est tout prest à brusler et consommer soubs le nom de Jésus, soubs les armoiries du Roy et soubs les vostres. C'est la vraye ymage de nos recognoissances et de nos actions dans nos chambres, dans nos classes et en lesglise de nous consommer pour la gloire de Jesus, pour le service du Roy et pour votre public. Celluy qui se consomme pour son bienfaiteur ne peut lui offrir ny lui donner davantage, leur aiant offert le sd. cierge, comme à leurs très-honorés et très-affectionnés fondateurs, en recognoissance et mémoire perpétuelle de la fondation d'icelluy collége, faicte par la sd. ville et pour satisfaire par ceux du sd. collége au contract de la susdite fondation, passé par devant Flachier, notaire royal au sd. Lyon, le troisième jour de juillet mil six cent quatre et sellon qu'il a esté usé louablement cy devant par ceux de la sd. compaignie de Jesus. Ce faict, les sd sieurs sortys de la sd église et entrés dans le sd collége par la porte de la sacristie, ils auroient trouvé dans la cours bon nombre de   et d'escoliers lesquels escoliers auroient récité et présenté par escript aux sd sieur Prévost des marchans et eschevins plusieurs épigrammes, anagrammes et autres poisies en l'honneur du mérite des sd sieurs et après seroient entrés dans le sd collége, où ils auroient disné dans une grande salle basse. Estant sortis du disné auroient assisté à la bénédiction et cérémonie faicte par Monseigneur le Révérendissime Archevesque du sd Lyon, en apposition de la première pierre posée aux fondements de l'esglise qui se doibt bastir au sd collége, sur laquelle pierre est escript ce qui est contenu et imprimé en la feuille de papier cy attachée pour mémoire de la sd cérémonie à la postérité. Après laquelle cérémonie finie, le sd sieur Prévost des marchans et eschevins se seroient retirés, comme aussy mon dict seigneur d'Halincourt ; lesquels sieurs Prévost des marchans et eschevins auroient envoyé au sd collége la somme de cent livres le jour précédent pour préparer le disner.

(Signé) Baraillhon, Murard, Goujon, Chaboud. »

Au registre est jointe une épreuve de l'inscription, en tête de laquelle figure l'écusson du collége de la Trinité, que nous reproduisons ci-dessous :

PAVLO V PONT. MAX.
LVDOVICO XIII FRANC. ET NAVAR. REGE CHRISTIANISS.
AVGVSTISS. TRINIT. ÆDI FACIENDÆ
FINES ET PRIMVM FVNDAMENTO LAPIDEM
DEDICAVIT R. D. DIONYS. SIM. DE MARQVEMONT ARCHIEP. LVGD.
POSVIT ILLVSTR. CAROLVS DE NEVFVILLE D. D'ALINCOVRT PROREX
PONENTI ADFVERVNT D. AMATVS BARAILLONVS, PRÆPOSIT MERCAT
D. MATTÆVS GALLIAT, D. IOAN. BAPTISTA MVRARDVS
D. IOAN. GOVIONVS, D. HENRICVS CABOVD,
COSS. LVGD.
A. D. XII COL. IVNII S. TRINITATI SACRVM
ANNO DOM. CIƆ. IƆCXVII
IN SOLO COLLEG. LVGDVN. SOCIET. IESV.

En 1618, le 21 août, il avait été exécuté 199 toises 5 pieds 2 pouces et 1 ligne de maçonnerie.

L'édifice était achevé en 1620 ; mais une difficulté s'éleva sur le toisage du bâtiment et il y eut procès par devant la sénéchaussée de Lyon.

Le 29 mars 1622, Martellange fit, à cet égard, la déclaration suivante (169) :

« Déclaration d'Estienne Martellange, religieux et architecte de la compagnie de Jésus, lequel a faict les desseings de l'église du collége de Lion.

« Comme ainsi soit quaient faict le dessaing modelle et eslévations de l'église du collége de Lion, et estant appelé, lorsque le contraict de prifaict d'icelle sescrivoit, je représentay deux poincts au R. P. Recteur, assez importants, desquels le premier consistoit, le toisage, le premier des murailles, ou tranchant la façon de mesurer, aultant plain que vuide, il fut dict, que les arcades et vuides des chapelles ne devoit estre comprises, seulement les portes et fenestres ordinaires neaulmoins, après beaucoup de conteste, on leur accordat qu'on leur toyseroit despuis le dessoubs du chapiteau aux chapelles seulement, mais pour le reste des doubleaux, qu'ils ne seroit aultrement toisées, secondement, pour la façon de mesurer les voultes, qu'elles seroient mesurées par le milan d'icelles, comme je l'avois faict au noviciat où je leur fiz la figure, iceux refusant cette façon de toiser, comme contraire à l'usage de Lion, j'instay que l'on ne passat oultre au dict prifaict, à quoy, finalement, ils acquiessèrent, aiant donc esté appelé de Dijon pour cause du différent que l'on en foisoit à présent, je suis venu pour en rendre le témoignage susdict. Joinct qu'à la fin des mémoires que j'avois dressés et qu'ils sont obligés de garder, par acte du 17 août 1617, il est dict, s'il y arrivoit quelques difficultés, celuy qui a faict le des-

(169) Archives du département du Rhône, portefeuille D 9, liasse 2.

seing et mesmoires, satisfera à tout, s'il en est requis. En foy de quoy, j'ai signé le susdit, le 29 novembre 1622.

« Estienne MARTELLANGE. »

« J'ai faict une saillie où est le traict de la façon de toiser. »

Cette dernière annotation semble s'appliquer au plan que nous avons cité plus haut.

Cette déclaration ne semble pas avoir suffi ; car, l'année suivante, Martellange écrivait d'Orléans, à Gabriel Solignac, de Béziers, architecte de Paris, la lettre suivante (170) :

« Maistre Gabriel, mon bon amy, l'occasion d'une lettre, laquelle le R. P. Recteur du collége de Lion, m'a escrit ces jours passés, afin que je donnasse quelques éclaircissements à une affaire qui est entre nous et les massons qui ont basti notre église à Lion, où je passay au mois de novembre dernier, et recognus que l'on avoit faict un toisage, du tout frauduleux et malicieux, et contre conscience, car je recognus qu'aux seulles voultes, ils nous avoit trompés de plus de mille escus, car estant dict au prifaict que les voultes seroit toisées pour muraille courante la travée de l'esglise estant 30 pieds et la largeur entre les doubleaux de 13 pieds, les doubleaux portant 15 pieds d'haulteur estans de leur plan plain cintres, ils ont mesurés de cette sorte: prenant la longueur des diagonales, qui font 33 piedz, adjoutant 17 piedz de montée, qui font 50 piedz, et doublant disant et multipliant 50 par 50, en sorte que le produit est 2500 piedz, qui seroit parti par 36 piedz, qui est la toise, 69 toises, au lieu qu'à mesurer conforme à l'usage de Lion, il deboit avoir prins la diagonale de 33 piedz et la largeur de 13 piedz y aioutant 15 piedz qui est la montée, qui feroit 28 multipliant l'un par l'autre, et

---

(170) Archives du département du Rhône, portefeuille **D 9**, etc. Nous avons cru devoir rapporter *in extenso* cette lettre qui fournit, au point de vue technique de la construction et du mode de la mesurer au xvii° siècle, des renseignements précieux.

le produict est de 924 piedz. Lesquels divisés par 36 feroit 24 toises 2/3. Ils nous trompoit donc de 44 toises 1/3 en chasque intervalle de doubleau. Ils me confessoient dabord quils avoient mal toisé, mais ils heussent voulu que je mepartisse leur erreur contre tout et conscience. Je laissay mémoires et instructions du tout, avant mon départ, du depuis je n'en avois entendu nouvelle jusqu'à l'onziesme de ce mois que je receus la lettre du R. P. Recteur, le P. Louis Michaelis, lequel m'escrit comme faisoit du 30 janvier. Il a fallu plaider contre nos massons, le toisage a esté cassé, par sentence comme aussi l'ordonnance de M. Seve et nous disputerons maintenant, s'il nous fault paier les deux arcs doubleaux du cœur, tant plain que vuide, jusqu'à terre surquoy j'escrips au P. Tacon (171), de me donner avis de la pratique de Paris et si le Parlement a jamais donné quelque arret. Et vous prie de luy escrire ung mot pour l'informer et éclaircir de ma d. difficulté, par quels desseing que luy pourriez faire représentant les arcades du cœur comme aussi les demi doubleaux du cœur, desquels ils demanderont destre paiés en tant plain que vuide, jusqu'à toiser contre toute raison et attendant de vos nouvelles, je me recommande.

Voici le contenu de sa lettre :

Le R. P. Tacon auroit donné copie du contract qui eust été nécessaire en mesme instant que jescrivois, je me suis rescouvenu que peut estre j'aurois la copie, adioutant au bout d'iceux encore quelque chose, pour donner plus d'intelligence ; jay encore faict le plan et eslevation par le dedans (**c'est le plan que nous avons cité**) de la dicte esglise, ou est à remarquer que nous avons este grandement lezés en un aultre poinct du toisage, car l'on a prins pour epesseur des murailles la salie d'un corps qui se retrancoit, dequoy je faict a part ung papier du plan soubs les clochers proche du cœur. **(Ce plan particulier se trouve**

(171) Le P. F. Tacon est mort, le 13 mars 1663, à l'âge de 94 ans ; il fut inhumé dans les caveaux de l'église de la maison professe de Paris (Voyez *Ménorval*, page 322).

aussi sur la même feuille qui contient le plan de l'église et sa coupe longitudinale), où la muraillie estant de 3 piedz et voulant gaigner de la place en l'estage bas, j'adioutais quatre quartz de pilastres d'environ 9 poulces, les rachetant d'un doubleau au desus, et lors qu'ils ont toisé, ils ont pris oultre le gros de mur de 3 pieds encore les 9 poulces, ainsi ils comptent la muraillie de 3 piedz neuf poulces, qui vauldroit pour la réduction deux toises et demie de muraillie. Ils ont faict la mesure de la salie des pilastres adiou tant au gros de mur la salie des dicts pilastres. Je vous supplie humblement me donner votre advis sur les susdicts, ou l'advis encore au R. P. Tacon, afin qu'il puisse respondre au R. P. Recteur du collége de Lion. Excusez-moy, je vous supplie, si j'abuse de vos bontés et affection que vous me pourtez. Je vous prie encore me donner quelque occasion de revanche, je m'y emploieray de toulte mon affection, ce qu'attendant, je prieray M. d. Seigneur vous conserver en sa sainte grâce et de vous en pouvoir remercier en personne.

d'Orléans, ce 14 février 1623.

« Votre très-humble et affectionné serviteur,

« Estienne MARTELLANGE.

« J'estime qu'en ceste affaire, fauldra retoiser justement que s'il avoit occasion de sestre plainct et mériter quelque récompanse, c'est à la prudence du R. P. Recteur, et non pas le condamner de la paier, fauldra qu'il se tienne touiours à son contract ainsi que je luy ai escript. »

Au dossier se trouve la réponse de Solignac, qui estime que l'avis de Martellange est équitable.

Les toisages de Daurolles étaient faits par un nommé Jehan Rabot, qui se qualifie « M^e arithméticien. »

Voici, du reste, quelle fut la marche de cette affaire, d'après le « livre de procès » des R. PP. (172).

(172) Archives du dép. du Rhône, portefeuille D 196.

Le 24 janvier 1623, sentence fut donnée aux Pères, par laquelle il fut dit qu'on retoiserait toute l'église aux dépens de Daurolles et qu'on nommerait dans la huitaine des prudhommes et experts.

Le 4 février, les maçons nommèrent M⁰ Neyret et Charles Gay et les PP. M⁰ Picquet et M. Jacques de Valdore, qui furent récusés par Daurolles, comme ayant fait le premier rapport.

Le 11, les Pères nommèrent M. de Lourdes et M. Etienne Michallet. Le 23 mars 1624, le lieutenant du Forez fut député commissaire à la dite affaire et le sac des Pères lui fut remis. Le 5 décembre 1624, il fut dit par sentence que le rapport fait par MM. Picquet et Laure (173) devant M. Sève, en 1622, serait maintenu. Enfin, le 31 décembre de la même année, on s'accorda à 833 livres.

Hugues Trippier ou Treppier et Jean Berthelier firent la couverture de l'église par marché du 1ᵉʳ octobre 1624 (174). Le prix-fait était de 950 livres pour fourniture et pose de tous les bois et pour la charpente de quatre tours ou clochers aux quatre coins de l'église. On a de la peine à se rendre compte, de nos jours, comment un travail aussi important a pu être exécuté par ces entrepreneurs,

---

(173) On trouvera plus loin, chapitre VIII, un Picquet qui fit le plan de l'hospice de la Charité, probablement d'après un premier projet dressé par Martellange ; est-ce le même ?

Un César Laure fonda, en 1625, la chapelle des Pénitents de la Miséricorde, concourut, dans une certaine mesure, à la construction de l'ancien hôpital du Pont de Rhône, en 1620, et mourut en 1636 ? L'épitaphe suivante se trouvait dans l'église des Augustins, démolie en 1755 : *Blasio a S. Jacob. Januens. qui obiit 24 septemb. 1592 et Claudinæ D. Codevile 2 Januar. 1605 Cæsar Laurus Mediol. gratus progener. et alternis fidus uxoribus. m. h. p.*

(174) Archives du dép. du Rhône : portefeuille D 9, liasse 8.

pour un prix si peu élevé, même en tenant compte de la différence de la valeur de la monnaie.

Il existe entre la voûte de l'église et la charpente un étage complet éclairé par des fenêtres, lequel sert de dépôt à la bibliothèque de la ville.

Les livres reposent par travées sur des rayonnages qui portent sur la voûte et dénotent ainsi la solidité exceptionnelle de cet ouvrage. La coupe en long, dessinée par Martellange, indique très-clairement cet étage.

Claude Chanal, M⁰ maçon, exécuta le clocher à dater de 1620. Il fut placé au nord-est de l'église, et il paraît qu'on avait l'intention de hausser la tour qui lui fait symétrie au sud, autant que celles de la façade, ainsi qu'on vient de le voir dans le marché des charpentiers. Il n'a pas été donné suite à cette combinaison et elle n'a été élevée que jusqu'à l'arasement des murs de la nef de l'église. Le plan de Maupin indique que le clocher n'avait pas encore, à cette époque, le couronnement avec dôme qui a été construit depuis à une date que nous ne pouvons préciser (175).

Sa position, qui l'enfouit actuellement au milieu des constructions du collége, démontre surabondamment que d'après les plans primitifs l'établissement ne devait se composer que d'un grand quadrilatère ne dépassant pas au sud le prolongement de la rue Neuve.

L'aile au levant, le clocher et le chevet de l'église avaient vue sur le Rhône et sur la plaine du Dauphiné, bordée par les Alpes.

Voici les renseignements que nous avons pu recueillir sur les ouvrages exécutés, au xvii⁰ siècle, dans l'église, pour sa décoration et pour le mobilier.

(175) Ce clocher a été restauré avec du ciment, en 1869, par les soins de l'architecte de la ville, T. Desjardins.

Le grand autel était élevé en août 1622 et sa dorure fut achevée le 17 octobre (176) ; il a été refait au milieu du xviiie siècle par un Delamonce (177).

Il est probable que cette époque est celle de l'inauguration de l'église puisque saint François de Sales y prêcha le 4 décembre (2e dimanche de l'Avent). On sait, à cette occasion, que M*me* de Blonay, supérieure du couvent de la Visitation, dans lequel l'évêque de Genève logeait, lorsqu'il séjournait à Lyon, lui avait fait préparer un carrosse ; le prélat le refusa en disant : « Il me feroit beau veoir aller en carrosse prescher la pénitence de saint Jean et la pauvreté évangélique (178) ! »

Les orgues, exécutées en 1623, furent fournies pour le prix de 1350 livres par Symon du Pré (179).

Les rétables des chapelles paraissent avoir été, pour la plupart, ordonnés d'après un modèle uniforme par un nommé Beauregard (180) ; nous ne pouvons affirmer si les détails historiques que nous avons trouvés, se rapportent exactement à ceux qui subsistent. Martellange avait projeté six chapelles, trois à droite et trois à gauche. Au centre, en correspondance avec l'entrée latérale de l'église sur le collège, était une sortie sur la rue Neuve, ces deux issues occupant chacune une chapelle. Les autels étaient

(176) Archives du dép. du Rhône, portefeuille D 9, liasse 8.

(177) Ayant l'espoir de consacrer un jour aux Delamonce des notices spéciales, nous ne faisons que citer les ouvrages qu'ils ont fait exécuter dans l'église du Collège.

(178) *Histoire de la fondation du monastère de la Visitation de Sainte-Marie de Bellecour, de Lyon* (Bibliothèque de la ville de Lyon), page 34. Saint François de Sales mourut vingt-quatre jours après, à Lyon, le 28 décembre 1622.

(179) Archives du dép. du Rhône, portefeuille D 9, liasse 5.

(180) Habile (?) architecte, et élève de Blanchet, selon Clapasson, page 83.

placés, selon l'usage ancien, non contre le mur latéral de l'église, mais contre les murs séparatifs du côté de l'orient. Cette disposition dut être changée lors de l'embellissement de l'église, au xviiie siècle, et il est fort possible que, dans ce remaniement, quelques rétables aient été transportés d'une chapelle à une autre, circonstance qui rend très-difficile la coordination des vocables et descriptions du xviie siècle, avec ceux du siècle suivant et avec l'état actuel.

Toutefois, sans nous arrêter à cette difficulté, nous allons fournir, à l'aide du *Lugdunum Sacro-prophanum* du P. Bullioud et de nos propres observations, la nomenclature des chapelles, et même, pour ne plus y revenir, leur description sommaire, en commençant par l'entrée de l'église côté de l'évangile.

1° Chapelle, actuellement sous le vocable de sainte Blandine. Le rétable est composé de quatre colonnes d'ordre corinthien, en pierre rouge, supportant un fronton circulaire coupé à l'aplomb des deux colonnes formant avant-corps et cantonnant une niche cintrée.

2° Chapelle de saint Sabin et des saints Martyrs. Les reliques de ces saints avaient été apportées de Rome par Mgr d'Halincourt, en 1608, et déposées dans un reliquaire d'argent. La chapelle fut élevée, par Jérôme de Cotton, pour y élire sa sépulture. Il ne faut pas confondre cette famille avec celle des Coton, dont nous avons parlé plus haut, à laquelle a appartenu le célèbre P. Coton ; elle portait pour ses armes : *d'azur, au chevron d'or, accompagné de deux roses et d'un croissant d'argent* (181). La con-

(181) *Armorial général du Lyonnais*, etc., par Steyert. Cet auteur dit que Jérôme de Cotton, échevin en 1635, fonda, en 1610, cette chapelle, qui était la cinquième, du côté de l'Evangile, et obtint, en 1622, pour lui et sa femme Anne d'Osseris, l'autorisation de s'y faire enterrer. Cette

cession fut faite en 1623, par le P. Michaelis, recteur. L'autel et le rétable, qui paraissent appartenir à cette époque, sont remarquables par une sorte de marqueterie en stuc d'un travail très-soigné, où l'on observe des arabesques gracieuses de diverses couleurs ; la voûte présente quelques peintures de l'époque. Le cadre est veuf de sa toile.

La 3ᵉ chapelle n'a pas d'autel ; c'est l'entrée de l'église sur la cour du collége.

4°. — Chapelle de la Nativité de la sainte Vierge.

Elle fut fondée par Henri Forendal, oreginaire de Lille en Flandres. Ce personnage, selon M. Steyert (182), possédait une maison, quai Saint-Vincent, dans laquelle s'établirent les religieuses de Saint-Benoit. On trouve dans le rétable quatre colonnes d'ordre corinthien en pierre rouge, supportant un fronton aigu et coupé de même que dans le rétable de la première chapelle. L'autel, en forme de tombeau et d'un dessin robuste, est en pierre noire de Saint-Cyr. Le cadre rectangulaire, entourant une *Nativité de la sainte Vierge*, qui n'existe plus, est surmonté d'une partie cintrée. Il est couronné par un écusson *coupé mi-parti au 1 d... à l'aigle d... au 2 et 3 d... à la tour d..*

5° — Chapelle dont le vocable ancien ne nous est pas connu. L'autel et le rétable sont à peu près semblables aux précédents ; cependant on y remarque une certaine recherche.

La 6ᵉ chapelle, plus petite que les précédentes, et qui ne rentrait pas, pour cette destination, dans le plan de Martellange, n'a pas d'autel et est occupée par un confessional.

désignation s'accorde avec le P. Bullioud et les papiers conservés aux archives du département du Rhône, sauf les dates.

(182) *Armorial général du Lyonnais*, page 40.

Revenant vers l'entrée de l'église, nous trouvons du côté de l'Epître :

7° Chapelle dont le vocable ancien ne nous est pas connu.

C'est toujours à peu près le même système de rétable et d'autel que dans la chapelle en face ; pas de toile dans l'encadrement ménagé.

8° — Chapelle de saint Ignace, présentement de la sainte Famille. Selon le P. Bullioud, elle fut fondée le 18 février 1623, par noble Jean Sageot, seigneur de Chavagneux en Dombes et Romanesche, avec le concours de son épouse Suzanne Cléberg ; un écusson de leurs armes qui nous sont inconnues, en ce qui concerne Sageot, y figuraient. Les Cléberg portaient *de gueules au mont de trois pointes d'où sortent trois trèfles tigés ; le tout d'or.*

Clapasson signale l'autel de cette chapelle ; nous observons toutefois qu'il n'offre rien qui puisse le faire remarquer plus que les autres.

9° — Chapelle de saint Louis, roi de France, présentement de la sainte Vierge. Nous savons qu'elle fut commencée, mais non achevée, par un premier fondateur, et qu'en 1625 on donna le prix fait de ses travaux qui devaient la faire en tout semblable à celle de la sainte Vierge fondée par Forendal auparavant. Nul doute ne peut subsister sur la position de cette chapelle, qui est celle en symétrie avec l'entrée de l'église par le collége, attendu qu'elle ne devait pas, comme nous l'avons dit plus haut, comporter d'autel, une sortie sur la rue Neuve y ayant été ménagée par Martellange. Or, il est très-bien expliqué, dans le marché avec Claude Martin, que celui-ci devra murer cette porte, puis creuser un caveau. Le deuxième fondateur, Prost de Rouville, appartenait peut-être à la famille d'un chanoine de Saint-Nizier, du même nom, en

1677, qui portait : *d'azur, au lion d'or, et une fasce de gueules, brochant sur le tout,* selon l'armorial de la Généralité de Lyon (183).

La menuiserie, dont il ne reste plus rien et pour d'excellentes raisons, comme on le verra plus loin, fut exécutée par Benoît Serve.

Le tableau, représentant saint Louis, était d'Horace Le Blanc, qui toucha pour ce la somme de 200 livres. Le reçu est donné à de Rouville et au P. Recteur Anthoine Millieu (184).

Il paraît que le rétable fut refait, en 1704, par un nommé Jean Richeran, au prix de 1400 livres, et dans ce cas, il serait celui qui existe encore et qui était loué par Clapasson, attendu probablement qu'il présente, avec la même sorte de décoration que les autres, une plus grande richesse de contournements en saillie. Cependant on y remarque, au lieu d'un encadrement de tableau, une

---

(183) Communiqué par M. Morel de Voleine.
(184) Archives du département du Rhône, portefeuille D 9, liasse 6. Le reçu de Le Blanc est du 2 décembre 1627. Cet artiste fut peintre de la ville et exécuta, en dehors des édifices religieux, entre autres ouvrages, les portraits des échevins et des rois Henri IV et Louis XIII, etc. (1614-1634). Voyez les *Beaux-Arts à Lyon*, par Pariset, et l'*Abecedario* de Mariette. Il y a eu aussi un peintre du nom de Louis le Blanc, qui a travaillé à Lyon et qui fut reçu maître peintre, à Paris, le 7 sept. 1646.

niche occupée par une *Assomption* en sculpture ; c'est, peut-être, un remaniement postérieur à 1761.

10° — Chapelle de Saint-Michel. C'est la première décrite par le P. Bullioud ; elle fut fondée par Lucas et Philippe de Sève, le 15 janvier 1619. On remarque leurs armes à la clef de voûte, qui sont : *fascé d'or et de sable à la bordure componée du même*. La décoration du rétable et de l'autel est analogue à la quatrième chapelle, c'est-à-dire à celle de Forendal ; la toile n'existe plus dans l'encadrement.

11° — Chapelle dont l'ancien vocable ne nous est pas connu. Le rétable est à peu près semblable aux autres ; le coffre de l'autel présente au centre un panneau vide qui devait recevoir quelque motif en bronze dans le genre de celui de la huitième chapelle.

12° — Chapelle dont l'ancien vocable ne nous est pas connu. La décoration du rétable appartient à la fin du xviii° siècle ; il n'en subsiste plus guère que deux anges agenouillés ; l'autel n'offre rien de remarquable.

Laquelle des première, cinquième, septième et onzième chapelles, dont nous n'avons pu déterminer les vocables, était celle de saint François-Xavier ? En 1703, Claude Virignin, dit Laplante, fut chargé d'en exécuter le rétable. Cet entrepreneur, qui faisait de la maçonnerie et de la marbrerie, était employé, vers la fin de la même année, par le Consulat, à remettre en place les pierres de taille du frontispice de l'Hôtel-de-Ville destinées à la statue de Louis XIV et aux autres motifs qui l'accompagnaient à sculpter par Chabry, lesquelles avaient été posées avec trop de négligence.

La chaire du prédicateur fut exécutée en 1699, sur les plans de Jean Delamonce, peintre et architecte, et inaugurée le jour de Pâques 1700. L'entreprise en fut donnée à Pierre Orset et Jean Alerand, son beau-père, tous deux tailleurs de pierre, à Lyon. Le prix fait fut passé pour la somme de 1900 livres, comprenant avec ce travail, où devaient être divers marbres de couleur, la tribune de la chapelle, où se trouvait provisoirement la chaire (tribune qui, probablement, n'avait pu être achevée), semblable à celles des autres chapelles exécutées antérieurement à une époque que nous ne pouvons préciser, sauf les deux piédestaux de clôture.

Les marbres étaient fournis par les RR. PP., en dehors de ce prix. Delamonce reçut 200 livres pour l'inspection et direction de l'ouvrage (185).

N. Chrestien fut le menuisier employée pour les revêtements. Cette chaire n'existe plus, ou du moins celle qu'on y remarque aujourd'hui n'en est plus qu'un débris.

L'intérieur de l'église fut décoré par des peintures dont l'exécution fut confiée à un peintre du nom de Virys (186)

---

(185) Archives du dép. du Rhône ; portefeuille D 9, liasse 4.

On trouve dans les registres de décès de la paroisse de Saint-Pierre et Saint-Saturnin : « Sr *Jean De Lamonce*, architecte, âgé de soixante-treize ans, demeurant rue Puits-Gaillot, décédé hier ; ce 14e août 1708. Ont assisté au convoy sieur Ferdinand-Sigismond De Lamonce, son fils, architecte, qui a signé, etc., etc. » Jean Delamonce était donc âgé de 64 ans quand il fit exécuter la chaire de l'église du Collège.

(186) Un *Antonio* Virys, Jésuite, peignit, en 1652, des perspectives sur les murailles du jardin de l'Hôtel-de-Ville et fut le maître de Claude Audran, le peintre, selon Guillet-Saint-Georges.

et à un autre religieux de la Cie de Jésus, le frère Labbé ou l'Abbé (187).

Nous ne pouvons déterminer d'une manière exacte l'époque de leur exécution ; elles doivent, à notre avis, remonter au milieu du xviie siècle.

En 1700, comme on avait reconnu que la tribune du fond de l'église exécutée dans la largeur de la première travée, conformément au plan de Martellange, lui enlevait du jour, on exécuta celle qui existe aujourd'hui d'après les plans de Jean Delamonce ; ce fut Claude Virignin, dit Laplante, qui fut aussi l'entrepreneur de ces travaux (188).

L'église fut embellie considérablement, en 1737, par un autel nouveau et par l'addition aux pilastres et dans le chœur de revêtements en marbre dont l'exécution fut confiée à Michel Perache d'après les plans de Delamonce.

Delamonce

Michel perache

Ce dernier artiste fut en même temps chargé de la restauration des peintures de L'Abbé et Paul Perache fils, maître

(187) Y aurait-il quelque rapport entre ce frère Labbé et Pietro Paolo dell'Abbatte ou Labbé (1592, mort en 1630), petit-fils de Niccolo dell'Abbate, dont parle de Laborde dans la *Renaissance des arts à la cour de France,* page 776, ou un autre membre de cette famille de peintres ?

(188) Archives du dép. du Rhône, portefeuille D 9, liasse 3.

charpentier, dressa les échafaudages indispensables pour ce travail (189).

Paul Perache

Delamonce, dans cette circonstance, ne fit pas seulement de la peinture décorative ; des quittances signées par lui, les 2 février et 24 novembre 1738, témoignent qu'il exécuta diverses peintures à l'huile et notamment l'*Apothéose de saint François Régis*. Cette toile existe encore et se trouve placée sur la niche du chœur côté de l'Evangile : elle est au-dessous du médiocre pour ne pas dire mauvaise.

(189) Archives du dép. du Rhône, portefeuille D 9, dossier 8.
Les signatures autographes que nous donnons sont celles de Delamonce en date du 10 novembre 1737, du reçu de Michel Perache, sculpteur, en date du 11 octobre 1737 et du reçu de Paul Perache, en date du 21 août 1738. *Michel* Perache, né le 12 juillet 1686 et mort le 21 décembre 1750, est le père d'Antoine-Michel Perache, aussi sculpteur, le directeur de la presqu'île de ce nom. Antoine-Michel, plus tard, signe son nom avec deux *r* : Perrache.

On trouve dans les registres de décès de la paroisse de Saint-Martind'Ainay : « Le premier octobre mil sept cent cinquante-trois, a été inhumé dans le cimetière de cette paroisse, par moi, vicaire soussigné, *Ferdinand-Sigismond-Ignace-Joseph* DE LA MONSSE, architecte, peintre et graveur, âgé d'environ quatre-vingts ans, décédé hier, muni de ses sacrements, etc., etc. »

Ferdinand Delamonce était, en conséquence, âgé de 64 ans quand il fit les décorations et l'autel de l'église du Collége.

Un tableau de H. Le Blanc représentant le *Mystère de la Sainte-Trinité* composa la décoration des entre-pilastres du fond ; il s'y trouve encore.

Ces restaurations firent effacer dans la nef des peintures placées au-dessus des arcades des tribunes qui représentaient les *Apôtres et les Evangélistes*.

On a dû entreprendre, en 1864, une nouvelle restauration de cette église et surtout des peintures qui tombaient en poussière.

Ce travail a été exécuté sous la direction de l'architecte en chef de la ville, T. Desjardins. Un peintre décorateur, habile et expérimenté, Alexandre Denuelle (190) fut alors chargé de la tâche difficile de relever ce qui restait de ces peintures, afin de pouvoir rétablir l'enduit qui se détachait, et ensuite, de les restituer; il l'a remplie de telle façon que ce qui existe est la reproduction fidèle de ce qui s'y trouvait antérieurement. Pour y arriver, il reproduisit par des calques tout ce qui subsistait et en fit faire une reproduction exacte, à un dixième, que l'on confronta avec le monument avant de faire tomber l'enduit. C'est ainsi que ces anciennes décorations ont pu nous être conservées.

Labbé exécuta aussi des peintures décoratives dans la chapelle, dite des Messieurs, sous la bibliothèque, lesquelles existent encore.

Pendant la nuit du 20 janvier 1644, le feu prit au Collége et y causa des dommages considérables. Le Consulat se hâta de faire réparer les bâtiments et fournit des fonds pour la reconstruction de ceux incendiés (191). La reine ré-

---

(190) Nous donnerons plus loin une nomenclature exacte des figures représentées dans cette décoration, laquelle nous a été fournie par M. Denuelle.

(191) Délibérations des 5 décembre 1652 et 30 décembre 1670.

gente, Anne d'Autriche, contribua aussi à cette restauration.

Ces libéralités importantes permirent de décorer, en 1662, la grande cour des classes, par des peintures dont l'exécution fut confiée à Blanchet et à Dupuy.

Ménestrier, qui nous en a laissé la description (192) indique, dans une épître aux échevins, qu'elles furent exécutées surtout pour effacer toute les marques « de l'in- « cendie qui consuma le collége il y a près de vingt ans « et le rendre plus magnifique après cet insigne malheur. »

Cette décoration se composait de quatre ordres d'architecture sur les trois faces et sur celles des galeries : toscan, dorique, ionique et corinthien. Dans les parties où il y avait plus d'élévation on avait mis des Termes avec les ornements du composite. Sept grandes montres solaires étaient aussi établies sur les diverses faces.

Nous ne suivrons pas le P. Ménestrier dans le détail de toutes les allégories qui caractérisent l'emphase de la flatterie de l'époque et qui sont excessivement variées. C'était à la fois un tableau de lettres, de sciences et de l'histoire lyonnaise.

Un des camaïeux représentait la visite du roi Louis XIV et de la reine sa mère à qui le collége devait la réparation : « C'est par le secours de cette princesse libérale et magnifique qu'il s'est relevé de ses ruines et nous l'avons voulu représenter elle-même voyant l'ouvrage de ses bienfaits. »

(192) *Le temple de la sagesse ouvert à tous les peuples. Dessein des peintures de la grande cour du collége de la Sainte-Trinité. A Lyon, chez Antoine Molin, vis-à-vis le Grand Collége. MDCLXIII. Avec permission.*

Moulin reçut 110 livres tournois du Consulat « pour les frais et dépenses qu'il fit pour l'impression et reliure de ce livre (Actes consulaires, registre **BB 218**. 1663). »

Il est excessivement regrettable qu'aucun dessin de ces peintures n'ait été conservé ; alors même que l'exécution en eût été ordinaire, il est certain qu'elles présenteraient de nos jours un intérêt puissant.

Il y avait des combinaisons savantes de cadrans solaires dans lesquelles les Pères de la société de Jésus ont excellé et notamment les Pères La Hire et Babynet.

Au point de vue de l'enseignement général et de la gaîeté, d'une cour fréquentée par des élèves, ces peintures présentaient un avantage très-utile. On commence seulement à comprendre de nos jours quelle importance les représentations figurées, les tableaux et les peintures largement exécutées, peuvent avoir dans l'enseignement.

C'était un livre sur toute matière ouvert aux loisirs des enfants attendant l'ouverture des classes.

Voici l'inscription générale qui témoignait la reconnaissance des Jésuites à ceux qui avaient doté le collége, et surtout au consulat qui avait fourni les fonds avec lesquels ces peintures avaient pu être exécutées, 1662 :

HANC
SAPIENTIÆ BASILICAM
AVGVSTISSIMÆ TRINITATI SACRAM
CHRISTIANISSIMI REGES
PROVINCIÆ PRÆFECTI
ET CIVITATIS RECTORES MAGNIFICI
AD HVNC SPLENDORIS APICEM
PERDVXERE
EANDEM
PICTVRÆ LVMINIBVS
ILLVSTRARI CVRARVNT
NOBILES VIRI
DD. MARCVS ANT. DVSAVSEY
MERCATORVM PRÆPOSITVS
DOMINICVS DE PONSAIMPIERRE
ROMANVS THOMÉ
CLAVDIVS PELLOT
IOANNES ARTHAVD
CONSVLES LVGDVNENSES
ANNO M. DC L. XII

On trouvait, il y a une trentaine d'années, quelques vestiges de ces peintures sans qu'il fût possible de distinguer ce qu'elles représentaient. Sur les façades exposées au levant et au sud, on voyait encore, dit M. Flachéron (193), quelques figures dont l'exécution avait dû être brillante et soignée. Les quatre ordres d'architecture : le toscan, le dorique, l'ionique et le corinthien laissaient encore leurs linéaments autour de la cour. On apercevait encore un lion au milieu de génies, des traces de médaillons, quelques parties de frises avec leurs trygliphes, un grand cadran solaire sur la face regardant le midi et plusieurs traces d'inscriptions que les Jésuites, grands amateurs de ce genre de décoration, firent peindre.

Quelques-unes nous sont parvenues :

Continuation des peintures, 1665 :

HOC OPVS PROMOTVM EST IMPENSAS LARGIENTIBVS
NOBIL. VIRIS D GASPARD CHARRIER REGI
A CONSILIIS LITIVM CAPITALIVM IVDICE ET ASSESSORE
PRIMARIO IN CVRIA LVGD. PRÆPOSITO MERC.
D. CLAVD. DE MADIERES, ET D. IOANN. VACHERON
COSS LVGDVNENSIBVS ANNO MDC. LXV

---

(193) *Lyon ancien et moderne*. I, p. 436.

Raphaël Flachéron, né à Lyon, le 19 février 1808, fils de Louis-Cécile Flachéron, architecte de la ville de Lyon, y est mort le 27 août 1866. (V. son *Eloge par Chenavard, architecte*. Lyon, L. Perrin, MDCCCLXVII.)

Achèvement des peintures de l'entablement, 1667 :

HOC STERNENDÆ QUADRATOSAXO AREÆ ANTE IN
CEPTVM QVOD VNVM DEERAT ORNAMENTVM PERFECTVM
EST CVRA ET LIBERALITATE NOBILISSIMORVM VIRORVM
D. PAVLI MASCRANNY EQVITIS D. DE LA VERRIÈRE MERCAT.
PRÆPOSITI. D FRANCISCI SAVARON. REGI A CONSILIIS ET
SECRETIS. D. ANTONII BELLET D. ANDRÆ FALCONNET D. SANCTI
GERVASII CONSILIARI ET MEDICI REGII D. STEPHANI
BERTON D. DE FLACE , DV VILLARDSE NECVDOIS,
REGI A CONSILIIS IN LVGDVN. CVRIA SENATORIS
CONSVLVM LVGDVNENSIVM

Les deux inscriptions suivantes, gravées sur pierre, figuraient aussi dans l'intérieur des bâtiments :

Réparation de la cour basse, 1663 :

HÆC SAXA QVÆ CALCAS MONVMENTA SVNT
PVBLICÆ MVNIFICENTIÆ NON SEMEL REPETITÆ
STERNI CÆPTA PER EOS QVOS IN PICTVRA JAM
SCRIPTOS LEGIS , ET NOBILISS. COSS. D FRANC.
LVMAGNE D. D'ARCVIS ET D. FRANC CHAPPVIS
D. DE LA FAY ET DE LAVBESPIN ·LVGDVNENSI IN
CVRIA SENATOREM ANNO M DC LXIII

Enfin, 1711 :

LVDOVICO RAVAT MERCAT. PRÆF.
CAR. BASSET PETRO PRESLE. ANT. FISCHER.
IAC. ANISSON COSS. LVGD.
QVOD LVDOVICO MAGNO PANEGYRICVM
ÆMVLATIONI LITTERARIÆ PREMIA IN SINGVLOS ANNOS
INDIXERVNT
M DCC XI

Cette inscription était placée sur une table de marbre, vers la classe de théologie et de philosophie dans la cour, en souvenir de prix fondés par le consulat.

C'est, peut-être, celle qui figurait dans l'encadrement en pierre qui subsiste encore sur la façade méridionale de cette cour.

Voici l'inscription posée pour l'achèvement d'un des bâtiments, en 1653 :

D. O. M.

LVGDVNENSI MVNIFICENTIÆ MONVMENTVM
HOC SOCIETAS IESV ÆTERNVM GRATA.

P.

QVOD BENEFICA CIVITAS ÆDIFICATVM A FVNDAMENTIS
SVO ÆRE HOC VIRTVTIS ET LITTERARVM HOC COLLEGIVM
ABSOLVERE NOBIL. D. GASP. DE MONCONYS DOMINO DE LIERGVES,
DE POVILLY, REGI A SANCTIORIBVS CONSILIIS, IN
CVRIA LVGD. LITIVM CAPITOLIVM PRIMARIO PRÆTOR
ET MERCAT. PRÆP, NOB. VIR. DD. HIERON. CHAVSSE IN
TRIBVT. LVGD. FORO PRÆSIDE. AMANDO DALICHOVX
FRANC. DE MEAVX DN. DE CHANAVX IN CVRIA LVGD.
SENATORE ET NICOL. DES VIGNES DN. DE PERRIERES
ET VECTIGALIVM APVD MATISCON INSPECTORE
COSS. LVGDVN.

ANNO CIƆ IƆ CLIII

Aux bâtiments de la grande cour succédèrent ceux qui font retour sur le quai de Retz, la bibliothèque et les chapelles au-dessous, l'observatoire, etc.

Le quadrilatère ne suffisant plus, on dépassa sur toute la longueur la rue Neuve, pour englober entièrement l'île située entre cette rue et la rue Gentil (anciennement de l'Archidiacre). Dix maisons furent acquises, en 1734, pour un pensionnat (194). Deux voûtes, une vers le couchant et l'autre au centre pour communiquer avec l'église, en outre de celle de la bibliothèque, furent jetées sur la rue Neuve.

Enfin, l'infirmerie franchit, également avec une voûte, la rue Gentil (de l'Archidiacre) pour occuper quatre petites maisons (195).

Le renvoi des Jésuites, en 1763, mit fin à ce système d'agrandissement ; la salle des jeux au-delà de la rue Pas-Etroit et l'infirmerie furent distraites du local remis aux Pères de l'Oratoire.

Le collége de Lyon, à ne considérer que les parties qui furent construites au xviie siècle, se compose d'un vaste quadrilatère entourant deux cours, limité au nord, par la rue prolongeant celle dite du Bât-d'Argent ; au couchant, par la place actuellement rue de la Bourse ; au sud, par le prolongement de la rue Neuve, et au levant, par le quai du Rhône.

De cette façon, il présente un plan analogue à tous

(194) 17 novembre 1731. Approbation de la reconstruction du pensionnat, par le Consulat, qui, de 1731 à 1743, donna 112,000 livres, pour aider à ces frais. L'alignement est donné le 16 décembre 1732 et autorise en même temps la voûte sur la rue Neuve, pour aller à l'église, et celle sur la rue Gentil, pour aller à l'infirmerie. Les greniers à blé et boulangerie, à l'angle du quai et de la rue Gentil, remontent à 1743. (Registres consulaires BB 308.) Voyez sur les maisons acquises pour le nouveau pensionnat, aux archives du département du Rhône, les portefeuilles D 14 et D 15.

(195) Ces quatre maisons furent abandonnées aux créanciers des Jésuites, en 1763, en remplacement des bâtiments et terrains des artisans que la ville entendait conserver pour agrandir le pensionnat (De L'Averdy, 8 mars 1763).

ceux construits précédemment sous la direction de Martellange et particulièrement à celui du Puy.

Comment notre artiste avait-il arrangé la deuxième cour parallèle au quai? Nous éprouvons quelque difficulté à répondre à cette question, des remaniements successifs à toutes les époques dans l'aile orientale actuelle déroutant toute investigation sur les constructions. Nous ne serions toutefois pas éloigné de penser qu'il prolongeait purement et simplement jusqu'au quai l'aile septentrionale, qu'il formait, derrière l'église, une aile méridionale symétrique et qu'il plaçait, en retour, une chapelle de congrégation pour utiliser le quadrilatère jusqu'à la rue Neuve (196). De cette manière, le collége eût présenté au levant une cour entièrement ouverte, de laquelle on aurait pu jouir de la vue du Rhône et du magnifique panorama développé par la chaîne des Alpes.

L'église occupe, en conséquence et conformément au type adopté, un côté de la première cour. Avant la construction des annexes au-delà de la rue Neuve, elle devait se détacher fortement en silhouette du surplus des bâtiments (197).

On trouve entre les deux tours de la façade le petit retrait obligé, lequel Martellange nomme quelquefois une

---

(196) Nous avons tracé dans le plan que nous annexons à notre travail, teintées en noir, les parties que nous présumons avoir dû rentrer dans les prévisions de Martellange, laissant en gris les portions relativement plus modernes.

(197) Le plan scénographique de S. Maupin (1635), indique exactement l'état des constructions à cette époque. L'aile méridionale est déjà prolongée presque jusqu'au quai ; celle au nord ne l'est pas encore. La chapelle, dite des Messieurs, ne semble pas construite : celle dite des petits artisans, actuellement réfectoire du Lycée, existe déjà. Voyez, plus haut, la note 168.

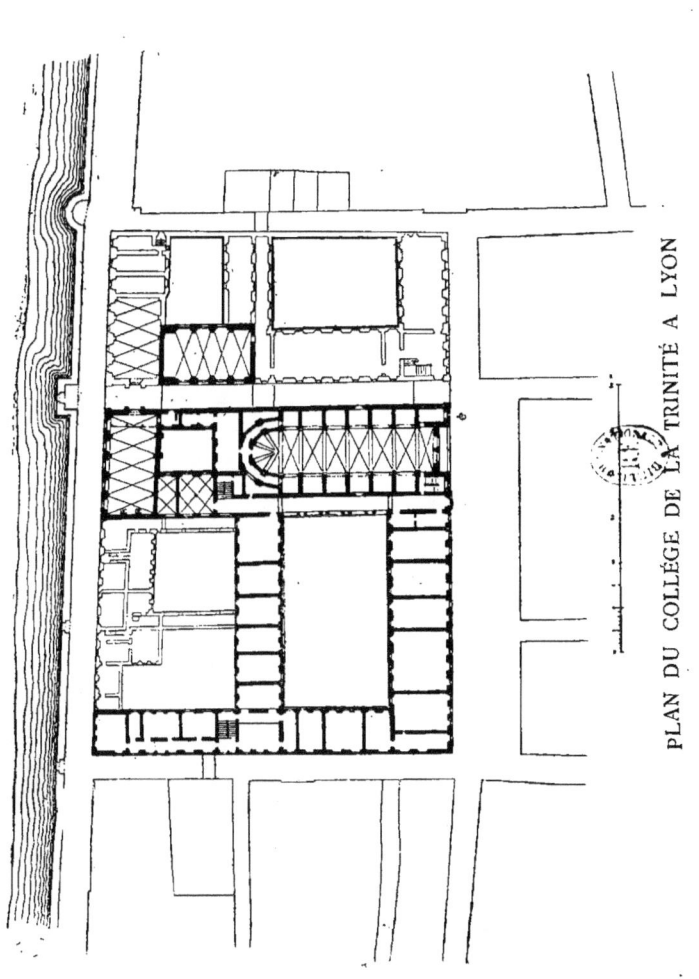

PLAN DU COLLÈGE DE LA TRINITÉ A LYON

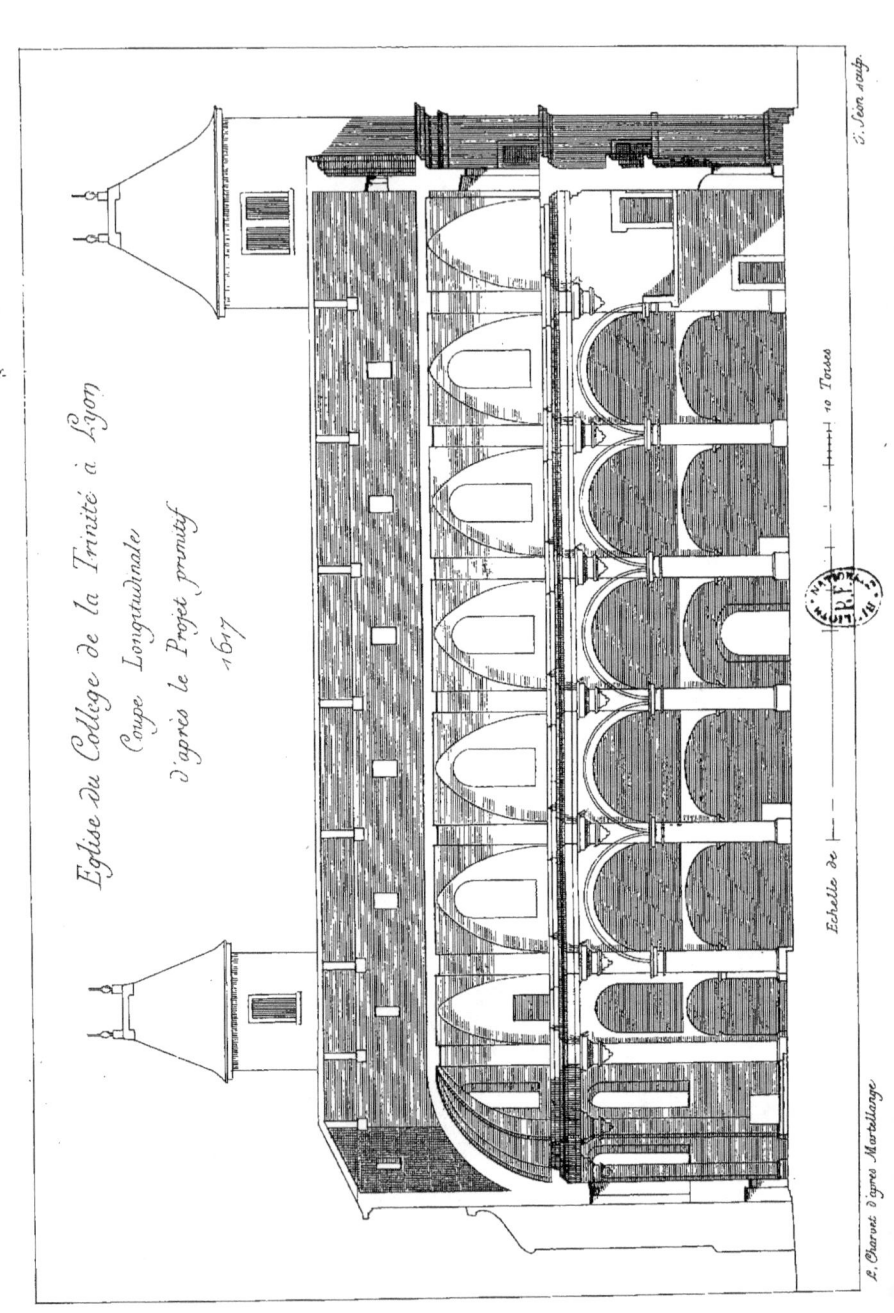

anti-cour et, latéralement, le portique, au rez-de-chaussée et au premier étage, lequel sert à relier les ailes perpendiculaires et à donner accès dans les tribunes. Tout cela est, comme d'habitude, simple le disposition comme de construction, suivant en cela le programme qui imposait forcément l'économie aussi bien que la facilité des distributions.

Un rectangle, de 47 mètres 50 de longueur sur 20 mètres de largeur, contient l'église qui se compose de sept travées dont six, constituant les arcades latérales, sont recoupées de manière à former des chapelles au niveau du sol de l'église, avec tribunes au-dessus ; l'abside est à cinq pans.

Le croquis de Martellange, dont nous avons parlé au commencement de ce chapitre, indique que l'ordre des pilastres était le toscan. Les jambages des arcades n'ayant que la largeur du pilastre, il se trouve que les impostes des arcs ainsi que leurs archivoltes empiètent sur sa face et cela a conduit l'artiste à faire, au-dessous de l'astragale du chapiteau, une sorte de console ou cul-de-lampe destiné à lui donner une plus forte saillie indispensable pour faire ressauter l'entablement et porter les doubleaux.

D'après le même croquis, les tribunes sont supportées par des arcs surbaissés avec petite imposte comme au Puy. Tout cela présente d'une manière évidente les dispositions en faveur dans le Lyonnais, à la fin du XVIe siècle, caractère qu'ont, du reste, conservé les parties inférieures de la façade de l'église et la porte de l'établissement.

Mais, comme nous l'avons signalé à diverses reprises, cette conception si simple de Martellange a été complètement modifiée au XVIIIe siècle par l'addition d'un petit ordre ionique de la hauteur des chapelles et par des revêtements en marbres. Il ne faut donc point juger l'œuvre sur l'état actuel lequel, sans contredit, plus architectonique, ne constitue plus, en définitive, un ouvrage individuel.

Notre artiste n'avait pas eu des visées pour une aussi grande splendeur, bien qu'il fût capable, ainsi qu'il l'a prouvé, de faire riche et grandiose. Il a montré précisément ici qu'il savait résister à ces entrainements auxquels la plupart des architectes succombent. Si, comme nous l'avons dit, les Jésuites ont créé peu à peu un genre d'architecture où le luxe est exagéré, on ne saurait admettre que Martellange les a dirigés dans cette fausse voie.

Nous trouvons, en conséquence, que Clapasson (198), jugeant déjà avec les idées de son époque, a été un peu rude pour cet édifice : « On est surpris, » dit-il, « qu'il (Martellange) n'ait pas fait quelque chose de mieux et l'on croit qu'il fut gêné dans son plan. L'extérieur n'a rien que de lourd et de grossier et le dedans n'a aucune convenance entre ses parties. »

Clapasson est inexact dans cette circonstance : Il semble ignorer que ce n'est pas le coup d'essai de Martellange, il oublie — ce qu'il devrait savoir — que l'on vient de modifier l'intérieur et il n'observe pas que le plan ne présente aucune gêne. Quant à nous, mieux renseignés peut-être que lui, nous constatons que ce plan n'est que la reproduction d'un type expérimenté déjà depuis plusieurs années, et probablement, reconnu convenable.

Notre intention n'est point, pour cela, de présenter l'œuvre de Martellange comme irréprochable au point de vue de l'art décoratif; toutefois, par expérience et par métier, nous croyons qu'il faut toujours dans les monuments préférer celui bien distribué et sagement construit à

(198) **Pages 79 et suivantes.**

celui qui n'offre qu'une magnifique, mais vaine décoration.

S'il est devenu impossible de se rendre, à présent, compte de l'effet de l'intérieur de l'église, qui devait être fort simple, il est facile d'apprécier la structure générale, qui est à peu près intacte, si ce n'est les murs gigantesques, formant observatoire, dont le P. de Saint-Bonnet (199) l'a surchargée. On n'y trouve que ce qui est strictement nécessaire à la stabilité, et cette stabilité a été mise à une rude épreuve par cette superposition parasite; cette simplicité n'a rien de « grossier. »

Clapasson aurait eu raison, s'il avait appliqué son épithète de lourdeur aux portes jumelles, surmontées d'arcs aveugles et d'un fronton que supportent trois consoles ; elles sont massives quoique d'un bon dessin. De plus, rien, excepté le besoin de lumière, ne peut justifier ces deux longues fenêtres cintrées placées hors de niveau et d'axe, dont les frontons brisés se heurtent contre l'imposte et sous la retombée de la grande ouverture cintrée qui seule a quelque chose de véritablement monumental. Cependant, enlevez par la pensée la partie de l'observatoire qui écrase le fronton, changez les fenêtres en niches, décorez l'encadrement qui surmonte heureusement les portes (le-

---

(199) Le P. *Jean-Baptiste de* Saint-Bonnet, Jésuite, né vers 1640, est mort à Lyon, en 1703, par suite d'une chute qu'il fit, dit-on, de cet observatoire qu'il faisait élever. Son père, Claude de Saint-Bonnet, légua une pension viagère en raison de l'entrée de son fils comme novice (Archives du dép. du Rhône, portefeuille D 22). Le P. de Saint-Bonnet reçut, en 1702, 2000 livres du Consulat, pour l'aider dans cette construction, qu'il avait entreprise d'après les avis et l'approbation de Cassini, lors de son passage à Lyon. Voyez le registre consulaire BB 262, pour l'achèvement des travaux et, pour les dépenses et toisé, aux archives du dép. du Rhône, le portefeuile D 18.

quel devait recevoir les emblèmes de la Compagnie de Jésus) et vous obtiendrez aussitôt un ensemble simple et parfaitement adapté à une église de collége.

A la description de Clapasson, il semblerait que la grande fenêtre en forme de demi-cercle a été percée après coup pour donner plus de jour à l'église ; nul doute n'est possible contre cette opinion, puisque la coupe longitudinale de l'église par Martellange porte l'indication de cette ouverture qu'il eût été, du reste, très-difficile de percer en sous œuvre. Nous pensons que Clapasson a voulu parler des deux fenêtres et, en effet, elles coupent à l'intérieur l'entablement du grand ordre, ce qui ne se fût pas produit si on les eût conservées comme niches à l'extérieur. Il n'est même pas impossible qu'elles aient été entièrement ajoutées en hors d'œuvre et après coup (200).

Nous n'entreprendrons pas ici une description détaillée de l'intérieur de cette église, puisqu'on ne saurait plus le considérer comme l'œuvre de notre artiste et que nous empiéterions ainsi sur les notices, faites ou à faire, de ceux qui y ont travaillé. Nous nous bornerons, en conséquence, à fournir la description sommaire de la décoration de la voûte, qui a pu être inspirée par l'auteur de l'église.

Les peintures exécutées à la détrempe figurent des arcs doubleaux, arétiers, formerets, moulures ou ornements en grisaille simulant de la sculpture.

Dans chacune des pénétrations sont les figures symboliques représentant des vertus théologales, cardinales ou intellectuelles.

Elles ne sont placées, sur la pénétration, que vers la

(200) 1738. Mandement de 3,000 livres au P. de Galliffet, pour contribuer au rétablissement des frontispices de l'église de Collége (Registre consulaire BB 308).

partie en pendentif qui fait face à l'entrée de l'église de façon à ce qu'en regardant l'autel on peut en embrasser l'ensemble.

La face opposée contient un panneau d'ornements en grisaille sur fond bleu de même que ceux de la voûte.

Voici quelles sont les figures représentées en commençant par le fond du côté de l'Évangile d'abord et ensuite du côté de l'Épître et ainsi de suite jusqu'à la façade :

La Foi ; elle tient un ostensoir et montre le ciel.

L'Espérance; elle tient une ancre.

La Piété ; elle tient un cierge d'une main et un encensoir de l'autre.

La Sagesse (?) ; elle est portée sur un nuage, au-dessus est un vase d'où s'échappent des pièces d'or.

La Chasteté; elle tient une branche de lys et des fleurs.

L'Obéissance ; elle semble s'envoler ; un génie la tient enchaînée, ses yeux sont bandés et elle a des ailes aux pieds comme la figure de la Fortune.

La Mortification ou *l'Humilité* ; elle tient une croix et des lauriers dont elle se flagelle.

L'Innocence ; la main appuyée sur un agneau ; elle tient un enfant sur ses genoux ; un phénix est à ses pieds.

La Prudence ; elle tient une tête de mort et paraît méditer.

La Justice ; elle tient la hache du licteur et la balance.

La Force ; elle tient un canon et s'appuie sur un lion.

La Tempérance ; elle tient un mors.

Au fond de l'abside on avait figuré sur le fronton d'une fausse fenêtre la figure de la *Charité* couchée sur des nuages ; dans la dernière restauration, elle a été supprimée pour faire place à une ouverture réelle.

Convient-il de rattacher la chapelle dite des Messieurs à l'œuvre de Martellange ; à quelle époque fut-elle construite ?

Nos recherches nous laissent dans l'incertitude sur la date des gros travaux; nous savons seulement que la décoration de l'intérieur est due à T. Blanchet (201).

Et d'abord, il convient de déterminer exactement ici ce qu'on nommait la chapelle des Messieurs, quelque confusion ayant été faite sur ce point par les auteurs.

Les Jésuites ne manquaient jamais d'organiser, dans les villes où ils avaient des établissements, diverses associations ou congrégations laïques (202).

Il y eut, en conséquence, à Lyon et dans le local du collége, les congrégations des Messieurs, des jeunes messieurs, des grands artisans, des artisans ou affaneurs, des jeunes artisans, des plus jeunes artisans, des théologiens et philosophes et des rhétoriciens.

La chapelle des Messieurs était celle à droite en entrant par le quai dans la rue Ménestrier, la chapelle des grands artisans était en face et celle des artisans ou affaneurs (quelquefois dite des crocheteurs et affaneurs) dans la même rue à côté de celle des grands artisans.

La première, celle des Messieurs, est la salle de gymnastique du Lycée ; la seconde, après avoir servi de salle de cours à la Faculté des sciences, a été convertie en lo-

---

(201) Clapasson, page 93.
(202) Voyez : *Règles, prières et indulgences des congrégations de Notre-Dame, érigées dans les colléges de la Compagnie de Jésus. Lyon, Molin. 1715.*

gements et la troisième est un réfectoire du Lycée.

L'architecture du gros œuvre de la chapelle des Messieurs permet de la faire remonter au commencement du XVIIe siècle.

L'encadrement de la porte d'entrée est d'un style bizarre qui s'éloigne de celui de la localité; la menuiserie qui était d'un travail fort intéressant, a été remplacée par une autre plus moderne et on n'en a conservé que l'imposte qui se trouve actuellement au Palais des Beaux-Arts. Nous devons également signaler, à l'intérieur, la tribune en marbre noir au-dessus de l'entrée, d'une élégance et d'une perfection d'exécution excessivement remarquables et enfin les peintures de la voûte dues au F. Labbé (203).

On pourrait demander au nom du bon goût et du vrai culte de l'art, à l'administration du lycée, de donner à ce beau vaisseau une autre destination que celle de salle de gymnastique. D'abord ces exercices ne sont pas salutaires dans une salle où ils développent une poussière qui est respirée par les jeunes gens. En second lieu, c'est peut-être aussi d'un mauvais enseignement moral que de leur montrer, consacrée à un usage vulgaire, une œuvre où l'art a contribué dans une certaine mesure. Les jeunes gens, dans notre époque, devraient du moins être élevés dans le respect du beau et de certaines convenances. L'Université, en général, fait une trop petite part aux choses du bon goût et aux beaux-arts.

La porte d'entrée du collége remonte aux premières

---

(203) On peut consulter, aux archives de la ville, dans la série G G. non inventoriée, les procès-verbaux d'inventaire de ces congrégations et ceux de remise des locaux aux Oratoriens. La Société académique d'architecture de Lyon conserve dans ses archives, de la porte de cette chapelle, des dessins d'une exécution excessivement fidèle, dus au talent de notre honorable collègue G. André.

années du xvii⁰ siècle; on y remarque encore l'inscription suivante :

COLLEGIVM TRINITATI SACRVM
HENRICI MAGNI ET LVDOVICI JVSTI
REGVM CHRISTIANISS. MVNIFICA VOLONTATE
CAROLI DE NEVFVILLE PRO REGIIS AVSPICIIS
ÆRE MVNICIPALI EXTRVXERVNT
EJVSD. COLL. AVTHORES PATRONI PROPRIETARII
PRÆFECT. MERC. ET COSS. LVGD.

Le fronton brisé contenait un écusson dans lequel devaient figurer les armoiries de la ville. A droite et à gauche de l'arc qui forme la baie d'entrée, se trouvent deux compartiments, en forme d'ovale, au milieu desquels se voient encore deux crochets en fer qui semblent attendre des écussons mobiles. Nous présumons que ces écussons étaient : 1° celui de l'ordre des Jésuites, bien connu de nos lecteurs, et 2° celui du collége de la Trinité composé d'un Père éternel tenant le Christ en croix devant lui, avec cette légende :

VNVM SVNT ET III TRES (204).

Le consulat n'avait peut-être pas autorisé les RR. PP. Jésuites, ainsi que les Oratoriens plus tard, à placer d'une manière durable et faisant partie du monument, des

---

(204) Voyez : La cérémonie de la pose de la première pierre de l'église.

Notre honorable collègue G. George a fait don à la Société académique d'architecture, pour ses archives, d'un remarquable dessin de cette porte d'entrée. Cette Compagnie, très-active dans ses travaux et riche dans ses archives, devrait, pour augmenter encore l'influence et la notoriété qu'elle acquiert tous les jours, faire graver et publier les dessins qu'elle possède, lesquels, maintenant, ne sont pas consultés et pourraient périr dans un accident.

Porte du Collége de la Trinité, a Lyon

écussons de ces sociétés qui n'étaient, en définitive, qu'usufruitières.

On sait que le décret du 25 vendémiaire an 9 (16 octobre 1800) *ordonna* qu'un lycée serait établi dans les bâtiments du grand collége où il se trouve encore malgré une installation insuffisante à tous les points de vue.

Est-ce que l'administration municipale ne songera pas un jour à revendiquer un édifice dont ses prédécesseurs ont constamment fait constater minutieusement la possession, afin d'y établir plus à leur aise les établissements généraux d'instruction publique qui sont paralysés dans leur essor faute de locaux suffisants (205)?

Puisque cet édifice a été construit pour l'enseignement municipal et *gratuit* pourquoi y laisser un établissement d'instruction générale et *payant*? Nous comprenons dans une certaine mesure qu'au début du siècle, lorsqu'il s'agissait de reconstituer l'instruction publique, un décret ait *imposé* le don du local aux villes qui voulaient avoir des lycées; cela s'explique encore dans les villes de troisième ordre.

Cet état de choses n'a plus raison d'exister à Lyon et le décret devrait être rapporté pour toutes les villes où un lycée n'est pas une source d'activité et de revenus pour le commerce local.

Cette propriété du collége a toujours été l'objet des préoccupations du corps consulaire.

La présentation du cierge (dont nous avons parlé à trois reprises) et qui se faisait encore par les Oratoriens la veille de la Révolution, le 5 juin 1790, en est la preuve pour les

(205) Voir ce que nous avons proposé à cet égard sur *l'enseignement des beaux arts au point de vue de l'industrie lyonnaise*, pages 111 et 112.

xvi*, xvii* et xviii* siècles. En 1772-1782 des mémoires furent rédigés dans ce but par les soins du consulat et des inscriptions, en langue française et latine, posées pour consacrer cette propriété.

Dans notre siècle, après l'institution des lycées, on trouve, le 22 pluviose an XI (11 février 1803), un arrêté du maire du Midi ainsi conçu : « Vu l'arrêté du Préfet en date du 5 courant dont la teneur suit :

« Vu l'arrêté des consuls du 24 vendémiaire dernier qui *ordonne* l'établissement d'un lycée dans la ville de Lyon, et son emplacmeent dans le grand collége.

Arrête :

« Article premier. La totalité des bâtiments, non aliénés et connus sous le nom de grand collége, est mise à la disposition de la municipalité de Lyon pour l'établissement du lycée, etc. »

Le 2 mai 1809, M. Hodieu, secrétaire de la ville, fit un rapport au conseil municipal sur les actes établissant que le collége était la propriété de la ville.

Il est expliqué qu'en 1567 (14 septembre), le collége n'avait été accordé qu'à condition que la propriété et ses accroissements feraient retour à la ville si les Jésuites quittaient la direction.

Les Jésuites furent exilés en 1594 et reparurent en 1604; ils furent de nouveau renvoyés en 1762 et les établissements qu'ils possédaient à Lyon entrèrent pour une somme de 250,000 livres dans le solde des dettes et créances de la société. Car les parlements avaient fait une juste et nécessaire distinction entre les biens qui leur appartenaient et ceux dont ils n'étaient qu'usufruitiers.

Cependant la Compagnie réclama la propriété de la bibliothèque et du collége ; mais ses efforts furent inutiles et la propriété *revint à la ville*, d'après les actes de 1527 et 1367.

Lorsque les Oratoriens prirent possession du collége, on fit placer des inscriptions qui constataient encore le droit de propriété de la ville, etc., etc.

Le 9 mai 1810, le maire lisait, au conseil municipal, une lettre du préfet, du 18 avril, qui expliquait que le grand maître de l'Université réclamait la propriété du collége en se basant sur ce fait que le décret du 11 décembre dernier portait que les biens, meubles et immeubles ayant appartenu à des colléges et qui n'auraient pas reçu, antérieurement au décret, une autre destination pour service public étaient *donnés* à l'Université.

La ville n'eut pas de peine à faire constater que le collége faisait partie du domaine public de la cité et non de son domaine privé, n'avait jamais cessé d'appartenir à la ville et par conséquent qu'on ne pouvait lui appliquer aucun décret (206).

En 1840, une discussion entre la ville et l'Université s'engagea à propos des logements des professeurs. Le conseil municipal, saisi de cette affaire par le maire M. Martin, s'en occupa avec beaucoup de sollicitude dans les séances des 30 janvier, 6 et 13 février. Voici les résolutions adoptées :

« Art. 1er. La jouissance du bâtiment dans lequel se trouve placé le collége royal (bâtiment dont la ville est exclusivement propriétaire) ne sera donnée à l'Université qu'en raison des besoins réellement éprouvés par le collége, de telle sorte que l'étendue de ces besoins serve de mesure à l'étendue de cette jouissance.

« Art 2. Il sera procédé dans le plus bref délai à la

(206) Documents communiqués par M. Vermorel.

délimitation nécessaire de manière à pourvoir : 1° aux besoins du collége ; 2° au placement des Facultés ; 3° à la disposition d'un escalier pour la bibliothèque, le tout sans prendre en considération les logements occupés par les fonctionnaires de l'Université ; néanmoins, le proviseur, le censeur, l'économe et l'aumônier recevront les logements qui leur sont dus, et ce dans la proportion de leurs besoins ; les bureaux de l'Académie recevront également les locaux qui leur sont nécessaires.

« Art. 3. La ville se réserve de disposer comme elle l'entendra des locaux restés sans emploi. Cependant elle s'abstiendra de placer des locataires dans les appartements enclavés dans l'intérieur du collége et communiquant immédiatement avec cet intérieur.

« Sériziat, rapporteur. »

Les démêlés avec l'Université recommencèrent en 1845 à propos de l'appartement laissé par Soulacroix, recteur promu à d'autres fonctions, dans la maison à l'angle du quai de Retz et de la rue Pas-Etroit, partie dans laquelle on voulait établir un grand escalier conduisant à la bibliothèque (207), mais l'affaire ne fit aucun pas, au détriment de la propriété de la ville (208).

Raphaël Flacheron a donné dans *Lyon ancien et moderne* (209), une description critique des bâtiments du

---

(207) R. Dardel a fait un projet pour cet escalier (page 60 de notre notice de cet architecte).

(208) Rapport du maire Terme dans la séance du conseil municipal du 19 juin 1845 ; celui de Sériziat, dans la séance du 6 novembre, et réplique d'un membre de l'Université (*Courrier de Lyon* des 9, 10, 12 et 16 novembre 1845).

(209) Tome I, page 432.

collége qui fait suite à un excellent article historique de M. Demogeot (210).

Nous ne sommes pas entré, ainsi que ces messieurs, dans les détails sur toutes les parties de l'édifice, parce que nous avons l'intention de les fournir dans les biographies des Delamonce, de Blanchet, etc.

Nous engageons donc nos lecteurs à consulter, s'ils ne les connaissent pas, les articles de *Lyon ancien et moderne*.

(210) M. Jacques-Claude Demogeot a été professeur au collége de Lyon (Voyez Vapereau).

CHAPITRE VIII

CONJECTURES SUR QUELQUES ÉDIFICES QUI PEUVENT SE RATTACHER A MARTELLANGE. — SES DERNIERS OUVRAGES. — SA MORT.

NUMÉRER tous les colléges et les maisons dont notre artiste a dû s'occuper, forme une tâche devant laquelle, ainsi que nous l'avons dit au chapitre premier, nous finissons par reculer, car elle nécessiterait des correspondances interminables et des voyages auxquels nous ne pouvons nous livrer. Cependant, après avoir fourni tout ce que nous avons pu recueillir de positif au point de vue des détails et de l'attribution, à la suite de plusieurs années de recherches, nous allons passer en revue, et par ordre de provinces, quelques établissements pour lesquels nous sommes resté sur le doute.

Nous prions instamment les lecteurs de cette notice, qui seront en mesure de nous aider par leurs investigations, de ne nous épargner ni leurs critiques ni leurs renseignements, afin que nous puissions, avec le temps et avec leur secours, compléter notre travail (211).

Dans la province de Paris, où Martellange a donné ses soins aux collèges de La Flèche, de Moulins et d'Orléans, nous ne trouvons que deux villes qui puissent se rattacher à sa personnalité.

L'église du collége d'Eu, fondée par Catherine de Clèves, en 1624, fut terminée en 1626 ; toutefois, le style de cet édifice paraît s'éloigner du genre de notre artiste.

A Rouen, la plus grande partie des bâtiments fut élevée presque exclusivement aux frais du cardinal de Bourbon, de 1570 à 1575. Les Jésuites, appelés en 1583 à diriger ce collége, s'y installèrent définitivement en 1592; le P. Porquet en devint le premier supérieur. La première pierre de l'Eglise fut posée par la reine-mère, Marie de Médicis, le 10 août 1615 et celle du portail en 1624, par Mgr de Harlay, archevêque de Rouen ; elle n'a été terminée qu'en 1703. Malheureusement, on ne connaît jusqu'à présent aucune pièce indiquant sur les dessins de qui cette église fut construite.

Après le Puy, dans la province de Toulouse, nous pou-

(211) Sur une centaine de demandes adressées par nous pour des renseignements, nous devons constater avec regret que quelques administrations départementales et municipales n'ont pas répondu du tout, ou l'ont fait d'une manière que nous ne savons trop comment qualifier (celle de Montpellier entre autres). C'est une raison de plus pour exprimer de nouveau ici toute notre gratitude à l'égard de celles qui nous ont donné le moyen de fournir les détails que nous présentons ou à l'adresse d'autres, dont nous ne pouvons utiliser les envois, parmi lesquelles nous citerons : Aix, Bourg, Caen, Dole, Epinal, Eu, Rodez et Rouen. Nous remercions ici, et profondément, les préfets, maires, archivistes et bibliothécaires auxquels nous sommes redevables de ce soin, pour le cas où notre travail tomberait sous leurs yeux.

vons citer Albi, dont l'église fut commencée en 1633 ; l'archiviste, M. Jolibois, n'a rencontré aucun document qui puisse aider à l'histoire de cette construction. Il en est de même pour le collége de Cahors, élevé de 1604 à 1615. Mauriac, fondé en 1563, a été rétabli en 1605 ; son église porte la date de 1625. On y remarque le portail formé de quatre colonnes d'ordre corinthien et le rétable du maître autel exécuté de 1630 à 1650.

Nous n'avons pas trouvé Martellange à Tournon, cela, heureusement pour lui, car nous n'avons jamais bien pu nous rendre compte des causes qui ont fait disposer cet établissement avec la maladresse qu'on y remarque. Le vieux corps de bâtiment, en forme de quadrilatère, dut être insuffisant, dès le début (212), et, plus tard, en élevant l'église dans l'emplacement où elle existe, on ne fut pas mieux inspiré (213). Le jugement sûr et la simplicité caractéristique de Martellange auront probablement manqué aux PP. Jésuites, faute d'avoir pu consulter leur artiste.

Chaumont, de la province de Champagne, à laquelle appartient aussi Dijon, possède encore l'église de son collége, dont le maire posa la première pierre le 18 mai 1629. Elle fut consacrée par l'abbé du Val-des-Ecoliers, le 21 novembre 1640 ; ces dates concordent avec l'existence de notre artiste.

Notons, en passant, que le collége de Châlons-sur-Marne a été construit au xviie siècle et terminé en 1678,

---

(212) Quoiqu'on ait écrit qu'au moment de la mort du cardinal de Tournon, arrivée le 21 avril 1562, il y avait près de 2,000 élèves ! Mais où aurait-on bien pu les recevoir, seulement pour les classes ?

(213) L'église primitive était située près du Rhône ; celle actuelle fut achevée en 1721, et l'on y transporta alors le corps du cardinal fondateur.

par un Jésuite du nom de Paul Closse, lequel se trouvait exactement dans la même position que Martellange, c'est-à-dire coadjuteur-temporel, et qui fut aussi, à ce qu'il paraît, un artiste distingué.

Les archives du collége de Sens ne fournissent rien qui rappelle le nom de Martellange. Cependant l'église fondée en 1624, à une seule nef et *d'une grande simplicité*, pourrait avoir été faite d'après les plans de notre artiste ; notre obligeant correspondant (214) prétend même qu'à cause de cela, l'édifice n'ajouterait rien à son illustration.

Il est curieux de noter cette impression de simplicité que nous avons rencontrée constamment parmi ceux auxquels nous nous sommes adressé pour nos colléges. Selon eux, il est inutile de s'en occuper tant ils sont modestes ; on n'y rencontre aucune richesse d'ordres et de sculptures ; ce sont des œuvres banales... Mais, il nous semble, c'est, bien au contraire, le plus grand éloge qu'on puisse leur adresser!

Il est inutile de s'arrêter sur le collége de Besançon, de la province de Lyon (215), bien que Martellange ait souvent séjourné dans cette ville ; nous trouvons cet établissement abrité dans des locaux provisoires jusqu'aux années 1730 et 1739, époque à laquelle il fut l'objet d'une construction monumentale due à un architecte du nom de Tripord, qui avait pour inspirateur le P. de Jouffroy, Jésuite.

Le collége de Dole a été, pour nous, l'objet de recherches plus sérieuses puisque nous y avons constaté le passage de Martellange (216). On nous excusera, pour cela, de donner quelques détails historiques qui se relient par des personnages qui ont aussi figuré à Lyon.

(214) M. Morin de Champrousse, bibliothécaire de la ville de Sens.
(215) Dans cette province nous avons vu déjà les colléges de Carpentras, Lyon, Roanne, Vesoul et Vienne.
(216) Lettre du 14 février 1610, au chapitre II.

Un établissement d'instruction publique était établi depuis longtemps sur l'emplacement de cette maison, lorsqu'en 1579, les Jésuites Edmond Auger et Farineau vinrent s'installer dans la ville et y former la confrérie des pénitents noirs. De même qu'à Lyon, le conseil de ville s'adressa à Auger pour la direction du collége. On sollicita et on obtint les adhésions officielles, indispensables même à cette époque, savoir de l'archevêque de Besançon, du gouverneur de la province, du général des Jésuites et du roi d'Espagne et enfin les classes furent ouvertes le 24 juin, quoique le traité définitif ne soit que du 18 décembre 1582. Les travaux commencèrent en 1583 (217); on acheta des maisons en 1584 et Pierre de Froissard de Broissia fit terminer la partie qui longe la rue du collége. L'église fut commencée en 1590 et terminée en 1601 ; mais les bâtiments n'étaient pas encore achevés puisque l'on posa encore une nouvelle pierre le 23 juin 1620. Ces derniers travaux peuvent donc appartenir à la direction de Martellange ; toutefois comme ils ne portent pas sur l'ensemble de l'édifice, nous ne croyons pas devoir pousser plus loin nos investigations.

A Embrun, nos recherches n'ont pas abouti et nous n'avons rien pu obtenir à l'égard de Sisteron. Nous savons seulement que l'on traita, pour l'établissement du collége de cette ville, en 1603, avec le P. Christophe Balthazar, provincial, et avec le P. Michel Coyssard et que la première pierre fut posée le 30 mai 1606, par le P. Richeome, provincial. Il est presque impossible que Martellange n'ait pas apporté son concours à ces travaux.

Au nombre des édifices de Lyon que l'on pourrait au besoin rattacher à Martellange, du moins pour des conseils

(217) Jean Voell succéda à E. Auger : Jean Sonnerius fut le premier recteur (*Hist. Soc. Jesu*, pars V, lib. III, pag. 136.).

fournis par lui, nous classerons le monastère de la Visitation de Bellecour, fondé en 1614, à Lyon. Cet établissement ayant acquis un grand développement, Mme de Blonay, la supérieure, résolut de remplacer les bâtiments où l'on s'était installé provisoirement. On lit dans l'HISTOIRE DE LA FONDATION DU MONASTÈRE, que cette dame « après avoir fait approuver son dessein par les supérieurs spirituels et temporels, consulta *d'habiles architectes* et *plusieurs religieux très-affectionnés à l'institut*, pour faire dresser un plan conforme aux usages d'une communauté religieuse ; le premier dessein qu'elle prit estoit de bastir du costé de la rue Sainte-Hélène (218); » mais elle dut changer d'avis pour s'éloigner, ainsi que les convenances l'exigeaient, des bâtiments du Noviciat des PP. Jésuites. L'église fut construite sur le fonds qui avait été acquis du sieur Thierry et le comte de la Faye, grand-vicaire, en posa la première pierre en mars 1624, devant Mgr d'Halincourt, gouverneur de la province et un grand nombre de personnes.

Le voisinage de ce monastère avec la maison des Jésuites, le patronage que les Pères y exercèrent, à diverses reprises, dans la solution de différentes affaires et dans l'admission de certaines religieuses, nous conduisent à conjecturer que Martellange devait être au nombre des *religieux très-affectionnés à l'institut*, qui avaient fournis leurs conseils.

La permission de commencer le monastère fut accordée par le Consulat, le 30 mai 1617 ; les religieuses commencèrent immédiatement leurs constructions pour lesquelles alignement leur fut donné le 27 juillet de la même année.

---

(218) Page 83 de l'*Histoire de la fondation du monastère de la Visitation de Sainte-Marie de Bellecour ;* voyez, plus haut, la note 178.

Le monastère comprenait l'emplacement confiné sur les rues actuelles Sala, Saint-François-de-Sales, Sainte-Hélène et Saint-Joseph, soit une superficie de 12,960 mètres (219). Il était formé des fonds de noble Amable Thierry, baron de Vaux et de Claude Barlet, par contrats du 29 avril et 2 mai 1617 et de Nicolas Richard, seigneur de la Barrolière, par acte du 8 décembre 1620, qui faisaient anciennement partie du tènement du Plat.

Le 16 mai 1624 les religieuses demandèrent alignement pour entourer de murs les fonds compris dans leur monastère.

Selon Clapasson, l'église des dames de la Visitation n'offrait rien de remarquable ; nous savons, d'autre part, que par une disposition spéciale qui venait d'une vision qu'aurait eue Mme de Blonay, le maître-autel était élevé de 15 marches au-dessus du niveau de l'église. Le même auteur explique que le tabernacle du grand autel était le modèle de celui qu'on devait exécuter en marbres choisis et en bronze doré; « il est, » dit-il, « d'une composition singulière et très-heureuse ; les ornements et les figures qu'on y voit sont de Lamoureux, habile sculpteur, et le dessein a été fourni par Ferdinand Delamonce, architecte très-distingué dans sa profession ..... Le tableau de l'autel de Saint-François-de-Sales est de Thomas Blanchet..... »

Dans quelle mesure notre architecte a-t-il coopéré aux bâtiments de l'hospice de la Charité ?

Voici encore un de ces problèmes historiques où l'on risque fort de s'égarer.

La fondation de cet établissement sous le nom d'Au-

---

(219) Voir la *Topographie historique de la ville de Lyon*, par M. Vermorel, ancien voyer de la ville, aux archives de la ville, fol. 469 et suiv.

mône générale, à Lyon, au xvie siècle, est si simple et si connue, que nous n'oserions rééditer ce qui a été écrit sur ce sujet. Nous ne nous y arrêtons donc pas et passons immédiatement aux années qui commencent le xviie siècle.

Dès 1614, la nécessité de construire s'imposait d'une manière absolue ; le 15 juin, on proposait la Blancherie, près l'hôpital Saint-Laurent. Toutefois, le 24 septembre, les sieurs Cassia et de Silvingès étaient priés de faire un dessin des terrains disponibles près du Rhône. Aussitôt le parti fut pris : des lettres patentes du Roi, en date du 2 décembre, ayant autorisé les acquisitions nécessaires, il y eut, le 31 décembre, une délibération générale des personnes qui s'intéressaient à l'œuvre où l'on réédita toutes les propositions d'emplacement. Le Griffon, dans la rue Vieille-Monnaie, du côté de Saint-Sébastien, le terrain où devait être construit plus tard l'Hôtel-de-Ville, etc.; toutes furent repoussées et l'on choisit la situation actuelle sur laquelle on put, comme prise de possession, planter solennellement une croix le 3 décembre 1615.

Les recteurs avaient alors, à ce qu'il paraît, entre leurs mains, divers projets, puisqu'ils en présentèrent plusieurs à la réunion consulaire du 27 août 1615 :

« Sont comparus : M. Pierre Pinet, conseiller du Roy, lieutenant en l'élection du Lyonnois (les autres noms des recteurs sont restés en blanc), recteurs de l'Aulmosne généralle de cette ville depputés du corps d'icelle, lesquels ont representé divers plans dressés pour les bastiments nécessaires pour le logement des pauvres enfermés, nourris et entretenus suivant les résolutions cy-devant faictes aux fins qu'il plaise au Consulat de considérer les sd. plans pour scavoir lequel sera le plus commode pour le faict du sd. bastiment aux fins de le conclurre en l'assemblée généralle, qui, pour ce faire, sera convoquée par

Mgr le gouverneur, dont les sd. recteurs ont estez remerciez (220). »

Le 2 octobre 1616, Martellange, appelé au bureau, remettait le plan qu'il avait dressé. lequel était laissé *aux mains du sieur Picquet*. Les recteurs le remercièrent et le prièrent de continuer sa bonne volonté et ses conseils lorsqu'on travaillerait aux bâtiments (221).

Il est probable que c'est ce plan qui devint l'objet de la démarche suivante, faite de nouveau et peu de jours après, au Consulat, du 17 novembre 1616 :

« Les sieurs Pellot et Picquet deux des sieurs recteurs de laulmosne génerallle venus de la part de leur compagnie ont apporté au Consulat le plan du bastiment destiné pour le logement des paouvres enfermez à ce qu'il plaise aux sd sieurs veu que cest un ouvrage public qui regarde l'honneur, le bien et la décoration de la sd ville, y ap-

(220) Registre BB 151, fol. 89 verso.
(221) Dans la liste des recteurs de l'Aumône générale, on trouve : 14 décembre 1614, *Jacques* Picquet l'aîné ; le 15 décembre 1619, *Geoffray* Picquet et, le 15 décembre 1630, *Théodore* Picquet. *Antoine* Picquet fut échevin de Lyon en 1625. Peut-être il s'agit ici de Jacques Picquet l'aîné qui, étant en exercice depuis le 14 décembre 1514, ne devait se retirer qu'en décembre 1516 ; toutefois nous n'osons rien préciser sur ce point, nos recherches sur les Picquet n'ayant, jusqu'à présent, fourni aucun éclaircissement.
Voyez plus haut, chapitre VII et note 173.
Voici la délibération telle que nous l'avons relevée : « Comparu au dit bureau le père Martellanche de la compagnie du nom de Jésus, lequel a représenté le plan qu'il luy a plu dresser pour le bastiment et esdiffices des pauvres enfermés ayant été veu et bien considéré tant par le dit père que les sdits sieurs recteurs il a été laissé ez mains dudit sieur Picquet et ons leux sieurs recteurs remerciés le dit père, lequel ils prient de continuer sa bonne vollonté pour se servir de son bon avis et conseil lorsque l'on travaillera au dit bastiment (Extrait des délibérations du bureau, folios 475 et 476). »

porter leur simbole approbaon ou improbaon, selon leur meilleur jugement, lequel plan ayant esté veu et meurement considéré sur l'intelligence que les sd sieurs Pellot et Picquet en ont baillé a esté loué et approuvé par les sd sieurs prevost des marchans et échevins qui ont promis assister et favoriser l'entreprise de tout leur pouvoir (222). »

Ces renseignements sont les seuls que nous ayons pu recueillir soit dans les actes consulaires, soit dans les registres de l'hospice relatant les délibérations les plus importantes (223).

Donc notre artiste fit un projet qui fut remis au sieur Piquet et présenté à l'administration municipale, et celui-ci ne tarda guère à passer pour l'architecte de l'édifice comme on le verra par l'historique sommaire de l'exécution des divers bâtiments.

Le 8 janvier 1617, Jean de Sève de Fromente fait la donation nécessaire pour continuer un corps de logis; le 15, il est dit qu'on doit commencer à fonder le lendemain. La première pierre de l'église est posée par de Crémeaux, comte de Lyon, le 3 décembre 1617.

En 1618, le 7 janvier, Picquet donne trois cents livres et promet de faire exécuter un corps de logis semblable à celui de de Fromente; le 28, Pierre de Sève de Saint-André, trésorier de France, fait une promesse analogue.

En février de la même année, le 11, de Fromente se charge encore de faire exécuter les clôtures entre ces deux bâtiments, et Guillaume Picou avec Jean Ranquet,

(222) Registre BB 151.

(223) Malheureusement les plumitifs de la plupart des délibérations du bureau, s'ils ont existé, n'ont été ni mis au net, ni conservés. Il est en conséquence, pour le moment, très-difficile de recueillir des renseignements plus explicites qui nous seront, peut-être et plus tard, fournis par l'inventaire si infatigablement poursuivi par M. F. Rolle.

marchands drapiers, offrent de faire un corps de logis au nom de la corporation. Cela en fait déjà quatre si nous ne nous trompons.

En juin, le 10, Gaspard Dugué, conseiller du roi et trésorier de France, donne 6,000 livres pour être employées au bâtiment et pavillon des pauvres enfants « on avertira, » est-il dit, « le sieur Picquet *qui a fait le plan du dit bâtiment*, afin qu'il lui plaise marquer la dite place. » On voit, en conséquence, que si Martellange avait fourni l'idée première, ce n'était point à lui qu'on en rapportait la paternité.

En 1619 (13 janvier), Pelot, recteur, avec Poculot, offrirent de faire bâtir un grand bâtiment, et en 1620 (12 janvier), l'archevêque et le chapitre contribuèrent pour la moitié de l'église, soit 7,000 livres chacun, y compris les 1,000 livres qu'ils avaient déjà payées (224). La séance du bureau du 10 mars 1622 eut lieu à N.-D. de la Charité, et en juin, on y amena en bateau les pauvres qui se trouvaient à Saint-Laurent. Les paneteries et fours furent exécutés en 1623, aux frais du sieur Blauf sur un plan qu'il avait fait dresser.

Sans prétendre grossir de parti pris l'œuvre de Martellange, déjà si importante, comme on l'a vu, nos conjectures tendent à lui attribuer, en grande partie, les dispositions si simples et si sages de notre hospice.

Nous savons d'abord que très-complaisant de sa nature, notre Lyonnais fournit des conseils à un grand nombre d'établissements, et il est naturel qu'il ait aidé le plus

---

(224) On doit citer encore parmi les premiers fondateurs des bâtiments de l'Hospice, Horace Cardon, Jacques Moyron, baron de Saint-Trivier, des négociants allemands, suisses et italiens, etc., etc., qui permirent, par leurs deniers, l'achèvement du cloîtral.

intéressant de sa ville natale ; puis, il est probable, pour ne pas dire certain, qu'il dut, dans cette circonstance comme ailleurs, ne fournir qu'un projet et tout au plus un mémoire explicatif, comme il le faisait d'habitude, laissant à quelqu'un de la localité le soin de diriger et de surveiller les ouvrages. Enfin, comme il ne s'agissait plus ici d'un édifice de sa compagnie sur lequel il eût pu conserver de fait une sorte de haut contrôle, on comprend que Piquet fut immédiatement investi de tout ce qui concernait l'exécution. En conséquence, celui-ci a pu fort bien, à ce titre, apporter au projet les modifications qu'il jugea convenables et se trouver en fin de compte le véritable ordonnateur de l'édifice.

Nous avons, pour nous guider dans cette circonstance, divers plans ou vues de l'hospice qui remontent au xviie siècle. Un plan géométral de l'hospice, manuscrit, existe à la bibliothèque nationale dans la Topographie de la France (225); il est signé : *De la Pointe fecit* (226) ; il paraît être une minute ou une copie de celui gravé dont on trouve des exemplaires dans la deuxième édition (1628) du livret publié sous ce titre : *Institution de l'Aumône générale à Lyon* (227). Ce document des plus intéressants est, selon nous, la reproduction du projet de Martel-

---

(225) Rhône, Lyon, folio 63.

(226) Il y a eu un *de la Pointe*, dessinateur et graveur d'architecture, ingénieur et géographe du roi. Nous connaissons de lui un plan du château et du parc de Versailles, 9 planches composant la carte particulière des environs de Paris, en 1678, la série des blasons des chevaliers de l'ordre du Saint-Esprit, composée de 256 planches, et enfin un plan des fortifications de la ville de Lyon, sans date. Il ne serait pas impossible qu'il y eût deux de la Pointe et que le dessinateur et graveur fût un autre personnage que l'ingénieur et géographe du roi.

(227) *Institution de l'Aumosne générale de Lyon*, ensemble l'œconomie

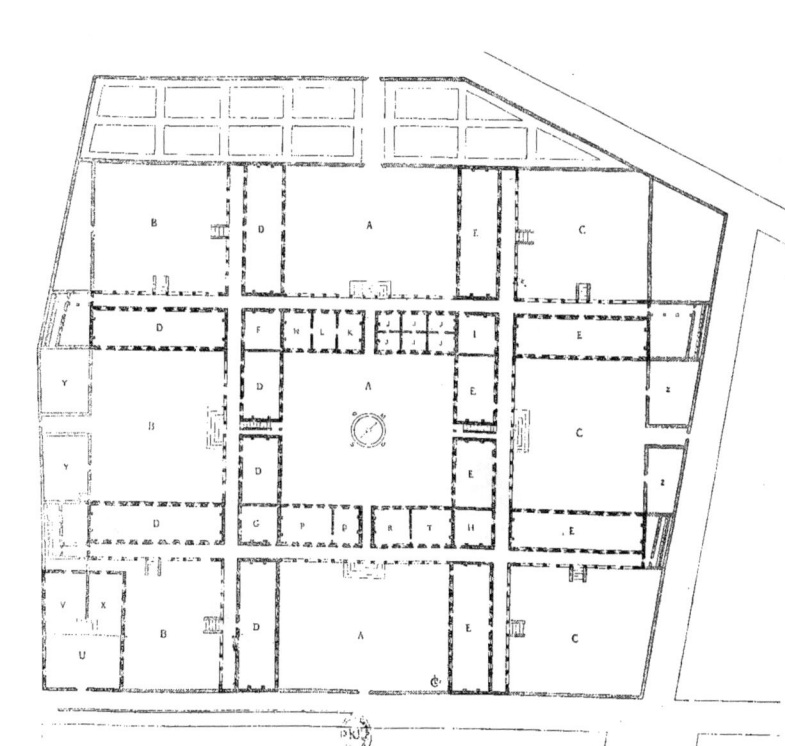

A Cours communes.
B Cours des femmes et des filles.
C Cours des hommes et des garçons.
D Dortoirs pour les femmes et les filles.
E Dortoirs pour les hommes et garçons.
F Paneterie.
G Archives.
I Garde-robe des linges blancs.
   Garde-robe des linges sales.
   Chambres pour les oficiers.
   Cuisine.
   Arrière-Cuisine.
   Garde-manger.
   Bureau.
   Chambre des Pas-Perdus.
   Garde-robe des habits.
   Garde-robe des ouvrages.
   Église pour le public.
   Église pour les femmes et les filles.
   Église pour les hommes.
   Boutiques et ouvroirs.
   Moulins à so'e.

PLAN PRIMITIF DES BATIMENTS DE L'AUMÔNE GÉNÉRALE DE LYON.

lange; car, à la première inspection, on y retrouve, en outre de la simplicité de composition, certains arrangements qui lui étaient habituels et même sa manière graphique de dresser ses plans (228). Nous voyons là sans hésitation l'œuvre d'un artiste rompu à la création de vastes établissements et non le résultat de l'idée d'un simple constructeur inconnu en dehors de cet édifice, comme l'est Piquet, et d'autant plus que ce projet primitif a été presque entièrement suivi dans l'exécution subséquente. Nous dirons donc ici avec le baron de Poli-

---

et règlement qui s'observe dans l'Hospital de Nostre-Dame de la Charité, où sont les pauvres renfermés de la dite Aumosne.

Nous connaissons neuf éditions de ce livret :

Première édition, 1605 ; elle est imprimée par Horace Cardon, recteur, qui s'était offert pour cela. On y remarque un bel écusson aux armes de la Charité, gravé par Fornaseris. Aucun plan n'y est joint.

Deuxième 1628 ; sans nom d'imprimeur ; même écusson ; à la fin, le plan de l'établissement.

Troisième, 1632 ; sans nom d'imprimeur ; l'écusson a été gravé à nouveau sur le même dessin, toutefois d'une manière peu satisfaisante ; à la fin, plan de l'établissement,

Quatrième, 1639 ; sans nom d'imprimeur ; même écusson que le précédent ; à la fin, une estampe représentant l'établissement en perspective, selon les données du plan de l'édition précédente.

Cinquième, 1647 ; sans nom d'imprimeur ; écusson comme à la précédente ; à la fin, estampe représentant l'établissement en perspective et modifié du plan primitif.

Sixième, 1662 ; semblable à la précédente.

Septième, 1699 ; sans nom d'imprimeur ; l'écusson reproduit sur un bois d'après la première édition ; pas d'estampe.

Huitième, 1742 et neuvième, 1765 ; semblables à la septième.

(228) *Plan de l'hospital de la Charité de la ville de Lion*, sans date ni nom de graveur ; largeur 0,49, hauteur 0,45 (Catalogue Coste, n° 586). La bibliothèque nationale et la collection Coste ont chacune un exemplaire de ce plan.

nière (229) : « Martellange semblait avoir devancé son siècle au point de vue de l'hygiène en dressant le plan dont nous retrouvons quelques dispositions adoptées à l'hôpital de Bordeaux, récemment construit et généralement admiré. Simplicité, commodité, élégance, salubrité, tels étaient les avantages que notre architecte s'était proposé de donner à son œuvre : il y est parvenu. »

Ce plan a été traduit par une vue perspective assez curieuse, du reste, en ce qu'elle en reproduit absolument les dispositions. Les exemplaires que nous avons vus à la bibliothèque nationale, à la collection Coste et à l'hospice de la Charité (230) ne portent pas de titre gravé. Cette vue fut jointe à la quatrième édition de l'*Institution de l'Aumône générale de Lyon*.

On pourrait peut-être fixer à une époque antérieure la date des deux planches dont nous venons de parler par les mentions que nous trouvons dans les livres de comptabilité de l'hospice :

« ... quarante livres le III du dit (juin 1619) à Charles Audran m^e sculpteur pour avoir gravé le premier planc de l'hospital des pauvres enfermés en Bellecour suivant le mandat et quittance apert audict journal (231). »

« ... soixante livres le xvij du dit (septembre 1619) à Charles Audran m^{re} sculpteur pour avoir gravé le dessin

---

(229) *Considérations sur la salubrité de l'Hôtel-Dieu et de l'hospice de la Charité de Lyon*, par le docteur baron de Polinière. Lyon, Perrin, 1853, page 122.

(230) Largeur 0,47, hauteur 0,38.

On remarque à droite de cette estampe, au-delà d'une rue qui traversait de la rue de la Charité au rempart sur le Rhône, l'église, déjà construite, du monastère des dames de Sainte-Elisabeth.

(231) Compte de la recepte et dépense des deniers de l'Aumosne générale, etc. 1619-1620 (série E).

de l'hôpital des pauvres enfermés sur une planche cuivre à eau forte suyvant le mandement, etc. (232)... »

L'impression du plan fut payée neuf livres à M⁰ Vernet ou Verney, fournisseur de l'Aumône en janvier 1620.

Nos deux estampes ne présentent encore que les dispositions d'un projet, il nous semble qu'elles se rapporportent bien au *plan* et au *dessin* qui font l'objet des paiements de 1619 (233).

Dans les cinquième et sixième éditions du livret (1647-1662) figure une vue générale de l'hospice qui, tout en se rapprochant un peu de ce qui existait à l'époque, s'éloigne déjà des plan et vue de 1619 (234). Il existe une réduction de cette estampe dans la *Topographie de la France* par Mérian (235).

(232) Idem. Ib.

Ce Charles Audran appartient à notre grande famille des Audran. Selon *l'Abecedario* de Mariette, Jal et Le Blanc, *Charles* ou *Karl* AUDRAN, né à Paris, en 1594, fut élève de Corn. Blomaërt et de Greuter, et séjourna longtemps en Italie ; il mourut à Paris en 1674. Bon dessinateur, il ne lui a manqué, selon Mariette, que l'occasion d'exercer ses talents dans toute leur étendue et fut occupé à des ouvrages de peu d'importance.

Le catalogue de son œuvre, donné par Le Blanc, indique en effet que grand nombre de pièces et de frontispices ont été exécutés pour les libraires de Lyon ; nos deux estampes sont une preuve de plus à l'appui de cette assertion. Frère de Claude I⁰ʳ Audran, le père de Germain, Girard et Claude II, il fut le maître de ces deux derniers.

(233) Charles Audran a gravé aussi le frontispice, très-remarquable, représentant une Notre-Dame de Pitié, du livret intitulé : *Forme du gouvernement œconomique du grand Hostel Dieu de Nostre-Dame de Pitié du pont du Rhosne de la ville de Lyon*, 1635.

(234) *Portraict du magnifique bastiment de l'hospital de la Charité de la ville de Lyon* ; largeur 0,57, hauteur 0,41 (Voyez la note 227).

(235) *Hospital de la Charité de la ville de Lyon* ; largeur 0,31, hauteur 0,24. C'est dans l'église surtout qu'on remarque des modifications importantes.

L'hospice de la Charité, selon le plan primitif, se composait d'un immense claustral formé par des corps de logis limitant neuf cours dont une seule, celle du milieu, était entourée de bâtiments sur les quatre côtés; les huit autres devaient présenter chacune un côté ouvert au soleil ou à la ventilation. Chaque corps de bâtiment était longé sur une seule de ses faces et à tous les étages par un portique ouvert. L'église, placée à l'angle nord-ouest, faisait un léger empiétement sur la cour adjacente. Des cours de service et les *lieux-communs* (236), rejetés sur les zones nord et sud des périmètres, dissimulaient les irrégularités d'angles données par les côtés non perpendiculaires à la rue de la Charité.

Les bâtiments qui entouraient la cour centrale avaient trois étages, tandis que tous les autres ne devaient en comporter que deux : rez-de-chaussée et premier étage.

On voit que tout cela était aussi simple qu'ingénieux. Malheureusement, le plan n'a pas été entièrement suivi : un corps de logis perpendiculaire à la rue de la Charité n'a jamais été construit sur le côté nord de la cour centrale; mais, en revanche, on a entouré les quatre faces du périmètre par des bâtiments qui ont ainsi clos toutes les cours sur toutes leurs faces. La ventilation indispensable à un édifice de ce genre en est ainsi singulièrement diminuée.

Il ne nous appartient pas d'aller plus loin dans la description et dans l'historique de cet édifice ; nous avons

(236) Nous présumons que cet ancien terme lyonnais vient de cette disposition, assez incongrue du reste, qui faisait autrefois aligner sur la face d'une longue pièce, comme on le voit dans le plan primitif de la Charité de Lyon, une série de lunettes qui permettaient de se rendre, *en commun*, dans cet endroit où, au contraire, la décence réclame de figurer seul.

tenu toutefois à constater dans son plan primitif une œuvre de haute intelligence et de sage disposition.

On a attribué à Martellange le vaisseau de la bibliothèque du collége de Lyon, ancienne bibliothèque des Jésuites. Cette salle a été commencée en 1641, précisément l'année de la mort de notre Lyonnais. L'on n'en éleva d'abord qu'une moitié du côté du collége, sur la chapelle des Messieurs, et il est probable que cette portion fut endommagée par l'incendie de 1644; l'autre moitié ne put être construite qu'en 1673, au dessus de la chapelle des grands Artisans (237) Dans tous les cas, cette portion du collége n'est rentrée qu'après coup et comme addition dans les dépendances de l'établissement et il nous semble difficile que Martellange ait pu la prévoir dans son plan primitif.

Ce n'est certainement pas trop s'aventurer que d'admettre que Martellange dirigea les constructions exécutées par les Jésuites pour leur MAISON DE PROBATION OU NOVICIAT, RUE SAINTE-HÉLÈNE, A LYON.

On a vu au commencement de ce travail que Benoît

---

(237) Voyez *Notice sur la bibliothèque de la ville de Lyon*, par Péricaud, 1832 (page 6 et note 3). Mais il faut constater que l'auteur n'a pas reproduit son assertion dans la même notice imprimée en 1835.

La congrégation des Messieurs donna, par acte du 13 novembre 1641, aux Jésuites, 3,000 livres pour être employées le plus promptement possible à la construction et couverture de la bibliothèque. Le terrain de la chapelle, toutefois, n'appartenait ni aux Jésuites ni à la Congrégation, mais à la ville, qui tenait cette portion de la confrérie de la Trinité.

Les grands Artisans acquirent des emplacements pour leur chapelle, par actes des 16 septembre et 13 octobre 1672; les Jésuites y joignirent ceux qu'ils avaient acquis au nom de la ville; aussi ils stipulèrent que les congréganistes élèveraient non-seulement leur chapelle, mais encore feraient à leurs frais la toiture de la bibliothèque, dont ils se réservaient de construire les murs.

Martellange, frère de notre artiste, donna, en 1607, à ce noviciat le tiers de la fortune qui lui revenait de son père Etienne, les deux autres tiers restants à ses frères Etienne et Olivier. Le P. Bullioud nous apprend dans son *Lugdunum sacroprophanum* que ceux-ci, à leur tour, disposèrent de ce qui leur revenait en faveur du même établissement, puisqu'il cite les trois frères parmi les bienfaiteurs de la maison de probation. Nul doute, en conséquence, pour nous que notre artiste n'ait contribué puissamment par son art aux ouvrages d'architecture d'une maison qui s'élevait en partie avec des deniers provenant de son patrimoine et en même temps qu'un autre édifice de sa compagnie à Lyon, où son concours est certain.

Du même acte de 1607, il résulte aussi qu'à cette époque Etienne Ier Martellange était mort, sans que nous sachions la date, nécessairement antérieure, de ce décès. Les registres de sépultures des paroisses de Lyon ne commençant qu'à des dates postérieures, ce renseignement ne pourra nous être fourni que par d'autres documents qui, en ce moment, nous font défaut.

Les œuvres de cet artiste sont, du reste, aussi ignorées que son individualité ; nous savons seulement qu'il existait en 1581, étant encore taxé à cette époque comme possesseur d'une maison ou penonage Foquette ou Foucquette (238). C'est peut-être l'immeuble de la place de Saint-Pierre, donné par ses fils aux Jésuites.

Le noviciat de Lyon était situé sur un fonds d'environ 20,000 mètres carrés, limité au nord par la rue Sainte-Hélène, où il avait son entrée principale, à l'occident par la rue d'Auvergne, au sud par les remparts d'Ainay et à l'orient par un mur de clôture qui forme à

---

(238) Archives de la ville de Lyon, portefeuille CC. 157.

présent la limite postérieure des maisons longeant la rue de la Charité. Ce fonds dit *Plat d'Ainay* avait primitivement appartenu à l'abbaye de ce nom ; en 1538, il appartenait à Claude Berthier, pelletier, à Laurent Cornat, pâtissier et à Etienne Ovat, barbier ; il passa ensuite, pour la plus grande partie, aux mains de Louise Henry, veuve et héritière de noble Julien de la Bessée (239). Les Jésuites acquirent en 1605 et 1615 les divers emplacements des deniers qui leur furent laissés dans ce but par Louis-François de Rhodes dans son testament du 6 juillet 1592, et durent aussitôt s'occuper des aménagements et constructions nécessaires à leur installation. Le P. François de Canillac, fils du marquis de Canillac, réserva, lorsqu'il se fit Jésuite en 1606, la plus grande partie de son patrimoine pour l'établissement de cette maison. L'église ne fut commencée qu'en 1618, ainsi qu'il résulte d'un arrêté d'alignement du 18 mars de cette année sur la rue Sainte-Hélène, en face de la rue Saint-Jacques (la rue Saint-Joseph actuelle) ; elle fut consacrée le 15 février 1621. Le roi Louis XIII et le cardinal de Richelieu sont désignés parmi ceux qui aidèrent à son embellissement (240). La vue scénographique de Simon Maupin (1625 et 1635) donne une idée de ce que pouvait être cet édifice qui, certainement, était de la plus grande simplicité comme grosse construction. Nous n'avons rien trouvé à son égard en dehors du P. Bullioud et de la description donnée par Clapasson (241), dont nous fournissons purement et simplement la copie :

(239) *Topographie de la ville de Lyon*, par M. B. Vermorel, aux archives de la ville, fol. 433 et suiv.
(240) Le P. Bullioud en a donné la liste dans son *Lugdunum sacroprophanum*, index decimus.
(241) Page 23.

« … Le tableau du grand autel est d'un Flamand, élève de Mutien, peintre célèbre ; on attribue au vieux Palme un *Ecce homo* placé contre le mur, à côté de l'autel de saint François-Xavier : le tableau de la chapelle opposée a été peint par François Le Blanc ; le petit autel dans la nef dédié au Cœur de Jésus dont Ferdinand Delamonce a donné le dessin est d'une composition nouvelle et ingénieuse, sans aucun ordre d'architecture et sans ornements superflus, l'on en estime aussi l'imitation des marbres. »

Dans le manuscrit du P. Bullioud il est question de deux chapelles sous le vocable du saint Crucifix et de la sainte Vierge. Cette dernière aurait été fondée par Horace et Jacques Cardon, qui y avaient choisi leur sépulture. François Clapisson, conseiller du roi, et son procureur en la sénéchaussée et siège présidial, échevin en 1607, et son épouse Marguerite d'Ullins, contribuèrent d'une manière importante à l'érection de l'église, laquelle aurait été élevée sur le terrain acheté à l'aide de 6,000 livres données par Jean de Masso, chanoine, et ils y avaient également leur sépulture. Enfin, le maître autel se faisait remarquer par un riche rétable dont les bases, chapiteaux des colonnes et corniches étaient dorés.

Il est probable que le tableau de l'*Ecce homo*, dont parle Clapasson, se rapporte à la chapelle du crucifix et la toile de François Le Blanc à celle de la sainte Vierge. Le petit autel de la nef fut certainement élevé beaucoup plus tard.

On a pu remarquer aux chapitres V et VII de cette notice, cette conjecture probable admise par nous, que Martellange, à l'occasion d'une difficulté qui se présenta pour le toisage des voûtes du collège de la Trinité à Lyon, expliqua qu'il avait entendu mesurer ces dernières suivant celles du noviciat de Paris, bien qu'il n'ait point dit de quel noviciat il s'agissait. Il se pourrait, en effet, qu'il ait entendu parler des voûtes de l'église du noviciat de Lyon. Cependant il ne nous est pas prouvé que cette église fût voûtée en pierre comme celle du collége, attendu qu'elle nous a paru être à une seule nef, sans chapelles, tribunes, ni arcs boutants; c'est-à-dire dans des conditions à pouvoir servir de point de comparaison. Par contre, l'église du noviciat de Paris doit être considérée comme l'expression complète et absolue du talent de notre artiste.

De plus, il est dit aussi, dans la lettre du 29 mars 1622, que la manière de toiser proposée par Martellange était contraire aux usages de Lyon.

Enfin, l'église du noviciat de Lyon ayant été commencée en 1618, une année plus tard que celle du collége de cette ville, il devient très-difficile de savoir lequel des deux édifices fut voûté le premier. Nous devions signaler ici à nos lecteurs notre hésitation personnelle sur ce point controversable.

Les Jésuites desservaient à côté de leur établissement une chapelle de congréganistes, qui fut érigée, en 1620, sous le vocable des épousailles de la sainte Vierge et de saint Joseph ; cet édifice fut, à ce qu'il paraît, construit aussi à l'aide des deniers de François Clapisson et de Marguerite d'Ullins, son épouse, lesquels avaient contribué déjà à la construction de l'église du Noviciat (242).

La porte de cette chapelle a été utilisée (243) pour l'encadrement de l'entrée de la maison située, rue Sainte-Hélène, à l'angle nord-est du carrefour formé par cette rue et la rue de Bourbon. On y lisait sur une petite tablette de marbre

---

(242) *Almanach astronomique et historique de la ville de Lyon, pour* 1755, page 51.

(243) *Mélanges historiques et littéraires*, par Paul Saint-Olive. Lyon, 1868, page 49.

noir, l'inscription suivante : SANCTISSIMIS SPONSIS MARIÆ ET IOSEPHO PARTHENII SODALES. 1620.

Voici ce que dit Clapasson de ce petit édifice :

« ..... La chapelle des congréganistes est décorée d'un riche lambris de menuiserie et de beaucoup d'ornements en sculpture, partie dorée, partie bronzée ; les tableaux faits depuis peu sont de Sarrabat, à l'exception de celui de l'autel d'assés bonne main, quoique inconnue ; le rétable est en partie de marbre avec des colonnes et d'autres ornemens ; mais il seroit à souhaiter que le tabernacle fût de meilleur goût et s'accordât mieux avec le reste ; il est à tombeau, mais d'une forme lourde et peu gracieuse ; l'on peut dire même en général que cette forme ne convient guères à l'usage qu'on en fait ici, et à la délicatesse qui doit se trouver dans ces petites fabriques. »

On sait qu'une partie de l'immeuble du noviciat des Jésuites de Lyon, vendu après leur expulsion de France, en 1762, servit de prison depuis 1772 jusqu'en 1831, époque où une construction neuve l'a remplacée, laquelle a conservé le nom de la maison primitive.

On n'oubliera pas non plus que les prolongements de la rue Saint-Joseph et de la rue de Bourbon ont été percés sur cet emplacement.

Notons, enfin, comme pouvant avoir été construits avec l'aide des conseils de Martellange, à Lyon, le couvent des Carmes Déchaussés, fondé par le marquis de Nerestang, grand-maître de l'ordre du Carmel, en 1618, l'église du monastère de la Déserte (1623) et la chapelle des pénitents de la Miséricorde (1625), fondé par César Laure (244).

---

(244) Construits par les maçons Pierre et Benoit Daurolles, dont nous avons parlé plus haut, par prix fait du 16 avril 1625 ; leur quittance est

Suivant les écrivains du xviie siècle, Martellange concourut avec le P. Derand (245) à un projet pour L'ÉGLISE DE LA MAISON PROFESSE *de la rue Saint-Antoine*, A PARIS, qui existe encore (246).

Selon Piganiol de la Force (247), Martellange « qui étoit habile architecte, s'étoit proposé dans son dessein d'imiter l'église de Jésus de Rome, qui a été bâtie par le fameux Vignole, et qui est une des plus belles qu'il y ait en Italie. Le P. Derrand, au contraire, n'avoit copié que lui-même et, malheureusement, les Jésuites préférèrent son dessein à celui de Martel-Ange. »

Cette opinion n'a pas été partagée par tous les écrivains et certains attribuent cette église uniquement à Martellange. Nous ne sommes pas de cet avis, car on ne trouve pas dans cette œuvre la simplicité qui caractérise, comme on l'a vu, les ouvrages de notre artiste et qui devint un défaut aux yeux des Pères qui attachaient en ce moment à l'éclat une importance telle qu'ils le confondaient presque toujours avec le bon goût.

du 1er mai 1626 (*Revue du Lyonnais*, 1re série, tome VI, page 1 ; articles par M. Leymarie).

(245) *François* DERAND, né en 1588, dans le pays Messin et entré dans la Compagnie de Jésus en 1611, est mort à Agde, en 1644. M. P. Morey, auquel on doit une notice intéressante sur cet artiste, n'a donné aucune date et aucun fait nouveau qui puissent nous aider.

(246) M. E. de Ménorval, chef d'institution, a publié un travail remarquable (que nous avons déjà cité) sur les JÉSUITES DE LA RUE SAINT-ANTOINE, L'ÉGLISE SAINT-PAUL-SAINT-LOUIS ET LE LYCÉE CHARLEMAGNE. M DCCC LXXII. Aussi bien que M. Morey, il ne nous fournit absolument rien d'inédit sur la personnalité des PP. Derand et Martellange et sur les plans originaux de l'église Saint-Louis. Nous sommes donc réduit, comme ces messieurs, aux récits des écrivains des derniers siècles, qui sont loin d'offrir les détails indispensables.

(247) Tome IV, page 371 et suivantes.

Le P. Derand a dû être influencé par la façade de l'église Saint-Gervais et Saint-Protais avec laquelle on trouve plus d'une analogie.

Il ne serait pas impossible, néanmoins, que, pour l'exécution, Martellange, en sa qualité de religieux d'un ordre où l'obéissance et l'humilité sont poussées à l'extrême, ait fourni des détails, des dessins et même la surveillance qu'on était en droit d'exiger de lui. Ce serait à cette circonstance qu'on aurait pu lui attribuer d'être aussi l'auteur de la composition.

Mais, nous le répétons, tout ceci n'est que conjecture, ne repose sur aucune preuve écrite et n'est pour nous que le résultat des observations auxquelles nous nous sommes livré sur quelques détails d'architecture et d'ornementation que l'on trouve tracés dans une manière analogue au Noviciat, à l'église Saint-Louis et dans les cartouches de l'ARCHITECTURE DES VOUTES du P. Derand.

Cette église fut commencée en 1627 ; Louis XIII en posa la première pierre le 7 mars, accompagné de Mgr de Gondy, archevêque de Paris. Voici l'inscription qui y était gravée :

D. O. M.
SANCTO LVDOVICO
QVI TOTVM ORBEM IN TEMPLVM DEI
ARMIS, ANIMISQVE DESTINAVIT.
LVDOVICVS XIII,
HOC TEMPLVM EREXIT ;
VT QVEM GALLIA COLVIT VT REGEM,
AMAVIT VT PATREM,
HIC VENERETVR VT CŒLITEM.
ANNO MDCXXVII.

Aux angles de cette pierre on mit quatre médailles d'argent sur lesquelles se trouvaient : 1° La tête de saint

Louis : 2° le dessin de la façade de l'église ; 3° le portrait de Louis XIII et 4° une inscription commémorative (248).

Le portail portait cette inscription gravée en lettres d'or sur la frise du premier des trois ordres : SANCTO LVDOVICO REGI, LVDOVICVS XIII, REX BASILICAM : ARMANDVS CARDINALIS, DVX DE RICHELIEV, BASILICÆ FRONTEM POSVIT.

On rappelait ainsi que Louis XIII avait commencé l'église et que Richelieu l'avait achevée.

Le portail fut tourné suivant les conseils de Le Mercier « au jugement duquel » dit Sauval « se rapportèrent tous les Jésuites du monde, » sans tenir compte de l'orientation habituelle.

Cette petite critique de Sauval contre Le Mercier tombe d'elle-même en examinant le plan du quartier (249). On voit que pour orienter l'église, il eût fallu ou la placer sur une rue moins importante, ou lui faire présenter le flanc à la rue Saint-Antoine. Le Mercier a donc ici, comme ailleurs, fait preuve d'un jugement très-sûr.

Nous ne nous étendrons pas plus longuement sur cet édifice, achevé en 1641, dont la description serait longue et compliquée. On peut consulter : Sauval, Brice, Piga-

---

(248) Sur une des médailles, en souvenir de la prise de La Rochelle, on mit aussi : VICIT VT DAVID, ÆDIFICAT VT SALOMO!

(249) *Histoire et recherches des antiquités de la ville de Paris*, tome I, page 464.

« Depuis, comme à Rome, à l'occasion de l'église Saint-Louis, on ne put décider, dans toutes les conférences qui furent tenues exprès, lequel valoit mieux, ou d'assujettir la face du portail à la rue Saint-Antoine ou à celle de la Coulture-Sainte-Catherine ; on lui fit honneur de s'en rapporter à lui (Le Mercier) et même l'on voulut qu'il traçât le plan de cette grande église et en jettât les fondemens....... (Tome I, page 330). »

niol de la Force (250), le *Magasin pittoresque* (251), de Guilhermy (252), et de Ménorval (253).

Il existe de nombreuses gravures dans les auteurs que nous venons de citer et dans d'autres recueils.

Les voûtes sont un chef-d'œuvre d'appareil et il semble bien là que le P. Derand a voulu prouver ce dont il était capable en fait de coupe de pierres.

Le duc de Chaulnes conservait dans son cabinet *deux grands volumes in-folio, qui étaient remplis de dessins* de Martellange ; ils avaient été exécutés d'après nature dans les différentes localités de la France où notre artiste avait été appelé.

Si l'on en croit le comte de Caylus (254), ils représentaient, surtout des vues de villes et ils étaient précieux en ce sens qu'ils en donnaient la physionomie exacte, surtout pour Paris, vers le commencement du XVIIe siècle.

Comme un certain nombre d'antiquités y figuraient, Caylus s'en servit, avec l'autorisation du duc de Chaulnes, et en reproduisit quatre dans son recueil. Ce sont ceux du *monument dit de l'Aiguille, à Vienne, en Dauphiné,* (planche XCV et XCVI, *le monument des deux amants à Lyon* (planche XCVII), *la porte Saint-André à Autun* (planche C et *la porte d'Arroux à Autun* (planche CI).

Le savant archéologue prétend que Martellange « était peu sensible aux antiquités » ; ses dessins cependant prouvent que s'il n'en faisait pas l'objet spécial de ses re-

(250) Tome IV, page 369.
(251) Tome IV, page 107 : *Études d'architecture en France*, par Vaudoyer.
(252) *Description archéologique des monuments de Paris*, page 210.
(253) Page 53 et suivantes.
(254) *Recueil d'antiquités égyptiennes, étrusques, grecques, romaines et gauloises*. Paris, MDXXLII et MDXXLVII, tome III, pages 349, 356 et 369.

cherches, du moins, il les appréciait assez pour prendre la peine d'en relever le croquis.

Les gravures que fournit Caylus, si elles sont la reproduction fidèle du dessin, indiquent une main un peu timide. La perspective et les proportions laissent à désirer; l'ensemble est cependant satisfaisant et donne une idée exacte des monuments représentés (255).

Martellange employa, du reste, la fin de sa vie à des ouvrages de dessin et de peinture qui furent conservés au Noviciat. Le cardinal de la Rochefoucauld les admirait et disait que les peintres de Paris devraient les prendre pour modèles ; il ne faut point oublier aussi de dire que notre artiste fut l'ami de Salomon de Brosses et que cette relation avec l'auteur si distingué du Luxembourg n'a pu qu'être utile au développement du goût du Jésuite.

En 1643, paraissait à Paris un ouvrage sur la coupe de pierres d'un collègue de Martellange, le P. Derand :

L'architecture des voutes ou l'art des traits et coupe des voutes, traicté très-util, voire nécessaire à tous achitectes, maîtres massons, appareilleurs, tailleurs de pierre, et généralement à tous ceux qui se meslent de l'architecture, mesme militaire, par le le R. P. François Derand de la compagnie de Jésus. A Paris, chez Sébastien Cramoisy, imprimeur ordinaire du Roy, rue Sainct-Jacques, aux cicognes. MDCXLIII. Avec privilége de sa majesté.

La dédicace de cet ouvrage est adressée à M. de Noyers, baron de Dangu, surintendant des bâtiments du

---

(255) Il est probable que les dessins contenus dans le volume que possédait le duc de Chaulnes existent encore ; nos recherches pour les trouver n'ont pas abouti. Cette notice apprendra peut-être un jour à leur possesseur qu'il a entre les mains un recueil précieux, surtout pour la ville de Lyon.

roi, qui avait confié à Martellange la construction du noviciat de Paris.

On y remarque ce passage qui a trait à ce Jésuite et indique sa collaboration : « ..... ce travail, où ayant employé, à l'imitation de ceux qui ont toutes les sciences, ce que mon esprit m'a peu fournir ; j'y ai d'abondant inséré ce que j'ai rencontré des plus judicieuses inventions de ceux, qui ont eu quelque connaissance de ses secrets ; mesmement de l'un de nos religieux, qui a l'honneur d'estre connu de vous (256); lequel ayant depuis plusieurs années joint la théorie à la pratique, a tiré non moins de la bonté de son esprit, que de son expérience quelques traits d'entre ceux que je vous présente en cet ouvrage ..... »

Dans la préface aux lecteurs, le P. Derand paraît se préoccuper beaucoup d'un livre sur le même sujet qui venait de paraître six mois auparavant : *Le Secret d'architecture*, de Mathurin Jousse, de la Flèche (257).

Il ne se fait pas faute de le déclarer erroné et incomplet et de faire remarquer que cet ouvrage, ainsi que celui de de l'Orme, l'unique qui l'ait précédé, est, avec le sien, tout ce qui a été écrit sur l'art de la coupe des pierres.

Nous avons cherché à reconnaître parmi les défini-

---

(256) Ces mots semblent prouver aussi que Martellange vivait encore lorsque le P. Derand écrivait sa dédicace et que le livre ne fut imprimé que plus tard.

(257) *Le secret d'architecture découvrant fidèlement les traits géométriques, coupes et desrobemens nécessaires dans les bastiments, enrichi d'un grand nombre de figures adioustées sur chaque discours pour l'explication d'iceux, par Mathurin Jousse, de la ville de La Flèche. A La Flèche, George Griveau, imprimeur ordinaire du Roy et du College Royal.*
M. DC. XLII
Avec privilége de Sa Majesté.

CARTOUCHE TIRÉ
DE L'ARCHITECTURE DES VOUTES DU P. DERAND, pag. 115

tions du P. Derand celles qui proviennent de Martellange, mais nos investigations ont été sans résultat. Nous ne nous arrêterons donc pas plus longtemps sur le mérite de cet ouvrage, au point de vue mathématique nous réservant de l'étudier dans la biographie de Girard Désargues, qui avait fait paraître, en 1640, un traité de coupe de pierres (258), mais dont le P. Derand semble n'avoir pas encore connaissance.

C'est une coïncidence digne de remarque que ces trois ouvrages sur le même art, paraissant d'une manière presque simultanée, au XVIIe siècle, dans lesquels deux Lyonnais témoignent de leurs études et de leur science, tout en reconnaissant que Philibert de l'Orme, aussi Lyonnais, a été le premier à ouvrir la voie.

Nous devons signaler, dans l'ouvrage du P. Derand, le mérite exceptionnel des cartouches qui entourent les titres de chaque planche. Quelques-unes de ces pièces, remarquables de gravure, ont été reproduites dans le premier et le deuxième volume de *l'Art pour tous*, *de Reiber*, qui en attribue une (celle de la planche 257 de Derand) à Saint-Igny, peintre et graveur.

Nous sommes fort embarrassé à cet égard, car nous nous sommes fait une loi de n'attribuer qu'avec la plus grande réserve aux artistes qui nous occupent, les œuvres dont la paternité est indécise.

Cependant nous devons faire observer que beaucoup de ces motifs ou cartouches sont d'un dessin purement archi-

---

(258) *Brouillon proiect d'exemple d'une manière universelle du S. G. D. L. touchant la practique du trait à preuves pour la coupe de pierres en l'architecture ; et de l'esclaircissement d'une manière de réduire au petit pied en perspective comme en géométral et de tracer tous cadrans plats d'heures égales au soleil. Paris, en aoust 1640, avec privilege.*

tectonique (259) et que tous appartiennent au même genre ; la main du graveur varie seulement. Le P. Derand dit : (préface aux lecteurs) que « le peu de soin des graveurs paroist pareillement dans les titres des mesmes figures de nos traits, en quelques-uns desquels il se trouve des mots correctement écrits, qui en d'autres sont mal orthographez. » Ces mots semblent indiquer des graveurs opérant d'après des dessins donnés : pourquoi Derand et Martellange n'auraient-ils pas aussi composé ces cartouches en même temps que les épures ? Les détails de l'église Saint-Louis, rue Saint-Antoine et du Noviciat rue du Pot-de-fer, ne décèlent-ils pas des dessinateurs de premier ordre ? Puis, on remarquera sans peine, dans ces compositions, un mélange perpétuel de sacré et de profane, d'anges bouffis et de figures mythologiques qui rentre tout à fait dans la manière adoptée par les R. Pères.

Martellange était bon dessinateur, le Noviciat de Paris l'a prouvé, et, comme cet ouvrage a paru vers la fin de son existence, il n'y aurait rien d'impossible qu'il ait consacré ses derniers loisirs à ces charmantes compositions ; du reste, dans une lettre que l'on trouvera plus loin, et dans le catalogue où le P. Boero a puisé les dates qu'il a bien voulu nous fournir, cet artiste est noté comme *Pictor et insignis architectus*.

Martellange aurait aussi collaboré à l'ouvrage de Jousse (1626) *Traduction de la perspective de Viator* (260).

(259) Pages 63, 179, 189, 213, 291, 295, 299, 331, 341, 386, 397, 407, 415, 425, 431, 436 et 443.

(260) Voyez *Notices sur quelques artistes français, architectes, dessinateurs, graveurs, du XVI⁰ au XVIII⁰ siècles* par Destailleur. Paris, MDCCCLXIII, pages 53 et 56.

CARTOUCHE TIRÉ DE L'ARCHITECTURE DES VOUTES DU P. DERAND, pag. 257.

Le livre original est intitulé :

De artificiali perspectiva.

† *Viator : secundo.*

Pinceaux, burins, acuilles, lices, Pierres, bois, métaux, artifices.

Dernier feuillet *recto : S̄umo. Faber. rerū. qui. perspicis. oc̄c. solus. ad. te. directo. calle. viator. eat.* † *Amen.*

Dernier feuillet *verso : Impressum Tulli anno catholice veritatis qui͞getesimo nono ad millesim͞u IIII Idiis Marcias. Solerti opera Petri Iacobi pbr͞i Incole pagi Sancti Nicolai.*

† *Sola fides sufficit.*

(Petit in-folio gothique, bibliothèque nationale).

Cette publication, extrêmement curieuse, est faite complétement dans l'esprit et dans les traditions du moyen âge: costumes, édifices, intérieurs de ville et d'habitations.

Son analyse nous entraînerait tout à fait en dehors du cadre que nous nous sommes tracé.

M. Anatole de Montaiglon, dans une notice bibliographique sur Jean Pelerin, chanoine de Toul, auteur de cette perspective, paraît révoquer en doute l'existence de cette édition citée par M. Destailleur : « On a vu, » dit-il, « que Pelerin était mort en 1524. Il serait donc naturel de penser que son livre ne fut pas reproduit. On se tromperait cependant et le milieu du xviie siècle lui réservait cette résurrection inattendue. Mathurin Jousse ..... copia d'une pointe fine les planches de la troisième édition qu'il réduisit à la grandeur d'un in-12. Son recueil, composé de cinquante-trois feuillets, comprenant soixante-une figures, reproduites en contre-partie et parfois modifiées au goût du jour, a pour titre : *La perspective de Viator, traduite du latin en françois, augmentée et illustrée par maistre Estienne Martellange, de la compagnie de Jésus, avec les figures gravées à La Flèche, par Mathurin Jousse.* 1626.

Comme on le voit, ce titre promet un texte qui ne fut sans doute pas imprimé alors, car celui qu'on rencontre joint aux planches est postérieur de neuf ans et il n'est plus question du P. Martellange (261). »

La perspective positive de Viator latine et françoise, reveue, augmentée et réduite de grand en petit, par Mathurin Jousse, de La Flèche. A La Flèche. George Griveau, imprimeur ordinaire du Roy et du collége royal. M. DC. XXXV. Avec privilége du Roy.

Ce privilége est du 30 mars et l'achevé d'imprimer du 16 juillet 1635, et cela, dit M. de Montaiglon, fait penser qu'il n'y a pas eu d'impression antérieure.

Dans l'exemplaire de la bibliothèque nationale, que nous avons vu, sont ajoutées aux soixante-une figures de Pèlerin, six planches représentant cinq tabernacles et une perspective d'intérieur d'église (262). Il paraît que dans l'exemplaire de la bibliothèque de l'Arsenal on ne trouve que cinq pièces, quatre de tabernacles et la cinquième des ruines par le maître J. G. Nous n'avons pas eu occa-

---

(261) Nos recherches personnelles sur cette édition de 1626 n'ont pas abouti ; elle ne se trouve même pas dans la bibliothèque du Prytanée militaire de La Flèche, laquelle, étant en même temps bibliothèque de cette ville, devrait posséder toutes les éditions des ouvrages des Fléchois.

(262) 1° Un rétable avec tableau de la Nativité, p. LXII ;

2° Un autre en forme de miroir, p. LXIII ;

3° Un autre rétable dont l'ornementation se rapproche considérablement de celle de la Renaissance, p. XLII (sic) ;

4° Un autre en forme de lucarne et dans le même style que le précédent, p. LXV ;

5° Un autre dans les mêmes conditions, p. LXVI ;

6° Des ruines d'un temple, p. LXVII.

sion d'examiner ce dernier exemplaire et de le comparer avec le premier

La planche du vaisseau qui termine la troisième édition de Pèlerin, n'a pas été reproduite par Jousse; mais toutes les autres planches sont dans le même ordre ; il a aussi supprimé les inscriptions. Remarquons aussi que les planches de Jousse sont loin de valoir celles de l'œuvre de Pèlerin.

Enfin M. Destailleur explique que par une singularité qu'il ne sait comment expliquer, le titre de 1626 serait supprimé sur une planche de Ducerceau, représentant un reliquaire ; M. de Montaiglon estime aussi que les tabernacles qu'il a vus ajoutés aux soixante-une planches, dans l'exemplaire de la bibliothèque de l'Arsenal, sont copiés sur Ducerceau.

Mathurin Jousse est né à La Flèche, le 27 août 1607 ; sa vie est peu connue ; mais ses ouvrages dénotent un artiste habile et un esprit cultivé et ingénieux.

La seule circonstance qui pourrait indiquer une collaboration quelconque de Martellange à l'ouvrage de 1626, c'est que Jousse n'avait que 19 ans à cette époque ; il fut peut-être encouragé par le Jésuite, parce qu'il travaillait de son état au collége de La Flèche.

J. Clève l'a cité comme s'étant occupé de l'ornementation de la chapelle de cet établissement ; toutefois, cet auteur n'indique pas où il a pris ce renseignement.

La fidèle ouverture de l'art du serrurier et *le Théâtre de l'art du charpentier*, suivis d'un *Bref traité des cinq ordres de colonnes* ont paru, aussi à La Flèche, en 1627.

On ne connaît pas l'époque de la mort de Jousse.

Le caractère de Martellange était fort obligeant ; tous ceux qui le consultaient pour la construction de leurs édifices l'éprouvaient journellement. Des communautés religieuses et plusieurs personnes de la première distinction l'honoraient de leur confiance et de leur estime. Il en reçut des témoignages bien flatteurs en 1633 : Les douleurs de la pierre qui l'incommodaient depuis quelques années, le déterminèrent à se faire opérer. On fit alors pour lui des prières dans beaucoup de communautés et nombre de personnes s'intéressèrent à sa conservation. Après cette douloureuse opération, il ne s'occupa plus que de petits ouvrages de peinture jusqu'à sa mort, arrivée le 3 octobre 1641, à Paris, dans le Noviciat qu'il avait fait construire (263).

Les restes de Martellange, qui ont dû être transportés à la rue Saint-Antoine, reposent probablement encore et paisiblement dans les cryptes de l'église Saint-Paul et Saint-Louis, qui subsistent toujours, les révolutions les ayant ignorées. Ils sont au nombre de deux cents, en pleine terre, sans autre marque extérieure qu'une plaque de plomb ou une ardoise accrochée au mur. On a trouvé 173 noms, parmi lesquels on a rencontré bien des célébrités, depuis le premier inhumé, le P. Ignace Armand (8 décembre 1638), jusqu'au dernier, le F. Morice Watien

---

(263) *In domo Parisiensi probationis obiit F. Stephanus Martelange, Lugdunensis, coadjutor temporalis, annum agens œtatis 72 sic à Deo donis ornatus ut cœteris in exemplar statui posset. Erat pietatis cultor, laboris amans, silentii tenax, humilitatis sectator eximius, ut noluerit ad ordines sacros promoveri cum id ei a superioribus liberum esset. Annos egit in Societate 51, nostris externisque officium ipse suum lubens impendebat in iis artibus quibus excellebat picturæ et architecturæ. Multa templa, multa œdificia Deo et Societati extrahit operamque suam hac in parte commodavit religionis ordinibus non paucis, quos Societati eo nomine devinxit; multis etiam viris insignibus qui ejus in œdificando industriam requirebant. Obiit 3 octobris sacramentis omnibus cum magno animi sensu sanoque judicio susceptis (Ex Litt. ann. prov. Franc. anni* 1641). Communiqué par le R. P. Périć.

(4 août 1762), dix jours avant l'expulsion des Jésuites de leur maison professe. Puisque tous n'ont pas d'inscription, l'humble frère doit être là..... Pour nous consoler de cet oubli, nous trouvons au moins le P. C. F. Ménestrier (21 janvier 1705) !

Il nous reste à compléter cette étude par l'examen du talent d'Etienne Martellange. Ainsi que nous l'avons fait remarquer déjà, il sut éviter l'exagération décorative et les formes maniérées. Si donc les Jésuites sont tombés plus tard dans ces défauts, qu'on leur reproche à juste titre, on ne saurait faire supporter à notre artiste une part de responsabilité dans cette voie regrettable. Nous n'hésitons pas à affirmer, qu'au contraire, ses ouvrages ont été d'une influence salutaire pour l'art architectural dans les constructions nombreuses pour lesquelles il fut consulté.

C'est, sans doute, pour cette simplicité de goût qu'il fut, quoique religieux d'un ordre fortement discuté à toutes les époques, tenu en haute estime par les écrivains des xviie et xviiie siècles, qui ont connu ses œuvres, mais auxquels on peut, encore une fois, adresser le reproche de n'avoir pas pris la peine de nous les faire toutes connaître.

Peut-être ils ne prévoyaient pas qu'en France des jours de haines et de discordes civiles renverseraient peu à peu les ouvrages patiemment élaborés et que, monuments, statues, tableaux, orfévrerie, manuscrits précieux, collections et recueils de dessins et d'estampes, seraient entraînés avec la chute des gouvernements ou sacrifiés à des représailles implacables !

Ainsi s'expliquent ces lacunes regrettables que nous

devons laisser çà et là dans nos études biographiques, ces longues listes d'édifices pour lesquels nous sommes réduits à de simples conjectures, ces tristes mentions d'ouvrages qui n'existent plus et, enfin, cette ardeur moderne et impatiente des érudits à reconstituer, par des livres et des estampes, un passé d'art et d'histoire qu'on peut encore entrevoir avant qu'il se soit accumulé de nouvelles ruines !

Au point de vue architectural des églises conçues par Martellange, c'est à Rome (264) que se trouvent des édifices où, sans hésitation, nous admettons qu'il a puisé ses inspirations. C'est pourquoi, au commencement de cette notice, en contestant qu'il fût allé dans cette ville, à l'âge de sept ans, nous ne doutions pas que, plus tard, il y eût cherché à compléter ses études.

Martellange n'employa ce qu'on nomme les ordres d'architecture que lorsque les ressources, qui étaient mises à la disposition de la maison à construire, le permettaient et qu'il y avait, par suite, prétexte à une plus grande richesse décorative ; le Noviciat de Paris en est un exemple.

En effet, nous devons le dire pour ceux de nos lecteurs qui ne sont pas absolument instruits de l'art de l'architecture, les ordonnances d'ordres ne sont qu'une décoration accessoire, imitée des Romains, appliquée aux pilastres ou contreforts nécessaires pour donner plus de solidité aux murs ou sous la corniche qui doit les abriter. Aussi, dans la pratique la plus usuelle de la construction, un édifice ne se compose, à l'extérieur, que de portes ou

(264) Parmi les églises de Rome dont l'imitation me semble incontestable, nous citerons celle de S. M. de Monti, commencée en 1579, sous le pontificat de Grégoire XIII, par Giacomo della Porta. Entre le plan et la façade de ce charmant édifice et l'église du Noviciat de Paris existent des analogies sensibles qu'on remarque aussi avec diverses autres églises du même architecte milanais.

de fenêtres bordées d'un chambranle qui n'est autre chose que la pierre de taille nécessaire à l'encadrement, de contreforts, ou angles et de corniches. Tirer parti de ces formes indispensables à la stabilité et à la bonne construction, en leur donnant une certaine élégance de détails ou de proportion, est faire une œuvre peu dispendieuse, simple et sage ; c'est ce qu'on appelle accuser la structure.

Un très-grand nombre d'édifices du commencement du xviie siècle sont des types excellents de ce genre de construction et Martellange doit en être considéré comme un des principaux auteurs.

On l'a dit depuis bien longtemps, c'est se risquer dans une œuvre bien plus laborieuse que de construire avec peu d'éléments décoratifs : la simplicité et les proportions parfaites n'appartiennent qu'aux organisations réellement douées du sentiment de l'art et d'une grande dose de sens raisonné, puis complétées par de longues études.

Il ne faut jamais s'y tromper ; la richesse, ces accumulations de niches, de statues, de pilastres, de ressauts et de frontons qui caractérisent certains genres d'architecture, sont la marque de l'infériorité des praticiens qui s'y sont laissés entraîner.

Puisque nous avons réédité cette critique contre les PP. Jésuites, tout en leur accordant que leur but était, comme il est encore, de faire la maison du Seigneur aussi belle qu'elle le mérite, du moins nous devons dire aussi que notre Martellange n'a jamais eu une seule défaillance dans ce sens. C'est donc un nom de plus à inscrire, avec honneur, dans les *Annales* des arts.

Juillet 1871.

INDEX ALPHABÉTIQUE

DES

NOMS DE PERSONNES CONTENUS DANS LE VOLUME

A

ABBATE (Pietro-Paolo dell'), peintre.................. 161
ALBERT (archiduc).......... 73
ALBRET (Jeanne d')......... 87
ALDOBRANDINI (cardinal).... 20
ALENÇON (Charles d')....... 88
ALENÇON (Françoise d')... 87, 88 92, 93.
ALERAN (Jean), tailleur de pierres.................. 160
ANDRÉ (Gaspard), architecte. 177
ANDRÉ (Pierre), maître d'école 113
ANEAU (Barthélemy).... 116, 118 119, 120, 121, 122, 137.
ANGUIER (François), statuaire. 63
ANGUIER (Michel), statuaire.. 63
ANISSON (Jacques), éch. de Lyon.................. 167
AQUAVIVA (Claude), jésuite.. 16, 18 46, 56, 66.
ARGENVILLE (Antoine-Nicolas Dezailler d')............10, 95

ARMAND (Ignace), jésuite. 131, 218
ARNAUD (J.-A.-M.), historien. 15
ARNAULD (Antoine), avocat.. 129
ARTAUD (Jean), éch. de Lyon 165
ASTIER (Jacques), régent d'école.................... 44
AUDRA (Laurent), éch. de Lyon. 142
AUDRAN (Charles), graveur... 198 199.
AUDRAN (Claude I), graveur.. 160 199.
AUDRAN (Claude II), peintre. 199
AUDRAN (Germain), graveur.. 199
AUDRAN (Girard), graveur.... 199
AUGER (Edmond), jésuite.... 123 124, 126, 189.
AUTRICHE (Anne d')......... 164
AVELINE (Antoine), graveur.. 92
AYMARD ( ), archiviste. 22 31.
AYRAULT (René), jésuite.... 105.

B

Balthazar (Christophe), jésuite 189
Baluffin (Henri), maître d'école 113
Barailhon (Aimé), P. des M. de Lyon 145, 147
Bardi (Cosme), évêque de Carpentras 68
Barjavel (C.-F.-H.), historien 69
Barlet (Claude) 191
Barrès (G.), conservateur de la bibliothèque de Carpentras .... 65.
Barthélemy, jésuite 135
Basset (Charles), éch. de Lyon 167
Beauregard, sculpteur 154
Bellet (Antoine), éch. de Lyon 167
Bellièvre (Claude de) 113
Benci (Luce), jésuite 67
Bernard (Jean), cons^{er} de ville du Puy 18
Bernico (Pierre), éch. de Lyon 143
Bertaud (Michel), courrier de la confrérie de la Trinité à Lyon 114
Berthelier (Jean), charpentier 152
Berthier (Claude) 203
Bertholon (Etienne), bourgeois notable de Lyon 118
Berthomier (Claude), notaire royal 55

Bertin (François), éch. de Lyon 142
Berton (Etienne), éch. de Lyon 167
Bertrand (Jean), juge mage. 18
Bezin (Bénédict), éch. de Lyon 143
Bideau, maître maçon 89
Bicotier (Gilbert), professeur au collége de Lyon 122
Blanchet (Thomas), peintre et architecte .. 154, 164, 176 183, 191.
Blauf (?) 195
Blomaert (Corneille) 199
Blonay (Mme de) ... 154, 190, 191
Blondel (Jacques-François), architecte 97, 98, 99
Bobynet (Jacques), régent du collége de Lyon 118
Bobynet (Pierre), jésuite ... 165
Boero, jésuite 5, 214
Bonnassieux (Jean-Marie), statuaire 88
Bonniol (Julien), avocat du roi à la sénéchaussée du Puy 18
Borgia (saint François de), jésuite 46
Bouchard (Ernest), avocat, 53 55, 56, 61, 62.
Bouchitté (H) 100
Bourbon (Antoine de) 87
Bourbon (Charles de), duc de Vendôme 90

Bourbon (Henri de), évêque de Metz 96
Brancas (Marie de), marquise de Castellane 69
Breghot du Lut (Claude). 7, 122
Bretez 97, 99
Brice (Germain) 96, 209
Broissia(Pierre-Froissard de) 189
Brosse (Salomon de), architecte 3, 211
Brouchoud (Claude), avocat 7, 139
Butrin (Claude), notaire royal. 7
Bullioud (Pierre II), jésuite. 155 156, 157, 159, 202, 203, 204
Buzonnière (de la) 109, 110

C

Caboud (Henry), éch. de Lyon 145 147.
Canape (Jean), principal du collège de la Trinité à Lyon. 117
Canillac (François de), jésuite 203
Capacin (Jean), peintre 7
Cardon (Horace).. 195, 197, 204
Cardon (Jacques) 204
Cassia 192
Caston (Bernardin), jésuite. 126
Catheleu (Girardin), courrier de la confrérie de la Trinité à Lyon 114
Caylus (Anne-Claude-Philippe de) 210, 211
Chabrand (Jean-Antoine), jésuite 61
Chabannes (Alphonse), jésuite 18
Chabry (Marc) 159
Champagne (Philippe de) ... 102
Champier (Symphorien). 113, 118
Champrond (Philiberte), dame Coton de Chenevoux. 103, 104
Champrousse (Morin de), bibliothécaire de Sens 188
Chanal (Cl^{de}), maître maçon. 153
Chapelain (Pierre), maître chirurgien 116
Chappe, archiviste de la ville de Lyon 129, 130
Chappuis (François), éch. de Lyon 167
Charpignac, maître maçon du Puy.. 27, 29, 30, 31, 32, 34
Charrier (Gaspard), prévôt des marchands de Lyon.. 166
Chatel ou Chastel (Jean) ... 19
Chateau (Léon) 59
Chaulnes (duc de) 210, 211
Chausse (Jérôme), éch. de Lyon 168
Chenavard (Antoine-Marie), architecte 166
Chilhac (Jean), notaire royal. 18
Chauvet (Pierre), conseiller de ville de Lyon 114
Cholier (Alexandre), échevin de Lyon 143
Chorier (Nicolas) 44, 48, 53
Chrestien (N.), menuisier.. 160
Clapasson (André). 154, 158, 172 174, 176, 191, 203, 204, 206.

CLAPISSON (François), conseiller du roi....... 204, 205
CLAUS (Jean).............. 25
CLÉBERG (Suzanne), dame Sageot 157
CLÈVE (J.)................ 217
CLOSSE (Paul), jésuite et architecte............... 188
CLOUET, architecte d'Orléans. 110
CODRET (Annibal), jésuite... 126
CONVENOLE DA PRATO....... 66
CORBUEAU (Pierre), architecte de Laval.......... 91
CORLET (Jehan), jésuite.... 55
CORNAT (Laurent)......... 203
CORNUTY (Georges)......... 142
COTINGER (F.), graveur..... 92
COTTARD (Pierre), architecte. 97
COTTE (Robert de), architecte 100
COTON (François), sieur de Chenevoux 103
COTON (Guichard), sieur de Chenevoux 103, 104
COTON (Ignace), jésuite. 103, 104
COTON (Jacques), sieur de Chenevoux, 103, 104, 105, 106

COTON (Jeanne-Marie), dame de la Chaize........... 103
COTON (Marie), religieuse... 103
COTON (Marthe), dame du Lieu 103
COTON (Philiberte), dame Gayardon 103
COTON (Pierre), jésuite. 103, 104 106, 131, 155.
COTTON (Jérôme de)........ 155
COUCHERAND (Jean), maître maçon de Vienne........ 48
COURT (Simon), conseiller de ville de Lyon.......... 114
COUSTOU (Guillaume), statuaire............... 63
COUSTOU (Nicolas), statuaire. 63
COYPEL (?)............ 109
COYSSARD (Michel), jésuite.. 17 18, 48, 52, 189.
CRAMOISY (Sébastien), imprimeur 211
CREYTON (Guillaume), jésuite. 126 127.
CUBLIZE (Claude de), principal du collège de la Trinité à Lyon................ 118

D

DALIGHOUX (Amand), éch. de Lyon 168
DARDEL (René), architecte.. 182
DASQUEMIE (Jean), conseiller de ville du Puy. 31, 33. 18, 29
DAUROLLES (Benoît), maître maçon 144, 206

DAUROLLES (Claude), maître maçon............ 144, 151
DAUROLLES (Pierre), maître maçon............ 144, 206
DAVIGNON, notaire.... 26, 30, 32
DEHARME, géomètre........ 97
DELAMONCE (F.-S.-I.-J.),

architecte, 154, 160, 162, 183, 204
DELAMONCE (Jean), architecte, 159, 160, 161, 183.
DELERBEN (André), conseiller de ville de Lyon 114, 118
DELIQUES (Guy), sieur de Ferraignhe 18
DEMOGEOT (Jacques-Claude).. 183
DENUELLE (Alexandre), peintre 163
DERAND (François), jésuite et architecte. 3, 95, 97, 98, 207, 208, 210, 211, 212, 213, 214
DERUA (Jean), maître maçon de Vienne 48
DESARCIS (Gabriel), conseiller de ville du Puy 18
DESARGUES (Girard) 213
DESJARDINS (Antoine), architecte 153, 163
DESTAILLEUR (H.), architecte. 214, 217.
DESVIGNES (Nicolas), échevin de Lyon 168
DEVAUT (Nicolas), courrier de la confrérie de la Trinité à Lyon 114
DINET (Gaspard), évêque de Mâcon 61
DOLHON (Jean), grenetier ... 118
DUBUISSON (Antoine), échevin de Moulins 55, 61
DUCERCEAU (Jacques-Androuet) 217
DUCHER (Gilbert), principal du collége de Lyon...... 122
DUGUÉ (Gaspard), conseiller du roi 195
DUJEUNE (André), sieur de Montgiraud 16
DULAC (Jacques), sieur de Gratuze, échevin du Puy. 18
DUMAS (Claudine), dame Aneau 122
DUPEIRAT (André), conseiller de ville de Lyon......... 114
DU PERRON (Antoine), prévôt des marchands de Lyon 143
DU PRÉ (Symon), fabricant d'orgues.............. 154
DUPUY, peintre............ 164
DUPUY (Jacques), principal du collége de Lyon..... 118, 119
DURAND (Guillaume), principal du collége de Lyon... 117
DURRET (Jehan), franciscain. 8
DU SAUZEY (Marc-Antoine), prévôt des marchands de Lyon 165

E

EFFIAT (maréchal d') 48
ESMONET (Antoine), courrier de la confrérie de la Trinité à Lyon............. 114
ESTOURNEAU (Jacques-Mathieu), architecte........ 88
ESTOURNEAU, entrepreneur de couverture.............. 89

F

Falconnet (André), courrier de la confrérie de la Trinité à Lyon 167
Farineau, jésuite 189
Favyn (André), historien.. 20
Fenoil (Jacques).......... 116
Feron de Longue-Mazière, entrepreneur........... 89
Finot (Jules), archiviste.... 73
Fischer (Antoine), échevin de Lyon................ 167
Flacheron (Raphael), architecte............... 166, 182
Flandre (Jérôme), fabricant de futaines............. 134
Flory, Floury ou Fleury, maître maçon du Puy. 24, 25 36, 30, 31
Fontaine (Charles), principal du collége de Lyon....... 118
Fonton (Jean), régent d'école 45

Forendal (Henri)..... 156, 157
Fornazeris, graveur....... 197
Fouquet de la Varenne.... 19
Fourcy (de), intendant des bâtiments du roi,........ 90
Fournier, régent d'école.... 44
Fournier (François), bourgeois notable de Lyon.... 118
Francisco dit Guido, peintre. 38 39.
François Ier, roi de France. 112
François (Jean-Christophe), peintre................ 38
François (Henri), peintre... 38
François de Sales (saint), évêque................ 154
Freschet, Frachet ou Franchet (Jacques), principal du collége de la Trinité à Lyon 118

G

Galliat (Mathieu), échevin de Lyon............... 147
Galiffet (de), jésuite...... 174
Garet (Guillaume du)...... 133
Garnier, archiviste........ 81
Gay (Charles), expert de travaux 152
George (Gaspard), architecte 178
Gherardini (Giovanni), peintre 102

Gimbre (Humbert), voyer de la ville de Lyon..... 116, 117
Gimbre (Jacques), voyer de la ville de Lyon........ 116
Giraud de Sobirots (Pierre) 66
Godran (Odinet).......... 82
Gondy (Henri de), archevêque de Paris........... 207
Goujon (Jean), échevin de Lyon............. 145, 147

GRAND (Edouard), voyer de la ville de Lyon 14
GRAVIER (Claude), secrétaire de la ville de Lyon...... 116
GRIVEAU (Georges), imprimeur............. 212, 216
GREUTER (Mathias ?) 199
GROLÉE (Philibert de), sénéchal de Lyon........... 50
GUICHE (Philibert de la), gouverneur de Lyon........ 130
GUIGON (Claude), éch. du Puy 18
GUILHERMY (François de)... 210
GUILLAND (Léonnet), échevin de Moulins......... 55, 61
GUILLAUME VIII, prince d'Orange 50
GUILLERMET (Henri), prêtre. 132
GUILLET Saint-Georges...... 160
GUILLIEN (Jacques)......... 103
GUYOT (Henri), conseiller de ville de Lyon....... 114, 118

H

HALINCOURT (Charles de Neuville d'), gouverneur et lieutenant général pour le roi à Lyon. 145, 155, 177, 190
HAREL (Jean), échevin de Moulins 55, 61
HARLAY (de), évêque de Rouen 186
HARLAY (Achille de), président au parlement de Paris 20
HEDDE (Isidore) 24
HENRI IV, roi de France.. 3, 19, 20 21, 46, 54, 88, 92, 96, 103, 104, 105, 130, 131, 143, 158, 178.
HENRY (Louise), veuve de la Bessée 203
HIRET (Jean) 89
HODIEU (Claude), secrétaire de la ville de Lyon....... 180

I

ISABELLE, archiduchesse.... 73

J

JACOB (Jean), échevin de Lyon 142
JACQUEMET (Mathieu), régent d'école........... ... 44
JACQUINOT (Barthélemy), jésuite.............. 128, 131
JOLIBOIS, archiviste........ 187
JOMBERT, éditeur.......... 94
JOUFFROY (de), jésuite...... 188
JOUSSE (Mathurin). 212, 215, 216 217.
JOUVENCY, jésuite......... 20
JOUVIN DE ROCHEFORT....... 99
JOYEUSE (cardinal de)...... 45
JUGE (Guillaume), conseiller de ville de Lyon......... 144

L

LABBÉ (père), jésuite et peintre............ 161, 177
LABORDE (Léon de)........ 161
LACAZE (Pierre), jésuite.... 25
LA CHAISE D'AIX (François de) jésuite............ 107, 138
LA CROIX (Marie-Claude de), sieur de Pommay, maire de Moulins......... 55, 61
LA FAYE (comte de), grand vicaire................. 190
LA HIRE, jésuite.......... 165
LA MURE (Jean-Marie de), historien................. 103
LANCE (Adolphe), architecte. 88
LANGES (Nicolas de), lieuten¹ à la sénéchaussée de Lyon. 12.
LA POINTE (de), graveur... 196
LA PORTE (Esmé de), conseiller de ville de Lyon... 114
LA ROCHEFOUCAULD (cardinal de)................... 211
LAURE (César)........ 152, 206
LAURE (?), expert de travaux. 152
LAURENCIN (Laurent)....... 139
LAVARDIN, maréchal de France 90
L'AVERDY (de), conseiller au Parlement............... 169

LEBLANC, bibliothécaire et conservateur du musée de Vienne................ 43
LE BLANC (François), peintre 204
LE BLANC (Horace), peintre.. 158 163, 199.
LE BLANC (Louis), peintre... 158
LE MERCIER (Jacques), architecte........ 3, 97, 101, 209
LEUSSE (Laurent), notaire... 49
LEYMARIE (H.), historien... 207
LINGRÉ, architecte........ 63
LONG (Denis), régent d'école 44
LORIDEAU (Georges), bourgeois de Lyon............ 118
LOUIS XI, roi de France..... 50
LOUIS XIII, roi de France... 90 95, 103, 147, 158, 178, 203 208, 209,
LOUIS XIV, roi de France... 164
LOURDES (de), expert de travaux.................. 152
LUILLIER (Magdeleine), veuve de Claude LEROUX, sieur de Sainte-Beuve............ 93
LUMAGNE (François), prévôt des marchands de Lyon.. 167

M

MADIÈRES (Claude de), éch. de Lyon................ 166
MAGE (André), bourgeois du Puy................... 18
MADERNO (Carlo), architecte. 3
MAGI, jésuite............. 16

MANDELOT (François de), gouverneur de Lyon......... 126
MANISSIER (Pierre)......... 116
MANSART (Jules-Hardoin), architecte................ 100
MANSART (Franç.), architecte. 3

231

MARCHAND DE BURBURE. 89, 90, 91
MARIÉGE, peintre.......... 138
MARIETTE (P.-J.)... 38, 158, 199
MARION (Simon), avocat.... 129
MAROT (Jean), grav^r. 62, 94, 98, 99
MARQUEMONT (Denis-Simon
   de), archevêque de Lyon. 147
MARTELLANCHE (André)..... 6
MARTELLANGE (Benoît), jé-
   suite.......... 7, 8, 201, 202
MARTELLANCHE (Claude)..... 6
MARTELLANGE (Etienne Ier)
   peintre............... 7, 202
MARTELLANGE (Etienne II),
   jésuite et architecte... 1 à 221
MARTELLANCHE (Jean)....... 6
MARTELLANCHE (Joachim)... 6
MARTELLANGE (Olivier), jé-
   suite................ 90, 202
MARTIN (André), principal
   du collége de Lyon.. 122, 124
MARTIN (Christophe), maire
   de Lyon 181
MARTIN (Claude), maître ma-
   çon de Lyon............ 157
MASCRANNY (Paul), prévôt des
   marchands de Lyon...... 167
MASSO (Jean de), chanoine.. 204
MAUPIN (Simon), voyer de la
   ville de Lyon....... 170, 203
MAZANNO (Girard de), prêtre
   et régent d'école......... 45
MEAUX (François de), éche-
   vin de Lyon............ 168
MÉDICIS (Marie de), reine de
   France................. 186
MÉNESTRIER (Claude-Franç.),
   jésuite et historien. 7, 137, 138
   164, 219.

MÉNIÉ (Jérôme) 132
MÉNORVAL (E. de), chef d'ins-
   titution......... 19, 207, 210
MERCURIANO (Everardo), jé-
   suite................... 46
MERLE (François de), prévôt
   des marchands de Lyon.. 143
MERMET, historien....... 44, 47
MEYSSONNIER (Lazare)...... 113
MEZERAY, historien........ 20
MICHAELIS (Antoine), jésuite. 144
MICHAELIS (Louis), jésuite.. 144
   145, 156, 150.
MICHALLET (Etienne), expert
   de travaux............. 152
MICHEL-ANGE (Buonarotti).. 3
MIGNARD (Pierre).......... 102
MILIEU ou MILLET (Christo-
   phe), professeur au collége
   de la Trinité à Lyon.. 19, 122
MILLIEU (Antoine), jésuite 49, 158
MILLIN (Aubin-Louis)...... 94
MINIÈRE (Benoît), princip. du
   collége de la Trinité à Lyon. 130
MONCONYS (Gaspard de), pré-
   vôt des marchands de Lyon 168
MONTAIGLON (Anatole de).215, 216
MONTAIGNAT (Edouard), con-
   seiller de ville de Lyon.. 118
MONTBY (Adrien de), jésuite. 105
MONTGENET (Nicolas de).. 72, 73
MONTMORENCY (Henri II, duc
   de).................... 63
MONTMORENCY (Marie-Félicie
   des Ursins, dame de).... 63
MONTMORIN DE SAINT-HEREM
   (Françoise de), dame de
   Polignac, puis de Chatte ou
   Chastes et de la Brosse... 17

Morel de Voleine (Louis).. 158
Morey (P.), architecte...... 207
Morgues (Claude), échevin du Puy................. 18
Mornay (Jehan), échevin de de Lyon 118
Moulin (Antoine), imprimeur 164
Moyron de Saint-Trivier (Jacques)............... 195
Murard (Jean-Baptiste de). 145 147.
Mutien, peintre 204

N

Nerestang (marquis de).... 206
Neyret, expert de travaux.. 152

O

Odo de Gissey, jésuite...... 28
Orme (Jehan de l'), M^{tre} d'école. 113
Orme (Philibert de l'), architecte............ 2, 212, 213
Orset (Pierre), taill^r de pierre. 160
Ossat (cardinal d')........ 20
Osseris (Anne d'), dame de Cotton 155
Ovat (Etienne)............ 203

P

Papon (Jean).............. 103
Paquelet (Claude), conseiller de ville de Lyon 114
Pariset (E.).............. 158
Patris, fondeur de canons.. 134
Paul V, pape 147
Pelerin (Jean), chanoine de Toul 214, 215, 217
Pelisson, bourgeois de Vienne 45
Pellot (?). 193, 194, 195
Pellot (Claude), échevin de Lyon 165
Perrache (Antoine-Michel), sculpteur............... 162
Perache (Michel), sculpteur. 161 162.
Perache (Paul), maître charpentier............. 161, 162
Pericaud (Antoine). 7, 103, 113 129, 130, 201.
Périé (Auguste), jésuite.... 218
Pernetti (Jacques), historien 8 113.
Perpinien (Pierre-Jean), jésuite................ 135, 136
Perréal (Jehan), peintre et architecte.............. 44
Perret (Claude), procureur et échevin de Moulins. 55, 61
Pétrarque 66
Peyron (André), conseiller de ville de Lyon......... 114

Picou (Guillaume) 194
Pierre d'Orléans, architecte 23 24.
Piganiol de La Force.. 93, 100 102, 207, 209, 210.
Pinet (Pierre), conseiller du roi 192
Picquet (?) expert de travaux.. 152
Piquet (Antoine), échevin de Lyon 193
Picquet (Geoffray), recteur de la Charité de Lyon.... 193
Picquet (Jacques), l'aîné, recteur de la Charité de Lyon.......... 193, 194, 196
Picquet (Théodore), recteur de la Charité de Lyon.... 193
Platet (Claude), principal du collége de Lyon 119
Plessis, maître charpentier. 89
Poculot (Maurice?)........ 195

Poissant (Thibault), statuaire 63
Polinière (docteur, baron de) 197, 198
Ponsaimpierre (Dominique de), échevin de Lyon..... 165
Pons-Bordel, dit Irail..... 16
Porquet, jésuite........... 186
Porta (Giacomo della), architecte............. 3, 220
Poucert ou Poucrot (Claude) jésuite............... 25, 32
Poursan, Poursand, Porsan ou Person (Antoine).. 44, 45 129.
Poussin (Nicolas), peintre... 100 101, 102.
Pozzo (commandeur del)... 100 101.
Presle (Pierre), échevin de Lyon ,................. 167
Prost de Rouville.... 157, 158

R

Rabot (Jean), maître arithméticien................. 151
Ramèze (Guillaume), maître d'école................ 113
Ranquet (Jean)............ 194
Ravat (Louis), prévôt des marchands de Lyon...... 167
Réaulte (Joseph de la), jésuite 105
Regnauldin (Thomas), statuaire................. 63
Regnault (Claude-Espérance de), prévôt des marchands de Lyon................ 142

Regnault (Pierre), courrier de la confrérie de la Trinité................... 114
Reiber (Émile)........... 213
Renaud (Claude), conseiller de ville de Lyon........ 118
Renfer (Jehan), régent du collége de la Trinité à Lyon 118
Revangier (Jean), notaire royal 55
Rhodes (Louis-François de). 203
Ribeiret (de), prévôt du chapitre de la cathédrale de Carpentras.......... 69

RICHARD (Nicolas), sieur de la Barrolière. 191
RICHELIEU (le card. de). 203, 209
RICHEOME (Louis), jésuite. 16, 17, 18, 55, 61, 67, 83, 129, 131, 189.
RICHERAN (Jean), sculpteur. 158
ROCHE (Jean), courrier de la confrérie de la Trinité de Lyon 114
ROCHEFORT (Benoît), conseiller de ville de Lyon.. 118
ROHAN (François de), archevêque de Lyon.......... 118
ROLIN (Faure), conseiller de ville de Lyon 118
ROLLE (Fortuné), archiviste. 194
ROSSILLÉ (Pierre), jésuite.. 55

S

SACRAT (Jacob), évêque de Carpentras 66
SAINT-BONNET (Claude de).. 173
SAINT-BONNET (Jean-Baptiste de) jésuite 173
SALA (Jehan), conseiller de ville de Lyon........... 118
SAGEOT (Jean), seigneur de Chavagneux, etc......... 157
SAINT-IGNY, graveur....... 213
SAINT-OLIVE (Paul)........ 205
SAN GALLO (Antonio Piconi da).................... 3
SARRABAT (Daniel)....:... 206
SARRAZIN, sculpteur........ 100
SAUVAL (Henri)............ 209
SAVARON (François), échevin de Lyon................ 167
SCHENEYDER, antiquaire..... 53
SEMERY, bibliothécaire du prytanée de la Flèche.... 89
SENECTÈRE (Antoine de), évêque du Puy 16, 17
SERIZIAT Etienne-Henri) 182
SÈVE (Lucas). 159
SÈVE (Philippe), échevin de Lyon............... 143, 159
SÈVE (?), expert de travaux 150, 152
SÈVE (Jean), de Fromente... 194
SÈVE de Saint-André (Pierre) 194
SÉVERT (Jacques), principal du collége de Lyon...... 130
SILVINGÈS (de) 192
SOLIGNAC (Gabriel), architecte 108, 149, 151.
SONNERIUS (Jean), jésuite... 189
SOULACROIX, recteur de l'Académie de Lyon.......... 182
SPONTON (Laurent-Félix), échevin de Lyon.. 142
STELLA (François), peintre.. 8
STELLA (Jacques), peintre... 102
STELLA (Jean), peintre...... 8
STEYERT (André)...... 155, 156
STROZZY (Léon de), échevin de Lyon................ 143
SUBLET DE NOYERS (François) 94, 100, 101, 102, 211.
SUFFRIN (Ant.), jésuite. 25, 105

T

Tacon (F.), jésuite..... 150, 151
Tessier (Claude)....... 72, 73
Thierry (Amable), échevin de Lyon.. .....143, 190, 191
Thomé (Romain), échevin de Lyon 165
Tillet (Jacques du), conseiller au Parlement de Paris...... 93
Tourvéon (Néry de), conseiller du roi, lieutenant à la sénéchaussée de Lyon.. 124
Tremblecour 72
Treppier ou Trippier (Hugues), maître charpentier. 152
Trie (Claude), conseiller de ville de Lyon........... 114
Triolenc (Mathieu), conseiller de ville du Puy... 18
Tripord, architecte........ 188

U

Ullins (Marguerite d'), dame Clapisson........... 204, 205
Urbain VIII, pape....'.. . 68

V

Vacheron (Jean), échevin de Lyon 166
Vachez (Antoine), avocat... 103
Valesco, connétable de Castille 72
Valfenière (François de Royers de la)........... 65
Vanelle (Octave), échevin de Lyon.. 143
Varey (Arthaud de)....... 134
Vassuel (Jacques), régent au collége de la Trinité de Lyon 118
Watien (Maurice), jésuite.- 218
Vauzelles (Mathieu de)..... 118
Vergier (Loys ou Heloy du), principal du collége de la Trinité à Lyon.......... 117
Vermorel (Benoît), voyer de la ville de Lyon. 132, 133, 134 139, 181, 191, 203.
Vernet ou Verney, fournisseur de la Charité de Lyon. 199
Vieille-Ville (François de Scepeaux sire de), maréchal de France.......... 123
Vignon, peintre 109
Vignola (Antonio-Barozzio da), architecte 3, 207
Villars (Jérôme de), archevêque de Vienne...... 47, 53
Villars (Pierre de), archevêque de Vienne....... 53, 129
Villiers, orfévre 100
Villot (F.).............. 101

Virignin dit Laplante (Claude), entrepreneur de marbrerie.......... 159, 161
Virys (Antonio), jésuite et peintre................ 160
Vitelleschi (Mutius), jésuite 46
Voell (Jean), jésuite....... 189
Vouet (Simon), peintre. 102, 109

TABLE DES MATIÈRES

CONTENUES DANS CE VOLUME

	Pages
Avant-propos....	1
Chapitre 1er. — Famille de Martellange. Etablissements des Jésuites. Historique du collége du Puy....	5
Chapitre II. — Construction et description du collége du Puy.	23
Chapitre III. — Colléges de Vienne et de Moulins...	43
Chapitre IV. — Colléges de Carpentras, de Vesoul et de Dijon.	65
Chapitre V. — Collége de la Flèche. Noviciat de Paris. Collége de Roanne. Église de Saint-Maclou à Orléans	87
Chapitre VI. — Collége de la Trinité à Lyon ; son histoire et sa topographie............	111
Chapitre VII. — Construction du Collége de la Trinité à Lyon. Sa description et son affectation en Lycée..	141
Chapitre VIII. — Conjectures sur quelques édifices qui peuvent se rattacher à Martellange. Ses derniers ouvrages. Sa mort....................	185
Index alphabétique des noms de personnes contenus dans le volume	223

PLANCHES

I. — Portail de l'église du noviciat des Jésuites de Paris..................(en regard du titre).
II. — Plan du collége du Puy (en regard de page)........ 24
III. — Intérieur de l'église du collége de la Flèche......... 90
IV. — Vue générale du collége de la Flèche............. 92
V. — Le noviciat des Jésuites de Paris, d'après le plan de Paris, par Bretez, 1739...................... 98
VI. — Menuiserie de la porte d'entrée de l'église du noviciat de Paris, d'après Marot...................... 99
VII. — Plan du collége de la Trinité à Lyon............. 170
VIII. — Coupe longitudinale de l'église du collége de la Trinité à Lyon, d'après le projet primitif................ 171
IX. — Porte d'entrée du collége de la Trinité à Lyon...... 178
X. — Plan primitif des bâtiments de l'Aumône générale, ou hospice de la Charité à Lyon 196
XI. — Cartouche tiré de l'*Architecture des voûtes* du P. Derand, page 115.............................. 212
XII. — Cartouche tiré de l'*Architecture des voûtes* du P. Derand, page 257.......................... 214

FAUTES TROUVÉES APRÈS L'IMPRESSION

Page 12, ligne 23, au lieu de *il existait cinq autres*, lisez : *il existait quatre autres*.
« 62, ligne 5, au lieu de *affectation*, lisez : *disposition*.
« 126, ligne 20, supprimez : *voyez plus loin le passage relatif au collége de Sisteron*.
« 135, dernière ligne, au lieu de *1560*, lisez : *1566*.
« 144, renvoi 166, après *Antoine Michaelis*, ajoutez: *frère de Louis*.
« 165, ligne 7, au lieu de *Babynet*, lisez : *Bobynet*.
« 174, ligne 31, au lieu de *des frontispices*, lisez : *du frontispice*.
« 176, ligne 9, au lieu de *il convient*, lisez : *il faut*.

OUVRAGES DU MÊME AUTEUR

ESSAI D'UNE MONOGRAPHIE DES ARMOIRIES DE LA VILLE DE LYON.
Lyon. — Vingtrinier, 1860

RECHERCHES SUR L'ABBAYE D'ABONDANCE EN CHABLAIS
Lyon. — Louis Perrin, 1863

ÉTUDES SUR LES BEAUX-ARTS

LETTRES SUR L'ARCHITECTURE AU XIXe SIÈCLE
Annecy. — Thesio, 1864

DE L'ENSEIGNEMENT DES BEAUX-ARTS
AU POINT DE VUE DE L'INDUSTRIE LYONNAISE
Lyon. — Vingtrinier, 1870

COMPTE-RENDU DES TRAVAUX
DE LA SOCIÉTÉ ACADÉMIQUE D'ARCHITECTURE DE LYON
1869-1870
CONTENANT LES NOTICES DE P. PASCAL
ET DE L. DUPASQUIER
Lyon. — Alf. Louis Perrin et Marinet, 1871

BIOGRAPHIES D'ARCHITECTES

SÉBASTIEN SERLIO. — 1475-1554
Lyon. — Louis Perrin, 1869

LES ROYERS DE LA VALFENIÈRE
Lyon. — A. Vingtrinier, 1870

RENÉ DARDEL. — 1796-1871
Lyon. — Alf. Louis Perrin, 1873

— Imp. Aimé Vingtrinier.

www.ingramcontent.com/pod-product-compliance
Lightning Source LLC
Chambersburg PA
CBHW050325170426
43200CB00009BA/1462